KB266618

The **Backsliders**
백슬라이더

백슬라이더

민주주의를 훼손하는 정치 지도자들

초판 1쇄 인쇄일 2026년 4월 20일   초판 1쇄 발행일 2026년 4월 27일

지은이 수전 C. 스토크스 | 옮긴이 이대희
펴낸이 박재환 | 편집 유은재·신기원 | 마케팅 박용민 | 관리 조영란
펴낸곳 에코리브르 | 주소 서울시 마포구 동교로15길 34 3층(04003) | 전화 702-2530 | 팩스 702-2532
이메일 ecolivres@hanmail.net | 블로그 http://blog.naver.com/ecolivres | 인스타그램 @ecolivres_official
출판등록 2001년 5월 7일 제2001-000092호
종이 세종페이퍼 | 인쇄·제본 상지사 P&B

ISBN 978-89-6263-339-9 93340

책값은 뒤표지에 있습니다.   잘못된 책은 구입한 곳에서 바꿔드립니다.

백슬라이더

수전 C. 스토크스 지음 | 이대희 옮김

민주주의를 훼손하는 정치 지도자들

에코
리브르

나의 언니 엘리자베스 스토크스 차크르에게
이 책을 바친다.
언니의 지혜와 지성은 평생 내 앞길을 밝혀주었다.
언니의 사랑과 우정이 있기에 나는 진정 행운아다.

차례

그림과 표 목록

그림 목록

표 목록

서문 겸 감사의 글

내가 가르치는 일을 처음 시작한 곳은 1980년대 말 워싱턴 대학교였다. 그 당시 캠퍼스에는 학생회관 앞 넓은 안뜰 주위를 어슬렁거리는 주름 깊은 노신사가 늘 보였다. 해가 나든 비가 오든, 그는 그곳에 있었다(시애틀이어서 대부분 비 오는 날이었다). 그는 다양한 정치 메시지가 적힌 큰 팻말들을 들고 있었는데, 그중 하나에는 "베를린 장벽은 무너질 것이다(The Berlin Wall Will Fall)"라고 쓰여 있었다. 그 메시지는 현실성보다 운율 때문에 나를 오랫동안 사로잡았고, 나는 그가 빗물로 미끄러운 안뜰에서 넘어지지 않을까 늘 걱정했다.

그러다 1989년 11월 초의 어느 날, 그가 옳았다는 것이 밝혀졌다.

독재 치하의 삶이야말로 인간이 참아서는 안 되는 일이라고 생각하는 이들에게 이것은 행운의 일격이었다. 그리고 그런 충격은 연달아 찾아왔다. 바로 1년 전인 1988년 10월 초의 어느 날 저녁, 칠레 국민 다수가 8년간 권좌에 머물렀던 아우구스토 피노체트(Augusto Pinochet) 장군에게 반대표를 던졌다는 소식이 전해졌다. 일종의 민주주의로의 전환이 칠레에서 일어나고 있었고, 퍼즐의 마지막 주요 조각이 제자리에 맞춰지며, 라틴아메리카는 민주주의 국가가 대부분인 대륙으로 바뀌었다.

그러나 요즈음 정치 풍향계는 다른 방향을 향하고 있어 자주 불운의 일격으로 놀라게 된다. 30여 년이 지난 오늘날의 청년들은 와해 중인 민주주의를 물려받고 있는 듯하다. 이런 불행한 사태의 표본을 간략하게 추려보면, 이전에 독립적이었던 법원이 사실상 정부의 무기가 되었거나 독립성을 잃을 위기에 처한 국가들이 포함된다. 선출된 지도자가 언론을 괴롭히거나 검열하고 폐쇄하는 국가들, 대통령이 부정선거라는 엉터리 주장을 하면서 평화로운 권력 이양에 반대하는 폭동을 부추기는 나라들도 포함된다.

1장에서 살펴보겠지만, 이 목록은 길다.

물론 민주주의는 가장 좋을 때라도 실패하기가 아주 쉽다. 시민 참여는 무기력할 수 있고, 소외된 시민들은 참여에서 배제되거나 좌절하기 쉽다. 부자들의 이해관계 때문에 의원들은 자신의 유권자들을 대변하지 못할 수 있다. 관료들은 무능하거나 부패할 수 있다. 선거 유세는 중요한 사회적 의제를 등한시한 채 사회적 긴장을 증폭하기도 한다. 이런 민주주의 실패의 목록도 아주 길다. 그러나 우리가 최근 몇 년 사이에 목격한 것은 자신의 권력을 확장하고 정치 제도를 훼손하는 데 열심인 대통령과 수상이 점점 더 늘고 있고, 어떤 경우에는 그 체제가 더 이상 민주주의라고 하기도 어렵다는 사실이다. 왜 많은 나라에서 민주주의는 권위주의로 기울어지고 있을까? 이 추세를 어떻게 되돌릴 수 있을까? 이것이 이 책에서 답하고자 하는 핵심 질문들이다.

연구는 공동체의 노력이다. 학자 공동체는 뛰어난 연구 결과물을 생산해왔고, 민주주의를 위협하는 현재의 추세에 대한 내 생각은 그런 학자 공동체에 의해 다듬어졌다. 이 동료들은 다음과 같다. 낸시 버메오(Nancy Bermeo), 스티븐 레비츠키(Steven Levitsky), 대니얼 지블랫(Daniel Ziblatt), 밀란 스볼리크(Milan Svolik), 엘런 러스트(Ellen Lust), 데이비드 월드너(David Waldner), 아담 쉐보르스키(Adam Przeworski), 스테판 해거드(Stephan Haggard), 로버트 코프먼(Robert Kaufman), 톰 긴즈버그(Tom Ginsburg), 아지즈 허크(Aziz Huq), 제니퍼 매코이(Jennifer McCoy), 무라트 소메르(Murat Somer), 멜리스 라에벤스(Melis Laebens), 뤄자오톈(Zhaotian Luo, 罗쩜天), 하비에르 코랄레스(Javier Corrales), 제이미 드러크먼(Jamie Druckman), 오잔 바롤(Ozan Varol), 피파 노리스(Pippa Norris), 킴 레인 셰플리(Kim Lane Scheppele). 케네스 로버츠(Kenneth Roberts), 야샤 뭉크(Yascha Mounk), 쿠르트 바일란트(Kurt Weyland), 얀베르너 뮐러(Jan-Werner Müller), 그레첸 헬름키(Gretchen Helmke), 존 캐리(John Carey), 브렌던 나이언(Brendan Nyhan), 훌리오 리오스 피게로아(Julio Ríos Figueroa), 스콧 메인워링(Scott Mainwaring), 라우라 감보아(Laura Gamboa), 모니카 날레파(Monika Nalepa), 래리 바텔스(Larry Bartels), 로버트 리버먼(Robert C. Lieberman), 수잔 메틀러(Suzanne Mettler).

이 연구는 내가 이끌고 있는 시카고 대학교 민주주의 연구소에서 이루어졌다. 연구소는 시카고 대학교 사회과학부의 지원을 받는

데, 이 학부의 아만다 우드워드(Amanda Woodward) 학장은 우리 연구를 아낌없이 지원해주었다. 연구소의 운영 이사 케빈 크로매시(Kevin Kromash)는 우리 연구를 조율하는 데 중요한 역할을 했고, 매우 귀중한 상담역이었다. 또한 연구 보조와 전반적인 지원 역할을 능숙하게 해준 연구소 직원 로라 샌디노(Laura Sandino)에게도 감사를 전한다.

연구소 소속 교수들은 토론을 자극하는 원천이었고, 친절하게도 내 작업을 읽고 이 프로젝트에 대해 의견을 주었다. 그런 이들로는 마이클 앨버터스(Michael Albertus), 클리프 안도(Cliff Ando), 마리아 안헬리카 바우티스타(María Angélica Bautista), 엘리자베스 클레먼스(Elisabeth Clemens), 키아라 코르델리(Ciara Cordelli), 제인 데일리(Jane Dailey), 마르코 가리도(Marco Garrido), 톰 긴즈버그, 안드레아스 글레이저(Andreas Glaeser), 아지즈 허크, 데메트라 카시미스(Demetra Kasimis), 매튜 랜다워(Matthew Landauer), 뤄자오톈, 루이스 마르티네스(Luis Martínez), 존 매코믹(John McCormick), 모니카 날레파, 슈물릭 닐리(Shmulik Nili), 제임스 스패로(James Sparrow), 제임스 윌슨(James Wilson), 스콧 겔바흐(Scott Gehlbach)가 있다. 시카고 대학교의 동료이자 공모자인 월 하웰(Will Howell)은 미국 민주주의를 연구하는 학자이자 건설적인 비판자로서 영감을 주는 존재다. 리사 웨딘(Lisa Wedeen)은 여러 해에 걸쳐 내게 정치와 사회에 대해 가르쳐주었다. 그녀의 지혜와 학문, 우정에 감사를 표한다. 시카고 대학교의 관쿤 리(Guankun Li) 또한 훌륭한 연구 조교였다.

이 책은 미국 민주주의에 대한 전문가와 대중의 태도를 추적하는 컨소시엄인 브라이트 라인 워치(Bright Line Watch)의 연구 성과에 바탕을 둔다. 나는 존 캐리, 그레첸 헬름키, 브렌던 나이언, 미첼 샌더스(Mitchell Sanders)와 함께 2017년 브라이트 라인 워치를 설립했다. 우리 팀에는 재능 있는 젊은 학자들도 있는데, 애니 첸(Annie Chen), 이빙 두(Yibing Du), 헤르만 페이레르드(Germán Feierherd), 슌 야마야(Shun Yamaya), 올리비에 베르주롱부탱(Olivier Bergeron-Boutin), 케이티 클레이튼(Katie Clayton)이 그들이다. 케이티는 이 프로젝트 일부에 통찰력 있는 의견을 주기도 했다. 브라이트 라인 워치는 휴렛 재단(Hewlett Foundation)과 민주주의 기금(Democracy Fund)에서 아낌없는 자금 지원을 받았다.

나는 멕시코 몬테레이에 있는 몬테레이 공과대학교 동료들과 협력하면서 큰 도움을 받았다. 연구를 검토하고 조언해준 친구이자 동료 정치학자인 가브리엘 아길레라 로페스(Gabriel Aguilera López) 학장과 알레한드로 포이레(Alejandro Poiré) 부총장, 그리고 브렛 베센(Brett Bessen)에게 감사를 드린다.

예일 대학교와 시카고 대학교의 대학원생 및 신규 박사학위자들이 이 프로젝트를 풍성하게 해주었다. 그들은 (현재 중앙유럽 대학교의) 멜리스 라에벤스, (현재 위스콘신 대학교의) 안드레스 우리베(Andrés Uribe), (현재 펜실베이니아 대학교의) 샤하나 셰이크(Shahana Sheikh), 그리고 이페크 치나르(Ipek Çınar)와 (시카고 대학교의) 라우타로 세야(Lautaro Cella)다.

이스탄불 코치 대학교의 에르뎀 아이타치(Erdem Aytaç)는 수년간 변치 않는 협력자이자 조언자이며 친구였다. 이 책에 나오는 튀르키예 조사에서 그의 도움은 결정적이었다.

스웨덴 정치에 대해 가르쳐준 보 로트스테인(Bo Rothstein)과 칼 베네를린드(Carl Wennerlind), 엘살바도르 정치에 대해 가르쳐준 카를로스 다다(Carlos Dada), 그리고 브라질 정치에 대해 가르쳐준 나탈리아 부에노(Natália Bueno)에게 감사를 표한다.

이 책의 일부 내용은 여러 대학교와 학술회의에서 발표되었다. 참가자들의 이름을 일일이 거론하며 감사를 전할 수는 없으나, 매번 발표 때마다 나온 논평과 비판으로 이 연구는 개선되었다. 옥스퍼드 대학교와 예일 대학교, 미국정치학회에서 여러 번 학술회의를 개최해준 조반니 카포차(Giovanni Capoccia)와 이사벨라 마레스(Isabela Mares), 그리고 이런 토론회에 참가한 동료들인 로버트 리버먼, 데이비드 베이트먼(David Bateman), 멜리스 라에벤스, 필리프 밀라치치(Filip Milačić), 데스먼드 킹(Desmond King)에게 특히 감사를 표한다. 또한 부에노스아이레스의 산안드레스 대학교에서 일주일간의 강연을 준비해준 안드레아 올스너(Andrea Olsner)와 헤르만 페이레르드에게도 감사를 표한다. 이는 남아메리카 청중에게 여러 생각을 검증해보는 훌륭한 기회였다.

세 차례 책 토론회를 통해 저명한 학자들로부터 전체 원고에 대해 매우 귀중한 의견을 들을 수 있었다. 첫 번째 토론회는 '민주주의 독서회'와 함께했는데, 여기에는 셰리 버먼(Sheri Berman), 안나 그지말라부세(Anna Grzymala-Busse), 디디 쿠오(Didi Kuo), 노엄 루푸(Noam Lupu), 댄 슬레이터(Dan Slater)가 참여했다. 두 번째는 시카고 대학교 국제 사회과학 연구소(Center for International Social Science Research)의 지원을 받았다. 참석자는 캐시 코헨(Cathy Cohen), 톰 긴즈버그, 피터 홀(Peter Hall), 아지즈 허크, 뤄자오텐, 아담 쉐보르스키, 밀란 스볼리크, 제임스 윌슨, 그리고 시카고 대학교의 뛰어난 박사과정생인 라우타로 세야와 이페크 치나르였다. 세 번째 책 토론회는 옥스퍼드 대학교의 너필드 칼리지에서 열렸고, 비비아나 바라이바르이달고(Viviana Baraybar-Hidalgo), 데이비드 도일(David Doyle), 앤디 에거스(Andy Eggers), 제인 깅리치(Jane Gingrich), 에세키엘 곤살레스(Ezequiel Gonzalez), 데스먼드 킹, 데이비드 루에다(David Rueda)가 참석했다. 그들의 반응 덕분에 많은 부분을 수정할 수 있었다. 그들 모두에게 심심한 감사를 전한다.

세 명의 동료이자 친구인 엘리 라우(Eli Rau), 루이스 슈메리니(Luis Schiumerini), 프랭크 트렌트만(Frank Trentmann)은 최종 단계에 있는 원고 전체를 읽고 세심하고 유익한 제안을 해주어, 나는 일부 오류에서 벗어날 수 있었고 최종 결과물이 한결 나아졌다.

이 프로젝트를 지원해주고, 비학술 독자들도 다가가기 쉽게—바라건대!—글을 다듬어준 프린스턴 대학교 출판부의 브리짓 플래너리매코이(Bridget Flannery-McCoy)에게 심심한 감사를 드린다. 이 프로젝트를 지원해준 에릭 크레이핸(Eric Crahan), 도와주고 조언해준 알레나 체카노프(Alena Chekanov), 네이선 카(Nathan Carr)에게도 감사를 드린다. 제이미 드러크먼과 안나 그지말라부세는 프린스턴 대학교에 보낸 원고를 검토해주었다. 그들은 더할 나위 없이 유익하고 철저했다. 그들에게 큰 빚을 졌다.

내 연구는 대학교 교수와 연구자, 학생의 협력체인 민주주의 침식 컨소시엄(Democratic Erosion Consortium)의 도움도 받았다. 이 컨소시엄은 2007년부터 민주주의 침식에 대한 교육 강좌를 꾸려왔고, 이 강좌는 현재 60여 개 대학교에 개설되어 있다. 또한 이 컨소시엄은 학생들의 작업을 바탕으로 민주주의 침식 사건 데이터베이스(Democratic Erosion Event Database)를 구축했다. 이 데이터베이스는 이 분야에서 연구를 수행하는 우리 모두에게 귀중한 자산이다. 이 컨소시엄에 참여한 롭 블레어(Rob Blair), 제시카 고틀립(Jessica Gottlieb), 해나 배런(Hannah Baron), 그리고 여러 동료에게 감사를 표한다.

누군가의 도움이 없었다면 '나는 이 연구를 완성할 수 없었을 것이다'라고 말하는 것이 관례다. 그러나 나는 말 그대로 엘리 라우의 꾸준한 도움이 없었다면 이 책을 쓰지 못했을 것이다. 몇 년 전 엘리는 예일 대학교 박사과정에 있었다. 그때 내가 몇 가지를 가르쳤을지 모른다. 그러나 세월이 지나며 상황이 바뀌었고, 이제는 누가 스승이고 누가 제자인지 잘 모르겠다. 우리는 이 연구의 바탕이 되는 생각들은 물론 실증적인 작업도 함께했다. 엘리는 이 책의 도표도 모두 공들여 그렸다.

여러 기관에서 제공한 연구비가 이 책을 완성하는 데 큰 도움이 되었다. 2021~2023년에는 앤드루 카네기 연구자 프로그램(Andrew Carnegie Fellows Program)의 지원을 받는 영광을 누렸다. 또한 2024년 중반에는 미국 의회도서관에서 클루지 남반구 국가 및 문화 석좌교수직(Kluge Chair in Countries and Cultures of the South)을 맡는 영광을 누렸다. 클루지 센터 소장 케빈 버터필드(Kevin Butterfield), 프로그램 담당자 댄 투렐로(Dan Turello), 그리고 클루지 센터의 다른 직원들에게도 큰 감사를 전한다. 시카고 대학교에서는 국제 사회과학 연구소가 설문조사 연구와 책 토론회를 지원해주었다. 국제 사회과학 연구소와 영감을 주는 제니 트리니타폴리(Jenny Trinitapoli) 소장에게 감사드린다.

물론 나는 가족에게 제일 큰 빚을 졌다. 역사학자인 남편 스티브 핀커스(Steve Pincus)는 시종일관 지지해주었을 뿐만 아니라 엄격하고 흥미진진한 연구물을 생산하는 학자의 귀감이기도 했다. 그의 연구 초점은 17세기와 18세기 유럽에 있지만, 오늘날의 세계와 밀접한 관련이 있는 연구도 있다. 시댁 식구인 게일 핀커스(Gail Pincus), 미셸 핀커스(Michelle Pincus), 필 핀커스(Phil Pincus)는 뛰어난 정치 편집광들인데, 그 가치가 대단하다. 내 아들들인 샘 데우스투아(Sam Deustua), 데이비드 핀커스(David Pincus), 앤디 핀커스(Andy Pincus)는 오늘날 정치의 열렬하고 통찰력 있는 관찰자들이다. 엄마로서 나는 이들이 평생을 이런 '흥미로운' 시대에서 살지 않기를 바랄 뿐이다.

마지막으로, 이 책을 사랑하는 언니 엘리자베스 스토크스 차크르(Elizabeth Stokes Çakır)에게 바친다. 평생 언니의 지혜와 지성은 내 앞길을 밝혀주었다. 언니의 사랑과 우정이 있기에 나는 진정 행운아다.

서론

이 책은 민주주의의 훼손을 다룬다. 21세기 초부터 전 세계 20여 개 국에서 선출된 대통령과 수상이 취임 후 자국의 민주주의 체제를 공격했다. 그들은 핵심 규범과 행위자, 제도에 적대적인 자세를 취했다. 언어 공격에 이어 이런 표적을 향한 파괴적인 행동이 뒤따랐다. 어떤 수상은 언론에 독설을 퍼부을 수도 있는데, 이는 오보나 편향된 보도에 대한 통상적 수준을 뛰어넘는 불평이다. 또는 언론의 독립이라는 가치 자체를 묵시적으로나 명시적으로 문제삼을 수도 있다. 적대적인 언어에 이어 기자들에 대한 소송, 부자 의원 친구들의 독립 언론사 매수, 공식적인 언론 검열 기구 설립, 성가신 매체의 폐쇄 등 적대적인 행동이 뒤따랐다.

　다른 기관들에 대해서도 마찬가지였다. 어떤 대통령은 판사들이 무능하고 부패하며 편향적이라고 단언하고는, 이 모든 이유로 법원을 충성파로 채우는 것을 정당화한다. 시민사회 단체는 외국의 대리자여서 국제적인 연계가 있다면 금지된다. 행정부는 '심층 국가(deep state: 막후에서 국가를 좌우하는 숨은 세력이 있다는 음모론적 용어—옮긴이)'라는 꼬리표가 붙고, 공공 부문 전문가들은 폄하되며, 그들의 고용을 보호하는 법은 위기에 처한다. 선거에서 질 것 같은 지도자들은 선거 관리 기구의 공정성에 의문을 제기하고, 실제로 패배하면 광범위한 부정이 있었다고 매도한다.

이런 전개는 우려스럽고 매우 혼란스럽다. 예전에는 민주주의의 주요 위협이 군사 쿠데타였고, 이런 위협은 가난한 나라의 신생 민주주의에 한정되었다. 이제 우리는 민주주의가 내부에서부터 스스로를 갉아먹는 전망에 직면해 있으며, 이는 일부 부유하고 안정되어 보이는 체제에서도 일어난다. 그리고 쿠데타는 갑작스러운 폭발처럼 일어나 감출 수 없었던 반면, 민주주의 퇴행(backsliding)은 천천히 떨어지는 물처럼 은밀하고 점진적이어서 그 과정이 많이 진행될 때까지 무슨 일이 일어나고 있는지 깨닫기 어렵다.

우리 시대의 민주주의 침식은 이전 시대의 흔적을 지니고 있다. 제1차 세계대전과 제2차 세계대전 사이에 유럽 곳곳에서 민주주의가 위협받았고, 일부 국가에서는 붕괴했다. 그래서 1930년대는 현대 민주주의에 어떻게 보호막을 칠 수 있는지에 대한 교훈을 제공하는 시대다.[1] 약 한 세기 전의 민주주의 훼손은 제2차 세계대전 발발의 전조였다. 우리 시대에 전제적인 침략자들이 다시 평화를 교란하고 있어서, 양차 대전 사이의 역사는 민주주의의 생존과 안정에 무엇이 걸려 있는지를 상기시킨다.

민주주의는 왜 침식되고 있는가? 학자들과 평론가들이 제시해온 설명은 보통 특정 개인의 작위와 부작위에 초점을 맞추는데, 예를 들면 정당 지도자들이 퇴행을 조장하는 지도자들을 통제할 보호막

설치에 실패했다는 것이다. 또는 민주주의 제도에 대한 공격을 용인하는 대중의 특징에 초점을 맞춘다. 그래서 유권자의 첨예한 당파적 양극화에 주목하는데, 이는 나 또한 논의할 특징이다.

이런 설명들은 정확하고 중요하다. 그러나 세계가 왜 **이 시점에**, 즉 20세기 끄트머리부터 21세기 초반 수십 년까지 민주주의 침식의 물결을 경험하고 있는지 설명하지 못한다. 이 책에서 내가 제시하는 설명은 바로 그런 역사적인 설명이며, '왜 지금?'이라는 질문에 대한 대답이다.

오늘날의 사건들을 이해하려면 수십 년 전으로 거슬러올라가야 한다. 침식의 뿌리가 20세기 후반에 있기 때문이다. 경제의 탈규제와 상품 및 자본 시장의 세계적 통합의 여파로 불평등이 커졌다. 밀물이 들어오면 모든 배가 떠오르듯, 경제 성장은 사회에 두루 확산되리라는 게 그 시대의 약속이었다.

그러나 그렇게 되지 않았다. 예를 하나 들자면, 미국에서 제2차 세계대전 종전부터 1980년까지의 활발한 경제 성장은 저·중·고소득층에서 대체로 고르게 분배되었다. 1980년 이후 소득 성장은 하위 계층에서는 정체되었고, 중산층에서는 미미했으며, 최상위층에서는 급등했다. 그리고 미국처럼 선진 민주주의 국가 대부분에서 소득 격차가 커졌다.

글로벌 사우스(Global South)에서 소득 격차는 1990년대에 이미 컸는데, 당시 시장 규제가 완화되고 무역과 투자 장벽은 낮아졌다. 세계화는 이런 격차를 넓혔다.

이 책의 1부에서는 소득 불평등에서 민주주의 침식으로 넘어가는 단계들을 다룬다. 나는 서로 다르지만 결국 같은 곳, 즉 선출된 지도자들이 자신의 민주주의 제도를 공격하는 데 이르는 두 가지 경로를 추적한다. 하나는 우파 종족민족주의(ethnonationalism) 정당이 부상하는 경로이고, 다른 하나는 좌파 포퓰리스트의 경로이다. 지난 수십 년간의 사회 발전과 세계화 시대의 불평등은 선진 민주주의 국가들과 탈공산주의 세계의 신생 민주주의 국가들에서 정당 체계를 바꿔놓았다. 이런 정당 체계의 변화는 우파 종족민족주의 정당에게 활동 공간을 열어주었고, 그중 일부는 권력을 얻어 자국의 민주주의 체제를 훼손했다. 글로벌 사우스에서 정당 체계의 변화는 새로운 정당에 문을 열어주기보다는 좌파 포퓰리스트 세력이 엄청난 사회적 호소력을 지니며 고착되는 경우가 더 많았다. 수십 년에 걸친 이런 변화는 21세기의 첫 사반세기에 민주주의 침식의 배경이 되었다.

세계화와 커지는 소득 격차가 불건전한 정치 발전의 전조일 것이라는 점은 개발 경제학자 대니 로드릭(Dani Rodrik)이 예견했다. 부유한 나라에서 세계화는 노동 유입을 촉진했고, 이는 포퓰리스트 정치인들이 문화나 정체성 균열을 기반으로 지지층을 결집하는 환경이었다고 그는 설명했다. 개발도상국에서 세계화는 외국 상품·금융·투자의 유입을 의미했고, 이런 곳에서 정치인들은 계급과 소득 경계선을 따라 지지층을 결집하기가 더 쉬웠다. 그래서 로드릭은 다음과 같이 설명한다.

'국민의 적'은 경우에 따라 다르다. 정체성 균열을 강조하는 포퓰리스트는 외국인이나 소수자를 표적으로 삼고, 이는 우파 포퓰리즘을 낳는다.

소득 균열을 강조하는 이들은 부자와 대기업을 표적으로 삼고, 이는 좌
파 포퓰리즘을 낳는다.[2]

자신의 '언어'가 종족민족주의든 계급이든, 결집은 "글로벌 경쟁에
노출되어 심화한 승자와 패자 간" 분열에서 동력을 얻는다.[3]

그러나 탈규제와 세계화가 모든 나라에서 민주주의 침식을 초래하
지는 않았다. 이어지는 장들에서 나는 무엇이 일부 민주주의를 특히
위태롭게 했는지 설명할 것이다. 미리 보기 삼아, 대통령과 수상들이
탄 기차를 상상해보자. 그들은 자국의 민주주의가 침식되는 지점에
당도하기 전에 기차에서 내릴 수도 있고, 기차에 남을 수도 있다. 끝
까지 기차에 남는 지도자들의 모습은 어떨까? 그리고 그들은 대체로
어떤 종류의 사회를 통치할까?

소득과 부의 격차가 큰 나라의 지도자들은 기차에 머물 가능성이
더 높다. 당파성으로 심하게 양극화된 국민, 즉 상대 정당을 존재론
적 위협으로 보는 국민을 통치하는 지도자들도 남을 가능성이 높다.
마찬가지로 전통적인 정당부터 언론과 법원까지 정치·사회 제도를
불신하는 국민을 통치하는 대통령과 수상도 기차에 머물기 쉽다. 제
도를 더 신뢰하는 국민일수록 투표를 통해 지도자가 기차에서 내리
도록 압박할 가능성이 더 높다. 그리고 퇴행적 지도자가 기차에서 내
리는 것을 보고 싶어 할 각자 나름의 이유가 있을 수 있는 같은 정당
소속 동료들도, 분열을 조장하는 지도자에게 대중이 덜 매료되면 그
지도자를 잘 데리고 기차에서 내려올 수 있을 것이다.

대통령과 수상의 개인적 성향도 문제가 된다. 불평등하고 양극화

되어 있으며 제도를 불신하는 나라의 지도자라도 자유 민주주의의 이상에 헌신하고 헌법과 건국 세대에 경외심을 가진다면 자진해서 기차에서 내리기를 선택할 수도 있다. 그렇게 민주주의에 헌신하지 않는 대통령과 수상은 기꺼이 기차에 머물 것이다. 기차가 공공 재산을 훔치고 기소를 피하기에 더없이 좋은 공모 장소라고 여기는 이들도 마찬가지다. 기차에서 내리면 법정으로 들어가 자신이 저지른 비행으로 재판을 받게 된다고 생각한다면, 그들은 기차 객실의 안전을 선호할 것이다.

기차 은유는 물론 단순화한 것이다. 하지만 한 가지는 확실하다. 지도자들을 기차에 머물게 하는 특성들은 완전히 독립적이지 않고 서로 연결되어 있다는 점이다. 불평등한 나라일수록 양극화되기도 쉽다. 그리고 그런 나라의 지도자들은 사회를 있는 그대로 받아들이지 않는다. 그들은 양극화를 부추겨 시민들이 서로 혐오하게 만든다. 그리고 제도를 철폐하겠다고 약속해 권력을 잡고서는 자국 제도에 대한 불신을 조장한다. 그들은 언론, 법원, 전통적인 정당, 그리고 선거 관리 기구가 망가졌다고 추종자들이 생각하게 하려고 노력한다. 그들은 그런 기구들을 행정부가 통제권을 행사하는 대안 조직들로 대체해야 한다고 주장한다. 요컨대 퇴행을 조장하는 이런 지도자들은 민주주의를 헐뜯는다.

민주주의가 같은 목적지에서 단번에 침식되는 이미지도 정확하지는 않다. 사실 지도자들은 기차에서 내릴지 남을지 결정하기 전에 서로 관찰할 기회가 있다. 여정의 시작 시점에 있는 남미의 몇몇 대통령이 기차 창밖으로, 베네수엘라 대통령이 자국 헌법을 개정해 권력이 자기 손아귀에 집중되도록 공작하는 모습을 힐끗 내다본다고 상상해보라. 북미의 한 대통령은 유럽의 어떤 수상이 대법원을 자신에게 우호적으로 바꾸어 비판적인 언론사들을 꼼짝 못 하게 하는 것을 창밖으로 내다본다고 상상해보라. 이런 의심스러운 롤모델들을 관찰한 대통령들은 고무된 나머지 기차에 머물러 자국 사회에서 민주주의 퇴행을 시도하려고 한다.

그러나 우리가 상상해본 대통령과 수상은 기차 내부에 밀폐되어 있지 않다. 사실 그들은 호위하거나 압박하거나, 또는 강제로 기차에서 내리게 하려는 모든 종류의 행위자에게 노출되어 있다. 충분한 수의 판사가 법정에서 직업상의 본분을 다한다면, 정적들을 분쇄하거나 선거를 훔치려는 지도자들의 시도를 좌절시킬 수 있다. 충분한 수의 시민사회 단체가 규칙 파괴를 정상적인 일로 만들려는 지도자들의 시도를 거부한다면, 자기 행동을 존중받을 만한 일로 포장하려는 퇴행적 지도자들의 시도는 실패할 수 있다. 민주주의 세력이 공동체의 더 나은 미래에 대한 고무적인 비전으로 유권자들을 끌어들여 이 주장을 확고한 공공 정책으로 뒷받침할 수 있다면, 민주주의는 이길 수 있다.

2부에서는 퇴행을 조장하는 지도자에게 유권자들이 어떻게 반응하는가라는 이 책의 핵심 질문을 자세히 살펴본다. 나는 다음과 같은 수수께끼에 답을 제시할 것이다. 민주주의 국가의 일반 시민들이 전반적으로 자국의 정부 체제를 내버릴 준비가 되어 있지 않다면, 그렇게 하는 데 열심인 것처럼 보이는 지도자들을 왜 감수할까? 그 답은 시민들의 눈앞에서 자국 제도들을 폄훼하는 지도자들과 고도로 양극화된 유권자들에 초점을 맞출 것이다.

이 책 마지막 장에서는 민주주의 퇴행에 어떻게 제동을 걸 수 있는지, 그리고 퇴행을 조장하는 지도자들이 퇴출된 뒤에도 민주주의가 훼손된 채로 있는 나라들을 어떻게 회복시킬지에 대한 성찰을 제시한다.

———

내가 이 프로젝트에 대해 말하자, 어떤 사람들은 '그게 그것' 아니냐고 의심했다. 민주주의는 항상 뒤죽박죽이어서 기복을 겪기 마련이라고 그들은 지적한다. 미국에서 도널드 트럼프의 첫 대통령 임기 동안 많은 사람이 미국 민주주의의 강점에 대해 우려했다. 트럼프가 잠시 무대에서 물러나자, 사람들은 이는 일시적인 현상이었을 뿐이고 미국 민주주의의 견고함은 절대로 문제시되지 않았다고 생각하며 위안을 삼았다. (2024년 트럼프의 재선으로 많은 사람은 미국 민주주의의 건전성에 대해 다시 우려하게 되었다.)

이런 반응은 이해할 만하다. 그러나 나는 이 책에서 그것이 부정확하다는 증거를 제시한다. 이는 일시적인 현상이 아니었다. 대표적인 정치학자들의 연구는 지난 20년 동안 세계 곳곳에서 민주주의를 잠식하는 물결이 제대로 일었다는 데 의견이 일치한다.[4] 미국은 이 물결의 일부였다. 지구상의 적지 않은 민주주의 국가들이 실제로 타격을 받았고, 이 타격은 퇴행을 조장하는 지도자가 공직에서 물러난 뒤에도 지속될 수 있다. 예를 들면, 민주주의는 차이를 평화적으로 해결하는 방법을 제공하도록 고안되었다. 침식된 민주주의는 더 폭력적으로 변한다. 평화적인 시위자들이 괴롭힘을 당하고 공직자들은 위협받으며, 판사들에게는 경호 팀이 필수이고, 정치인들은 총에 맞는다.

이 점은 국제관계로도 확장된다. 민주주의 국가들은 서로 전쟁을 벌일 가능성이 낮아서, 덜 민주적인 세계는 덜 평화로운 세계이기도 하다.[5]

게다가 독재자가 되려는 사람이 우리 상상의 기차에서 내린다 하더라도, 사회 여건은 모방자가 나타나 침식 과정을 다시 시작할 만큼 무르익은 상태로 남아 있을 수 있다. 퇴행을 조장하는 지도자가 무대에서 내려가더라도, 공적 제도를 부패했다고 보고 동료 시민을 계속 존재론적 위협으로 보는 유권자들을 뒤에 남겨둘 수도 있다.

요컨대 민주주의 침식은 실재한다. 그것은 독재로 끝날 수도 있고, 그렇지 않다 하더라도 민주주의를 훼손하며, 이를 직접 경험하는 시민들의 권리와 보호와 자유를 약화시킨다.

나는 다음과 같은 반응도 접했다. 우리가 어떤 나라를 '민주주의' 국가라고 부르지만, 그 나라는 이상과는 거리가 멀다. 그곳 사람들은 물질적 박탈이나 배제 또는 인종차별에서 벗어나지 못한다. 그곳에서 상황은 보통 사람들에게 불리해 보이고, 부모들은 자녀의 미래를 걱정한다. 그 나라는 평등한 권리와 법적 보호를 약속하지만, 현실은 그에 미치지 못하기 일쑤다. 이 모든 단점에도 불구하고 민주주의의 가치는 무엇이며, 우리는 왜 민주주의의 쇠퇴를 걱정해야 하는가?

사실 민주주의 국가가 독재 국가보다 더 살기 좋은 곳이라는 증거는 많다. 민주주의 국가는 경제적으로 더 역동적이다. 한 추정에 의하면, 독재에서 민주주의로 이행하면 장기적으로 국부의 주요 측도인 1인당 국내총생산(GDP)이 20퍼센트 증가한다.[6] 이런 성장은 민주주의 국가가 교육과 보건에 더 많이 공공 지출한다는 점과 함께 법치가 제공하는 더 나은 민간 투자 환경을 반영한다. 독재 국가에 비해 민주주의 국가에서는 독립적인 노동운동과 유권자 압력으로 소득 평등이 더 커지는데, 이 또한 평균적으로 그리고 장기간에 걸쳐 그렇다.[7] 그래서 자국이 쇠퇴하는 독재와 상승하는 민주주의 사이의 경계에 서 있었다고 언급한 한 아르헨티나 정치인의 말을 믿을 만한 이유가 있다. "민주주의가 있으면 우리는 투표할 뿐만 아니라, 먹고 치료받으며, 교육도 받는다."[8]

그렇지만 "민주주의가 왜 좋은가"라는 질문에 전적으로 경제적 역동성이나 사회적 혜택의 관점에서만 대답할 수는 없다. 현명한 동료인 캐시 코헨은 이 질문에 다음과 같은 답을 제시했다. "민주주의는 항상 최선이자 가장 공평한 결과를 이루지는 못한다. 그러나 민주주의는 희망을 제시한다."

내 생각에 그녀의 답은 이런 의미다.

보이는 외모나 말하는 언어 또는 실천하는 종교 때문에 다수 인구에서 분리된 소수 집단의 상황을 생각해보자. 소수 집단은 종종 괴롭힘과 학대, 폭력에 노출된다. 이런 모욕적인 행위는 동료 시민들이 저지를 수도 있고, 경찰이나 치안 부대 또는 세력가가 저지를 수도 있다. 핵심 질문은 이것이다. 소수 집단에게 구제 수단이 있는가? 소수 집단은 개인적으로나 집단적으로 정의를 추구하고 존엄을 회복하기 위한 조치를 취할 수 있는가?

민주주의는 소수자와 소외된 사람들에게 개인 및 집단 차원에서 구제 수단을 제공할 수 있는 공식적인 권리를 제도화한다. 정치학자들은 민주주의의 정의를 두고 논쟁하는데, 널리 공유하는 정의 중 하나는 정부가 다양한 시민 권리를 보호하는 정치 체제라는 것이다. 시민들은 처벌될 두려움 없이 정치 문제에 대해 의견을 표출할 권리가 있다. 시민들은 결사의 권리와 대안 정보에 접근할 권리가 있다. 결정적으로, 성인 시민 대다수는 자유롭고 공정한 선거에서 투표할 권리가 있다. 집권당은 선거에서 질 수 있고, 그러면 평화적으로 물러난다.[9]

이런 제도적 장치들이 있으면 민주주의는 자의적 구속, 인신 보호 위반, 인종·종족·종교에 따른 차별에 맞서 시민들을 더 잘 보호할 수 있다. 요컨대 시민들의 인권을 더 잘 보호할 수 있다.[10]

독재화되는 나라들에서는 이런 보호 장치가 약해진다. 다종족 사회인 튀르키예의 상황을 생각해보자. 레제프 타이이프 에르도안(Recep Tayyip Erdoğan)과 정의개발당이 이끄는 정부하에서 언론 자유와 사법부 독립, 선거의 신뢰성은 훼손되었다. 최대 소수 집단은 쿠르드족이다. 튀르키예의 쿠르드족은 괴롭힘과 학대, 폭력에 노출되어 있다. 20세기 초부터 튀르키예 정부는 쿠르드어 사용을 금지하고, 쿠르드 정치 조직을 억압하려 노력해왔다.

튀르키예의 쿠르드족은 폭력적인 분리 운동을 해왔지만, 비폭력 정당을 통해 대표성도 추구해왔다. 튀르키예 민주주의의 공간이 점점 더 줄어들면서 이런 평화적인 행위자들의 권리는 심각하게 축소

되었다. 역동적인 쿠르드 정당 지도자 한 명은 감옥에서 대통령 선거에 출마해야만 했다.[11]

튀르키예에서 민주주의가 훼손되는 가운데 평화적으로 집단행동을 할 수 있는 공간은 모두에게 줄어들었다. 2013년 5월과 6월에, 아주 다양한 종족적·종교적 정체성을 가진 튀르키예인들, 즉 세속주의적 튀르키예인들, 알레비파(이슬람 시아파의 한 종파—옮긴이), 일부 독실한 수니파와 함께 다양한 정치 조직 및 시민사회 단체가 수십만 명 모여 시위를 벌였다. 게지 공원 시위는 이스탄불 중심부의 녹지를 보호하려는 활동으로 시작해 전국적인 항쟁으로 발전했다. 일부는 소유주가 친정부적이고 일부는 자기 검열을 하던 튀르키예 언론도 이 대규모 사건을 덮지 못했는데, 많은 사람이 휴대전화 카메라의 사진과 소셜 미디어 게시물을 통해 이 소식을 접했기 때문이다. 시위대는 경찰의 강경한 대응에 부딪혔다.

2015년에 연구차 이스탄불을 방문했을 때, 나는 뮈젤라 야프즈(Mücella Yapıcı)를 만났다. 그녀는 건축가이고 이스탄불 건축가 협회 전임 서기였다. 그녀는 게지 공원 시위에 적극 참여했다. 자기가 "불법 조직을 설립하고 주도했다"는 혐의로 기소되었다고 뮈젤라가 내게 말했을 때, 소름이 돋았던 기억이 난다. 유죄 판결을 받았다면 형량은 20년 이상이었을 것이다. 그해 말, 뮈젤라는 법정에서 혐의를 벗었다. 그러나 2022년에 게지 관련 혐의는 '정부 전복 시도'로 높아졌다. 당시 71세였던 그녀는 유죄 판결을 받고 18년형을 선고받았다.

소수자 권리를 확대하거나 거부해온 미국의 경험도 비슷한 교훈을

준다. 20세기 동안 소수자 권리는 느리게 확대되었지만, 폭력과 괴롭힘, 학대로부터 더 많이 보호될 수 있었다. 그러나 최근에 미국의 민주주의 침식은 바로 이런 권리를 위협했고, 이는 모든 미국인을 해치는 위협이다.

표준적인 정의에 따르면, 미국은 민주주의 국가지만 많은 단서가 붙는다. 19세기 이래로 미국 정치에는 돈이 큰 역할을 해왔다. 미국에서 참정권은 느리게 확대되었다. 여성은 1920년까지 전국 선거에서 투표권이 없었다. 저명한 민주주의 이론가 로버트 달(Robert Dahl)은 여성을 '보통' 선거권에서 배제한 미국과 여러 나라를 '남성 민주주의 국가'로 분류했다.[12] 아프리카계 미국인은 재건 시대(1865~1877, 미국 남북전쟁 후 연방에서 탈퇴했던 주들이 재편입한 시기─옮긴이)까지 투표권을 얻지 못했다. 그러나 짐 크로(Jim Crow)법 시대(1876~1965, 평등이라는 이름으로 인종 분리와 차별이 합법화된 시기─옮긴이)에는 인두세, 문맹 검사 등의 장벽들로 인해 투표권은 남부의 많은 곳에서 사문화되었다.

짐 크로 법 시대는 미국 흑인들에 대한 엄청난 폭력의 시대였다. 4400명 이상이 린치로 죽었는데, 이는 지역 관리들의 공모하에 저질러지기도 한 대중 폭력 사건이었다. (멕시코·이탈리아·중국 이민자들과 아메리카 원주민들도 흑인보다 숫자는 적지만 린치를 당했다.[13]) 가해자들은 거의 기소되지 않았다.[14] 지역 활동가들, 전미 흑인 지위 향상 협회(National Association for the Advancement of Colored People), 그리고 이런 범죄에 주의를 기울인 언론 덕분에 마침내 1930년대에 린치는 줄어들었다. 표현과 결사와 언론의 자유가 없었다면, 그들의 활동은 훨씬 어려웠을 것이다.

미국 흑인에 대한 계속되는 폭력뿐 아니라 편견과 기타 모욕적인 행위는 미국 민주주의의 현재 진행형 폐해다. 오늘날 이런 행동에는 기소와 처벌이 따르기도 한다. 적극적인 시민사회의 활동이 없다면 법적 책임을 묻기도 어려울 것이다. 그럼에도 불구하고 최근 몇 년간 부정선거가 만연하다는 엉터리 주장은 투표 접근권 제한으로 회귀하도록 부추겼다. 민주주의 침식은 소수자의 권리, 더 넓게는 시민의 권리를 수세에 몰아넣는다.

독재 국가의 용감한 시민들은 변화를 재촉하지만, 그들이 감수해야 할 위험은 어마어마할 수 있다. 뮈젤라의 경험이 증명하듯이 튀르키예처럼 민주주의가 심각하게 훼손된 나라에서도 위험은 크다. 민주주의는 일반적으로 행동과 희망을 위한 공간을 제공한다. 그래서 싸워서 지킬 가치가 있는 체제이고, 더 낫게 만들기 위해 싸울 만한 가치가 있다.

이 책의 장별 내용은 다음과 같다. 1장은 민주주의 침식을 설명하며 시작한다. 대통령과 수상이 자신들이 직면한 제약들, 즉 법원과 입법부, 공공 행정가, 언론, 유권자들이 가하는 제약을 축소할 때 침식은 발생한다. 침식은 지도자들이 소극적으로 경험하는 것이 아니다. 그들은 일련의 전략을 가지고 의도적으로 이런 제도적 제약을 약화하는데, 학자들이 야심에 찬 독재자들의 '전술서(playbook)'라고 적절히 설명하는 이런 전략은 1장에서 자세히 다룬다.

민주주의가 왜 침식되는지를 설명하는 첫 번째 단계는 세계 곳곳의 민주주의 국가들, 즉 민주주의가 침식된 나라들과 그렇지 않은 나라들에서 데이터를 모아 통계적 기법을 사용해 가능성 있는 침식 원인을 규명하는 것인데, 이 과제의 보고서는 2장에 실려 있다. 이 모델로 국가의 침식 위험이 커지는 구조적 요인들을 알 수 있다. 핵심 위험 요인은 소득 불평등이다. 가장 불평등한 민주주의 국가들은 어느 해이든 침식 가능성이 약 30퍼센트지만, 가장 평등한 나라들은 그 가능성이 2~3퍼센트에 불과하다. 불평등과 침식의 통계적 연관성은 앞서 시사했듯이 세계가 왜 세계화와 탈규제 시기의 여파로 침식의 물결을 경험했는지 설명하는 데 도움이 된다.

3장과 4장에서는 불평등을 민주주의 침식과 연결하는 사슬의 연결고리를 제시한다. 3장은 주로 선진국인 글로벌 노스(Global North)에서 우파 종족민족주의의 부상을 통해, 4장은 글로벌 사우스에서 주로 좌파 포퓰리즘을 통해 그 연결고리를 추적한다.

우파 종족민족주의자이건 좌파 포퓰리스트이건 유권자들의 지지를 너무 많이 잃으면 성공할 수 없다. 민주주의가 군사 쿠데타로 붕괴하면, 대중 여론은 중요하지 않다. 민주주의가 자기 과시적인 선출직 지도자의 손아귀에서 쇠퇴할 때는 대중의 정서를 여전히 고려해야 한다. 퇴행을 조장하는 지도자에 대한 대중의 지속적인 지지는 민주주의의 꾸준한 쇠퇴와 짧게 끝난 쇠퇴의 차이를 만들었다. 따라서 민주주의 침식을 이해하려면 유권자들이 퇴행을 조장하는 지도자들에게 어떻게 반응하는지, 그리고 이런 지도자들은 자신들의 프로젝트에 유권자들을 동참시키기 위해 어떻게 노력하는지 깊게 살펴볼 필요가 있다. 이것이 이 책 2부에서 다룰 과제다.

5장에서는 양극화와 민주주의 헐뜯기 논리를 탐구하고, 6장에서는 이 논리의 증거를 탐구한다. 다수의 유권자가 경멸하는 반대 진영을 계속 권력 밖에 두기 위해 치러야 할 대가로 지도자의 반민주적인 행동을 묵인한다는 것이 양극화된 대중의 의미다. 양극화는 퇴행적 지도자들에게 유리하기 때문에, 그들은 유권자들이 반대 진영을 더욱 혐오하도록 몰아붙일 강력한 유인이 있다. 대통령과 수상, 기타 정당 엘리트들이 고도로 양극화하는 수사를 사용하는 사례는 어렵지 않게 찾을 수 있다.

그렇지만 양극화 전략의 효과에는 한계가 있다. 양극화 발언은 퇴행적 지도자들의 추종자들을 선동한다. 그러나 또한 반대 정당의 지지자들도 선동하고, 중도층이나 정치 관여도가 낮은 유권자들을 소외시킨다. 반대파와 중도층 유권자들을 덜 소외시키는 대안 전략은 내가 민주주의 헐뜯기라고 부르는 것으로, 국가의 핵심 정치 제도들에 심각한 결함이 있다고 유권자들을 설득하려고 사용하는 정치 지도자들의 수사다. 퇴행적 지도자들이 양극화 화법을 사용할 때, 그것이 암시하는 메시지는 **반대편이 이길 경우 초래될 재앙을 피하려면 나를 계속 집권하게 해달라**는 것이다. 그들이 민주주의를 헐뜯을 때 암시하는 메시지는 **내가 핵심 제도들을 약화시키는 것을 걱정하지 마라, 이미 난장판이었다**라는 것이다. 또한 대통령이나 수상의 손아귀에 권력을 더 많이 집중시켜야만 민주주의가 번성할 수 있을 것이라고 그들은 주입한다. 이 제도들은 이미 부패했고 엘리트적이어서 더 나은 체제를 구축하기 위해 철폐되어야 한다는 메시지가 이어진다. 퇴행을 조장하는 지도자들은 시민들 사이에 냉소주의를 조장하기 위해 민주주의를 헐뜯는다.

따라서 양극화와 민주주의 헐뜯기는 퇴행을 조장하는 지도자들이 지지율을 끌어올리려는 전략이다. 이런 전략의 힘은 그 속에 다음과 같은 일말의 진실이 있다는 데 일부 기인한다. 상대 정당에는 고삐가 풀린 채로 둔다면 퇴행적 지도자를 추종하는 사람들의 이익에 심각한 손해를 입힐 수 있는 극단적인 인사들이 존재한다. 마찬가지로 민주주의 헐뜯기도 순전히 속임수만은 아니어서 일부 판사는 부패했고, 일부 언론인은 형편없으며 정직하지도 않다.

그러나 퇴행적 지도자들이 과장만 하는 것은 아니다. 그들의 성공은 종종 명백한 거짓 주장을 믿는 폭넓은 시민층에 의존한다. 7장에서는 왜 정상적인 사람들이 이기적인 지도자들의 터무니없는 주장, 이를테면 잘 관리된 선거인데도 진정한 승리를 '도둑맞았다'는 식의 주장을 믿게 되는지 파헤친다. 이를 탐구하기 위해서는 선동과 퇴행의 심리학적 차원으로 더 깊이 들어가야 한다.

소득 격차, 반대편과 엘리트 기관들에 대한 양극화된 공격, 그리고 퇴행적 지도자들과 유권자들 사이의 강력하고 현실을 왜곡하는 심리적 유대가 민주주의 침식의 배후에 있다면, 어떻게 이에 대응할 수 있을까? 8장에서는 독재자가 되려는 자의 통치 전략에서 약점과 모순점을 밝혀낸다. 그러는 가운데 나는 양극화에서 벗어나고 민주주의 헐뜯기 효과에 대응해 민주주의에 대한 낙관론을 복구하는 방법을 다룬 사회과학의 증거를 이용한다. 의심할 바 없이 이 마지막 프로젝트는 민주주의를 더 잘 작동하게 만들려는 싸움을 의미하는데,

특히 자신들이 부유층과 엘리트층에게 소외되었다고 여길 만한 충분한 이유가 있는 사람들을 위한 싸움이다. 우리를 2장의 논의로 완전히 되돌아가게 만드는 간단한 교훈 하나는, 소득 불평등이 분명한 정치적 위험을 수반한다는 점이다. 불평등 축소와 민주주의 강화는 별개 과제가 아니라 함께 이루어야 할 일이다.

그러므로 전 세계 민주주의의 건전성과 생존에는 많은 것이 달려 있다. 정치 활동가부터 민주주의를 옹호하는 정당 지도자, 법률가와 판사, 그리고 유권자까지 모두가 제 역할을 할 수 있다. 전 세계 학자들이 쏟아낸 학술 연구는 변화를 만들어냈다. 민주주의를 보호하려면 우리가 왜 궤도에서 이탈했고 어떻게 다시 돌아갈 수 있는지를 분석하는 예리함뿐만 아니라 창의성과 용기도 필요할 것이다.

민주주의 침식이란 무엇인가

민주주의 침식은 선출된 정부의 정상적인 행동과 군사 쿠데타 사이에 있다. 전자에는 흠이 없지 않지만, 민주주의 체제의 안정성과 연속성이 있다. 쿠데타는 갑작스럽고 급격한 붕괴다. 민주주의 침식은 그 이름이 시사하듯이 쿠데타보다 느린 쇠퇴 과정이지만, 견제되지 않는다면 체제에 심각한 결함을 남긴다. 그리고 일부 민주주의는 침식되다가 독재에 이른다.

전문가들이 **민주주의 침식**이나 **민주주의 퇴행**이라는 용어를 사용할 때, 이는 보통 선출된 국가수반이 다른 동등한 기관들을 희생시키며 자신의 권력을 확대하는 상황을 의미한다. 또한 전문가들은 퇴행을 조장하는 지도자들이 규범을 파괴하고 법을 파괴하며 헌법을 왜곡하는 행동에 주목한다.

이 책에서 나는 이런 직관적인 사실들에 주의를 기울이면서도, 국가수반이 민주주의의 제약에서 벗어날 때 무슨 일이 일어나는지를 더 깊이 파헤치는 퇴행의 개념을 선호한다. 나는 멜리스 라에벤스의 연구에 동조하는데, 그녀는 선출된 정부 수반은 **수직적 책임성과 수평적 책임성**의 실질적인 하락을 경험하거나 그렇게 되도록 공작할 수 있다고 지적한다.[1] 수직적 책임성이란 유권자들이 현역 의원들의 행동을 평가할 수 있어서 재선시키거나 공직에서 물러나게 할 수 있다는 의미다. (개별 지도자에게 임기가 남아 있다면, 유권자들은 그 **정당**에 책임을 물을 수 있다.) 언론과 시민사회 단체는 유권자에게 정보를 제공하고 그에 따라 유권자가 정부에 책임을 물을 수 있도록 하는 데 핵심 역할을 한다. 그러므로 언론과 시민사회 단체의 활동범위와 행동을 침해하면 수직적 책임성 또한 위협하는 것이다.[2]

수평적 책임성은 동등한 정부 기관들과 독립적인 공적 기구들이 대통령과 수상의 행동을 감시할 수 있고, 그들의 행동이 법과 규정을 침해할 때 이를 잠재적으로 저지할 수 있다는 의미다. 동등한 기관에는 대법원, 입법부, 선거 관리 기구, 행정부 감시 기구 등이 있다.

민주주의 침식은 두 가지 차원의 쇠퇴를 모두 수반한다. 라에벤스에 따르면, 수평적·수직적 책임성이 있는 제도들에 대한 "양면 공격"이 "현대 행정부의 확대와 민주주의 침식의 결정적 특징이었다".[3] 라에벤스의 방법론을 통해 우리는 민주주의 침식 사례를 대통령과 수상이 더 흔하게 저지르는 위력 행사와 구별할 수 있다. 또한 성공한 시도와 실패한 시도도 구별할 수 있다. 나는 3장에서 성공 일보 직전의 침식 사례들이 교훈적일 수 있음을 보여줄 것이다.

민주주의 침식으로 판정받으려면, 해당 국가는 먼저 민주주의 국가여야 한다. 그러므로 완전한 독재 체제는 이 연구에서 제외된다.[4] (훼손된 민주주의라 하더라도) 민주주의와 독재 사이에 경계선을 긋기 위해 정치학자들은 핵심 조건의 존재 여부에 초점을 맞춘다. 민주주의로 정의되는 체제의 필수 조건에는 보통 자유롭고 공정한 선거, 광범위한 투표권, 그리고 집권당의 선거 패배 후 평화로운 권력 이양이 있다. 때로는 법치와 평등한 권리 보호 같은 다른 조건도 거론된다.

민주주의가 어떤 나라들에서는 다른 나라들보다 더 잘 작동한다는 점에 동의하지 않는 학자는 거의 없다. 하지만 전통적인 민주주의 국가와 침식 중인 민주주의 국가를 구별한다는 생각에 논란이 없지는 않다. 두 정치학자가 많은 관심을 끈 논문을 발표했는데, 그들은 민주주의 퇴행이 오늘날 세계의 현상이라는 생각에 의문을 제기했다. 그들의 핵심 연구 하나는 완전한 독재에 이를 만큼 침식한 나라는 거의 없었다는 것이다.[5] 그러나 민주주의 침식의 시기를 겪는 사람들은 놀랍고 혼란스러운 일이 벌어지고 있음을 느낀다. 대다수 정치학자는 이런 관점에서 의견이 일치한다.[6] 1장 후반부에서 나는 퇴행을 조장하는 지도자들이 무엇을 하고 그들이 지향하는 목표가 무엇인지 설명할 것인데, 그 두 가지는 '거기엔 아무것도 없다'(실체가 없다는 의미로 종종 인용되는 미국 작가 거트루드 스타인의 명언—옮긴이)라는 생각이 틀렸음을 보여줄 것이다.

라에벤스의 연구는 퇴행에 대한 유용한 개념화를 제시할 뿐만 아니라 그런 사례를 식별하는 방법도 제공한다. 그녀는 스웨덴의 예테보리 대학교에 위치한 민주주의 다양성 연구소(Varieties of Democracy, V-Dem)가 수집한 전문가 설문조사를 활용해 수직적 책임성과 수평적 책임성의 쇠퇴를 추적한다.[7] 라에벤스는 민주주의 다양성 연구소의 데이터를 활용해 책임성의 하락을 식별한다. 수평적 책임성을 평가하기 위해 민주주의 다양성 연구소는 각국 전문가들에게 다음과 같이 질문한다. '행정부는 대법원 판결을 따르는가?' '대법원 판결은 정부 의중을 반영할 뿐인가?' '입법부나 검찰이 행정부의 불법 행위를 조사할 가능성이 얼마나 있는가?' 수직적 책임성을 평가하기 위해 민주주의 다양성 연구소는 정부의 언론 관리(예: 정부는 언론을 검열하는가? 언론인을 괴롭히는가?), 시민사회 단체 관리(정부는 시민사회 단체들을 억압하려 하는가?), 선거 관리 기구의 관리(선거 관리 기구는 법을 공정하게 적용할 수 있도록 행정부로부터 자율성이 있는가?)에 대해 각국 전문가들에게 질문한다.

이런 절차를 통해 22개국에 걸쳐 민주주의 침식 기간이 23회 있었다는 결과가 나왔고. 그림 1.1은 이를 보여준다. 각 선의 가장 왼쪽 지점은 임기 중 자국의 민주주의를 침식할 대통령이나 수상이 집권한 선거 연도를 나타낸다. 두 가지 사례에서는 이 선거가 퇴행을 조장하는 지도자가 승리한 첫 번째 선거가 아니었다. 이전 시기에 그들은 대통령이나 수상으로 있으면서 자국의 민주주의를 훼손하지 않았다.[8] 오른쪽의 연도는 완전히 독재 국가가 되거나(예: 2014년의 베네수엘라), 아니면 퇴행을 조장하는 지도자가 공직에서 물러난 해다. 그들은 임기 제한 때문에(예: 2017년의 에콰도르), 재선에 실패해서(예: 2020년의 미국), 아니면 자신이 속한 정당에 의해 해임당해(예: 2018년의 남아프리카공화국) 공직에서 물러났다.

이 목록은 민주주의 침식을 연구하는 다른 학자들의 목록과 상당

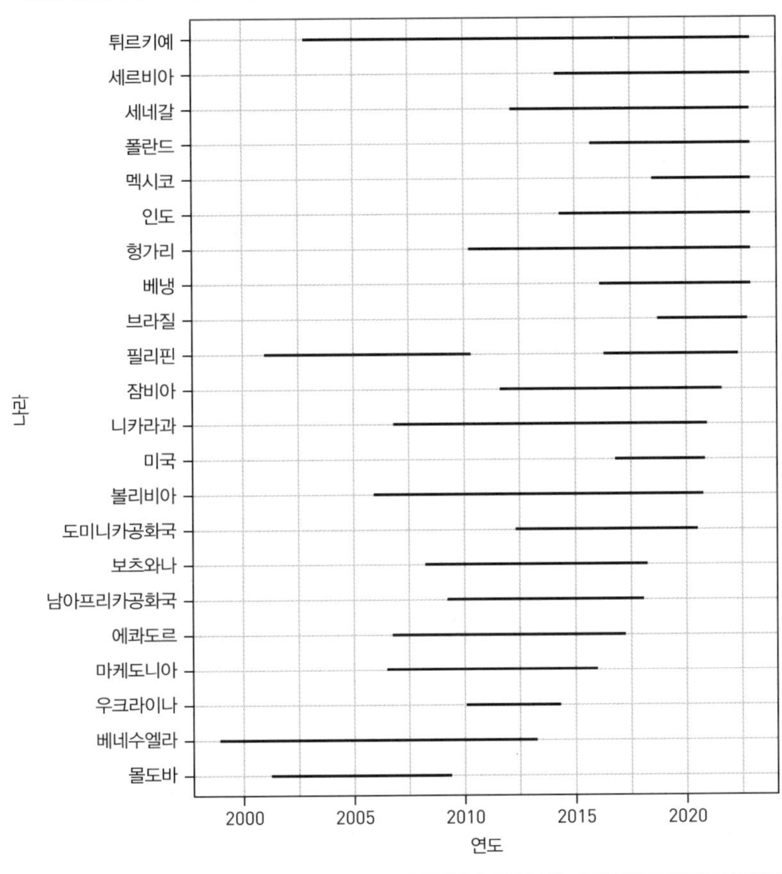

주: 선분은 라에벤스가 설정한 코딩 규칙에 따라 각국의 침식 경험 기간을 나타낸다. Laebens (2022).

부분 겹친다. 예를 들면, 스테판 해거드와 로버트 코프먼은 2021년 저서에서 그림 1.1과 거의 겹치는 민주주의 침식 사례들을 확인했다.[9] 차이점은 해거드와 코프먼이 연구를 끝냈을 당시에는 데이터를 얻을 수 없었던 나라들 때문이다. 나는 침식으로 봤지만, 해거드와 코프먼은 그렇지 않다고 본 예외는 나렌드라 모디(Narendra Modi) 치하의 인도, 글로리아 아로요(Gloria Arroyo)와 로드리고 두테르테(Rodrigo Duterte) 치하의 필리핀, 그리고 마키 살(Macky Sall) 치하의 세네갈이다.

퇴행하는 지도자들은 무엇을 원할까

일부 독자는 먼저 '우리가 왜 개별 대통령이나 수상의 동기에 초점을 맞춰야 하는가?'라고 물을 수도 있다.[10] 어쨌든 정부는 고위 정책 결정자들의 팀으로 구성된다. 장관, 참모, 정당 지도자, 그리고 공직 안팎의 무수한 행위자들이 행정부의 행동에 영향을 준다. 그래서 행정부의 권력이 막대하게 확장되는 과정인 민주주의 침식은 거의 항상 행정부가 주도한다는 것이 내 대답이다.[11] 따라서 이런 개인들의 동기를 이해하는 것은 민주주의 침식을 이해하는 데 결정적이다.

그러니까 퇴행을 조장하는 지도자들은 정치학자들을 난처하게 만든다. 우리 정치학자들은 보통 정치인을 '공직 추구자', 즉 정치 권력의 획득과 유지를 주요 목표로 삼는 사람으로 인식한다. 퇴행을 조장하는 지도자들은 제약을 덜 받으면서 권좌에 더 오래 머물려고 공직을 활용한다는 점에서 이런 틀에 완벽히 부합한다. 그런데 왜 고위 공직에 오른 **모든** 사람이 오래 지속하는 절대적인 권력과 자신 사이에 끼어드는 제도들을 훼손하려 시도하지 않을까? 왜 대부분은 헌법이 승인한 방식에 따라 조용히 공직에 오르고 물러날까?

이 질문에는 세 가지 답이 있다. 첫 번째 답은 **혁신**과 관련이 있다. 평상시에 대부분의 대통령과 수상은 단순히 경계를 건너는 수준이 아니라 일반적인 경계를 뛰어넘어 퇴행적인 지도자들처럼 규범과 법률을 무시할 수 있다는 생각을 애초에 하지 않는다. 초기의 퇴행적 지도자들은 바로 그런 행동을 함으로써 혁신을 일으켰고, 모든 선출된 지도자가 잠재적으로 선택할 수 있는 목록에 민주주의를 위협하는 행동들을 추가했다. (이 목록의 내용은 다음 절에서 살펴본다.) 우고 차베스(Hugo Chávez)나 빅토르 오르반(Viktor Orbán) 같은 초기의 혁신가들이 이후의 모방자들에게 영감을 주면서 민주주의 퇴행이 자가 증식한다는 점은 다음 장에서 통계로 입증된다. 우리의 상상 속 여행자들을 떠올려보면, 그들은 기차 창밖으로 어떤 대통령이 행정부에 권력을 몰아주는 새로운 헌법 제정을 주도하거나 어떤 수상이 독립적인 판사와 기자를 몰아내는 모습을 지켜본다.

두 번째 답은 많은 민주적 지도자에게는 퇴행할 **기회**가 제한된다는 것이다. 그들이 자국의 민주주의를 훼손하려 한다면, 공직을 잃고 경력이 끝날 위험에 처할 것이다. 이런 위험을 예상하기에 퇴행을 조장할 가능성 있는 지도자들도 견제를 받는다. 다음 장에서는 무모한 야심가들조차 민주적 제도들을 망치려고 시도하지 못하게 하는 요인들을 탐구한다.

세 번째 답은 정치인들의 **동기**와 관련이 있다. 민주주의 국가의 많은 지도자는 국가 정치 권력의 정점에 도달한 것으로 만족한다. 그들은 헌법과 법률과 규범이 정한 한계를 넘어 권력을 강화하거나 임기를 연장하려 하지 않는다. 어떤 대통령과 수상은 정상적인 한계를 준수하는 반면 다른 이들은 그런 한계를 무시하려고 하는 이유를 설명하려면, 독재자가 되려는 이들을 부추기는 더 광범위한 동기들을 고려하는 것이 유용하다.

남자든 여자든 한 나라의 대통령이나 수상이 되는 사람들은 내향적인 성향이 아니다. 그들은 정책을 집행하고, 야당을 위축시키며, 특전을 누리는 등 일을 밀어붙이고자 하는 강력한 인물들이다. 전통적인 대통령과 수상도 권력의 한계를 시험한다. 그들은 행정 명령을 내리기도 하는데, 그중 일부는 나중에 위헌으로 밝혀진다. 그들도 언론을 강경하게 대하는데, 어느 시점에는 그들 모두가 언론을 불공정하고 부정확하다고 비난한다. 이런 불만은 전단지나 발행 부수가 많은 신문만큼이나 오래되었다. 대통령과 수상이 대법원 구성에 참견하거나 그러겠다고 위협할 때도 있다〔프랭클린 루스벨트(Franklin D. Roosevelt)는 대법관 수를 늘리겠다고 위협했다〕. 그들은 선거 자금법을 위반하고〔독일의 헬무트 콜(Helmut Kohl)〕, 입법부를 폐쇄하고(페루와 영국), 정부 계약을 수주한 기업에서 뒷돈을 챙기기도 한다〔브라질의 루이스 이나시우 룰라 다 시우바(Luiz Inácio Lula da Silva)〕. 지도자들은 이 모든 위반을 저지르면서도 수직적·수평적 책임성의 전반적인 하락을 획책하지 않았다. 즉 자국의 민주주의를 침식하지 않았다.

반면에 민주주의를 침식하는 지도자들은 권력 확대와 임기 연장을 시도하면서 많은 전선에서 전투를 벌인다. 무엇이 이들을 움직이게 하는가?

이 질문에 대한 체계적인 답변은 이 책의 범위를 넘는다. 그러나 나는 다양한 자료를 참고해 합리적 가능성이 있는 동기들을 작성해

보았다. 아래에 열거한 동기들은 퇴행적 지도자에게만 한정된 것은 아니다. 흔히 보는 민주적인 지도자들도 겉보기에 강도는 낮지만 일부 같은 동기를 공유한다.

이런 동기들은 다음과 같다.

- **국가의 생존이 자신의 지속적인 지도력에 달려 있다는 믿음.** 퇴행적 지도자가 자신만이 국가적 재난, 심지어 멸망을 막는다고 주장하는 말을 듣는 일은 흔하다. 누군가에게 이는 확고한 믿음이다. 2015년부터 2023년까지 폴란드의 집권당이었던 법과정의당은 "기독교 국가인 폴란드를 구성하는 가치들이 위협받고 있고, 모든 반대파는 반역자라고 믿는다"고 한 영향력 있는 전문가는 지적했다.[12] 다른 이들에게 이런 태도는 퇴행의 공적 정당화일 뿐이다. 확고한 믿음인지 아니면 공적 정당화인지는 퇴행적 지도자의 성공에는 별로 중요하지 않을 것이다.

- **금융 재산의 추구.** 퇴행을 조장하는 몇몇 지도자는 다양한 방식의 부패로 자신과 가족, 그리고 측근들을 부자로 만들려고 권력을 이용했다. 이런 지도자들은 법원, 감시자, 입법부 조사관 등 자신들의 정체를 밝히고 기소할 수 있는 수평적 책임성 기관들을 공격한다. 남아프리카공화국에서 제이콥 주마(Jacob Zuma) 대통령과 그 측근들은 자신들의 지위를 이용해 국영 기업에서 막대한 자산을 갈취했다. 도널드 트럼프는 공직을 활용해 자신의 상업 브랜드들을 돋보이게 하는 데 항상 관심이 많았다.

- **반대파 혐오.** 어떤 정치 지도자가 상대 정당을 경멸하지 않겠는가? 그러나 퇴행을 조장하는 지도자들은 양극화를 심화해야 할 동기가 있기

때문에 상대 진영에 더 심한 독설을 내뱉기 쉬운데, 이는 다음에 다시 다룰 주제다. 상대 정당에 대한 이런 경멸은 보여주기식일 수도 있고, 진심일 수도 있다. 자이르 보우소나루(Jair Bolsonaro)는 진심이었다. 이 브라질 대통령은 반대파에 대한 자신의 시각을 폭력적인 언어로 표출했는데, 브라질이 더 나아지려면 "우리가 여기서 내전을 펼쳐서 군사정권이 하지 못한 일, 즉 3만 명을 죽이는 일을 완수하는 날"이어야 한다고 말하기도 했다.[13]

- **기소 회피**. 면책 특권의 하나인 기소 면제를 유지하는 일은 일부 지도자에게는 강력한 동기다. 어떤 이들은 대통령이나 수상이 되기 전에 저지른 범죄 때문에, 다른 이들은 민주주의 공격과는 무관하지만 재직 중의 행동 때문에 기소 위험에 직면하기도 했다. 또 어떤 이들은 선거를 훼손하려는 시도로 법적 위기에 처한다. 베냐민 네타냐후(Benjamin Netanyahu)는 아직은 퇴행적 지도자 목록에 올라 있지 않다. 그러나 그는 2023년에 이스라엘 대법원의 독립성을 약화하려고 시도하면서 이 방향으로 들어섰다. 이에 대해 이스라엘 정치 전문가들은 나라를 "익숙한 민주주의 퇴행의 길"로 강등시키는 조치라고 규정했다.[14] 네타냐후는 부패 혐의로 기소되었지만 수상으로서 기소 면제 특권을 누렸다. 보우소나루는 선거를 훼손하려는 활동으로, 트럼프는 대통령 당선 전의 범죄 혐의와 함께 대통령 재직 중 제도들을 공격한 행위로 법적 위기에 처했다. 그가 두 번째 임기를 추구하는 여러 동기 가운데 하나는 자신에 대한 소송을 끝내려는 것이었다. 미국 연방 대법원의 2024년 면책 판결로 트럼프의 우려는 많이 누그러졌다.

- **권위주의 성향**. 어떤 지도자들은 원래 본능적으로 그냥 독재적이다.

라틴아메리카를 연구하는 두 학자가 지적했듯이, "상황 여건이 행정부의 전권 장악에 유리하더라도 행정부가 이를 달성하려면 공격적인 조치를 적극적으로 취해야 한다".[15] 자국의 민주주의 전통을 존중하고 민주주의를 위해 싸운 선조들을 존중하는 지도자는 체제를 짓밟을 가능성이 낮다. 많은 정치인이 어떤 일을 달성하기 위해 민주적 원칙을 희생해야 하는 상황에 놓이지만, 민주적 관행과 전통에 별로 가치를 두지 않는 이들은 그런 '희생'을 손쉽게 지속적인 권력 행사 수단으로 바꾼다.

이 같은 지도자들이 선출되면, 그들은 집권 첫날부터 자국의 민주주의를 갉아먹을 완벽한 계획을 세우고 올까? 일부는 그렇다. 어떤 이들은 선거운동 중에 자국의 제도를 철두철미하게 개조할 작정이라는 신호를 내보낸다. 베네수엘라의 차베스가 좋은 사례다. 그는 첫 번째 대통령 선거에서 나라를 "빈사 상태에 있는 민주주의에서 구해내 도약"의 발판 위에 올려놓겠다고 약속했다.[16] 선거 구호에도 완전히 새로운 베네수엘라 헌법을 입안하겠다는 제안을 담았다. 다른 사례들도 돌아보면 최고 책임자들이 권력에 오르기 오래전부터 핵심 제도들을 경멸했다는 것이 분명해진다. 멕시코의 안드레스 마누엘 로페스 오브라도르(Andrés Manuel López Obrador)는 2018년 대통령에 오르기 오래전부터 부정선거를 주장하면서 정치 규범을 어긴 오랜 역사가 있었다.[17] 2010년 헝가리와 2015년 폴란드에서는 자국의 정치 체제를 뒤엎으려는 의도를 가졌지만 선거 중에는 이런 의도에 대해 시치미를 뗀 지도자들이 집권했는데, 그들은 "거짓말을 했다".[18]

여타 사례에서 지도자들의 제도 해체 계획은 시간이 흐르며 진화해 그들은 퇴행적 지도자로 퇴보한다. 튀르키예의 에르도안이 2003년 수상이 되었을 때 정보의 자유를 억압하거나 사법제도를 이용해 반대파를 억누르려는 계획을 충분히 수립했을 가능성은 낮다. 애초에 그의 의제는 분명 튀르키예의 세속 국가 지위를 되엎는 것이었다. 하지만 시간이 흐르면서 그는 언론을 통제하고 형사사법 제도를 이용해 반대파를 협박하고 배제함으로써 튀르키예를 통제하고 선거에서 이길 수 있다는 점을 시행착오를 통해 배웠을 가능성이 더 크다.

퇴행적 지도자들은 무엇을 할까

세계 곳곳에서 민주주의 침식을 연구하는 학자들은 야심 찬 독재자들이 구사하는 전술과 전략의 유사성에 놀란다. 이런 행동 일체를 가리키고자 '전술서'라는 용어를 사용할 정도다. 어쩌면 그들의 행동이 으스스하게 비슷하다고 놀랄 필요가 없을지도 모른다. 대통령이나 수상이 자국의 민주주의를 파괴할 추진 계획을 확실하게 수립하지 않았다고 하더라도, 일단 규범을 위반하기 시작하면 그들은 예측 가능한 사람들과 제도를 상대로 싸우고 있는 자신들을 발견한다. 예를 들면, 그들이 취임하면서 또는 취임 초기에 대법원을 약화시키기로 결정하면 언론을 통해 쏟아지는 거센 비판에 직면할 텐데, 그들은 이런 언론을 '국민의 적'으로 돌릴 것이다.

따라서 책임의 속박에서 도망치고 싶은 대통령이나 수상은 내가 여기서 밝힐 예측 가능한 전략들을 당연히 구사할 것이다.

행동뿐만 아니라 수사도 퇴행적 지도자들의 전술서에서 핵심적인 부분이다. 두 저명한 학자에 따르면, "퇴행은 적의 악마화와 곧잘 연계된다".[19] 이 '악마화'는 일반 대중은 물론 언론의 주목을 받는다. 트럼프는 2016년 선거 유세에서 언어 공격을 동반하는 규범과 법 파괴를 넌지시 예고했는데, 언론을 "거짓말쟁이"나 "국민의 적"으로, 행정부를 "심층 국가"로, 판사들을 편파적인 정치꾼 등으로 묘사했다. 다음 절에서는 독재자들이 무엇을 **말하는**가 아니라 무엇을 **하는**가에 논의의 초점을 맞춘다. 하지만 그들이 무엇을 말하는가는 민주주의 침식에서 매우 중요한 부분이어서 이어지는 장들에서 집중적으로 논의될 것이다.

전술서

표 1.1의 첫 열에는 퇴행적 지도자들이 표적으로 삼는 제도들이 나열되어 있다. 여기에는 언론, 법원, 선거, 입법부와 야당, 행정부(또는 관료), 기타 공공 또는 준공공 기관, 비정부 시민사회 단체가 포함된다. 두 번째 열에는 표적에 구사하는 비교적 온건한 조치 사례와 그런 조치들을 사용한 국가가 제시되며, 세 번째 열에는 더 강경한 조치 사례와 그런 조치를 사용한 국가가 제시된다. 이 사례들은 포괄적이라기보다는 예시적이다.

언론을 공격하는 것은 퇴행적 지도자들이 가장 먼저 하는 일 중 하나다. 이런 우선순위는 공직자들의 부정·비행·위법을 보도하는 자유롭고 독립적인 언론이 불편하다는 것을 반영한다. 자기 검열을

표 1.1　전술서: 표적·전략·사례

표적	온건한 전략	강경한 전략
언론	자기 검열과 검열 (튀르키예 2013)	언론인의 초법적 살해 (필리핀 2022, 멕시코 2022)
법원	구성 변경 (헝가리 2010, 폴란드 2015, 멕시코 2019)	판결과 결정 거부 (남아프리카공화국 2021)
선거	투표 접근권 축소 (미국 2020)	부정선거 논란 (마케도니아 2016, 미국 2020, 브라질 2022)
입법부와 야당	감시 거부 (미국 2019~2022)	입법부 폐쇄, 정당 금지 (니카라과 2021)
행정부	정치화 (폴란드 2017)	규제에 의한 괴롭힘 (세르비아 2019)
공공 기관	재정 삭감으로 약화 (브라질 2019)	해체 또는 충성파 배치 (보츠와나 2012)
시민사회 단체	규제에 의한 괴롭힘 (볼리비아 2013)	폐쇄, 탈취 (인도 2014)

주: 사례들은 포괄적이지 않다. 이 표의 많은 정보는 다음 자료에서 수집했다. Democratic Erosion: A Cross—University Collaboration (2023).

조장하는 것은 비교적 온건한 행동 사례인데, 종종 더 거친 조치를 취하겠다고 위협해 온건한 행동을 뒷받침한다. 자기 검열의 주목할 만한 사례는 2013년 게지 공원 시위 당시 정부가 시위대를 공격하는 동안, CNN 튀르키예가 펭귄에 관한 다큐멘터리를 방영하기로 한 '결정'이었다.[20]

자기 검열은 정부의 적극적인 개입으로 변해갈 수도 있다. 정부는 언론 운영에 필요한 자원을 끊어버릴 수 있는데, 베네수엘라의 차베스 정부가 독립 언론에 적용되는 환율을 조작해 신문 용지의 실질적인 비용을 올렸을 때가 그랬다.[21] 또는 정부가 국영 언론 매체에 보도 허가를 내주어 민간 언론사의 보도 능력을 제한할 수도 있다. 이는

에콰도르에서 라파엘 코레아(Rafael Correa) 정부가 취했던 방식이다.[22]

정부는 또한 언론사의 소유권 변경을 강요하기도 하는데, 정부에 우호적인 투자자가 독립적인 소유자에게서 언론사를 인수하게 만든다. 정부가 이전에 독립적이었던 언론사를 직접 인수할 수도 있다. 그리고 퇴행하는 정부는 국가가 운영하고 인수한 언론 매체에 간접적인 통제권을 행사한다. 폴란드에서 법과정의당 정부는 국가미디어위원회를 설립하고 위원들을 임명해, 이 위원회에 공영 방송 경영진을 충원하고 해고할 권한을 주었다.[23]

훨씬 더 적대적인 환경에서는 독립적인 언론인이 망명해야 할 수도 있다. 엘살바도르의 디지털 신문 〈엘 파로(El Faro)〉는 수년에 걸친 나이브 부켈레(Nayib Bukele) 정부의 전자 감시와 여러 형태의 괴롭힘 끝에 코스타리카로 거점을 옮겼다.[24] 언론인 보호는 허술할 수 있는데, 필리핀의 두테르테,[25] 브라질의 보우소나루,[26] 멕시코의 로페스 오브라도르 대통령 집권기에 그랬다. 국제인권감시단(Human Rights Watch)에 따르면, "로페스 오브라도르 대통령은 언론에 대한 폭력을 해결하는 데 실패했을 뿐만 아니라 매일 아침 하는 기자회견을 이용해 언론인을 괴롭히고 협박했다".[27]

법원, 특히 대법원에 대한 공격은 침식 과정 초기에 시계처럼 정확하게 찾아온다. 독립적인 법원은 법률과 헌법 조항을 집행하므로 퇴행적 지도자들에게 불편한 존재다. 퇴행적 지도자들은 대법원을 정부에 우호적으로 만들려고 온갖 방법을 사용해 대법원 구성을 변경한다. 퇴행적 지도자들은 판사 선발과 임명 과정에서 법률가와 변호사 조직의 역할을 줄인다. 그들은 정년을 낮춰 비우호적인 원로 법관들을 법원에서 몰아내고, 우호적인 판사들을 충원해 법원을 장악한다. 또한 법원의 관할권과 절차를 변경해 법원을 정부 부처의 통제하에 둔다. 법원의 예산을 줄이기도 한다.[28] 이 모든 전략 자료는 폴란드와 헝가리 사례에서 충분히 수집되었다.[29] 그러나 지구 반대편의 멕시코에서 로페스 오브라도르 대통령은 대법관 두 명의 임명을 강행하고 다른 대법관 한 명을 강제로 물러나게 했는데, 이는 모두 다른 수평적 기구들을 무력화하려는 자신의 조치에 대해 무엇보다 우호적인 판결을 이끌어내고 법원의 독립성을 줄이려는 것이었다.[30] 그리고 2021년 5월 엘살바도르에서 새로 의회의 다수 의석을 차지한 부켈레 대통령 소속 정당은 '사법 쿠데타'를 일으켜 대법관 전원과 검찰총장을 해임했다. 새로운 법원은 대통령의 임기 제한을 풀려는 부켈레의 시도를 즉시 승인했다.[31]

민주주의를 침식하는 지도자들은 법원 명령과 판결을 대놓고 거부하기도 한다. 이는 남아프리카공화국의 전임 대통령 주마가 2021년에 선택한 경로였다. 그때 그는 부패 혐의에 직면하고도 법원 출두를 거부했다.[32]

군사정권은 **선거**를 연기하거나 완전히 중단해 수직적 책임성을 제거한다. 민주주의를 침식하는 이들은 그렇지 않다. 그들이 선호하는 전략은 선거를 치르되, 필요에 따라 조작하는 것이다. 조작이 항상 필요한 것은 아니다. 퇴행을 조장하는 일부 정부는 유권자들이 인정하는 결과를 만들어내는 전통적인 방식으로 유권자들에게서 자신의 입지를 개선한다. 필리핀의 두테르테 정부와 엘살바도르의 부켈레 정부는 범죄를 단속해 많은 시민에게 안전감을 제공하면서 동시에 시민들의 권리를 짓밟았다. 또한 언론을 괴롭히고, 기자들을 공격하게 놔두었으며, 다른 기관들을 약화시켰다. 그러나 유권자들은 공공 치안을 개선하는 데 성공했다는 이유로 두 대통령을 재선출했다.

퇴행을 조장하는 지도자들은 재선될 정도로 좋은 성과를 기대할 수 없을 때, 여러 가지 전술로 패배를 모면할 수 있다. 그중 하나는 야당 성향의 투표율을 억제하는 것이다. 그래서 2020년 코로나19가 확산하는 와중에 트럼프가 재선을 도모했을 때, 그의 선거운동 본부와 공화당은 민주당 성향 지역과 아프리카계 미국인 밀집 지역에서 투표 참여를 훼방하는 조치를 취했다.[33] 또 다른 전술은 자신들이 진 선거가 부정선거라고 주장하고, 이를 이용해 퇴행을 조장하는 자신들의 정부를 도전자에게 이양하지 않으려는 것이다. 2016년 북마케도니아,[34] 2020년 미국, 2022년 브라질이 그런 사례다. 이 세 경우 모두 지지자들은 선거 후 시위에서 돌격부대로 동원되었고, 다양한 수준의 폭력이 발생했다.

야당 지도부와 입법부는 집권당이 입법부를 장악하지 못할 때 주요한 위협 요소다. 트럼프 대통령 1기 때 하원이 그랬다. 트럼프는 행정부를 감시하려는 하원의 시도에 저항했는데, 트럼프 행정부 인사들은 100회 이상 의회 소환장을 무시했다.[35] 부켈레 대통령은 긴장이 한층 고조된 상황에서 치안 부대에 새 장비를 지원하기 위한 자금 융자를 강행하면서 중무장 병력을 이끌고 엘살바도르 의회를 방문했다.[36]

퇴행을 조장하는 정부는 의회를 폐쇄하기도 한다. 2015년 베네수엘라 총선에서 야당이 과반수를 차지했다. 2017년 정권에 우호적인 대법원은 의회를 사실상 정지시키고 입법부의 모든 권한을 대법원에 귀속시켰다.[37] 니카라과의 다니엘 오르테가 정부는 더 나아가 2021년 총선 전에 야당의 모든 후보자를 체포하라고 명령했다. 니카라과 최고 선거위원회는 야당의 법적 지위를 무효화했다.[38] 이듬해 집권당은 전국 153개 지방 선거구에서 모두 승리했다고 선언했다. 입법부와 야당의 지위는 니카라과가 완전히 독재로 빠졌음을 보여주는 징후다.

행정부 또는 공공 관료 집단은 민주주의를 침식하는 지도자들을 가로막을 수 있다. 그들은 법규를 위반하라는 압력에 저항하고 감시자나 내부고발자 역할을 할 수 있다. 민주주의를 침식하는 이들이 '심층 국가'나 '황금 관료 집단'의 구성원을 표적으로 삼는 것은 별로 놀랄 일이 아니다.[39] 한 가지 방안은 관료 집단을 정치화해서 직업 공무원을 당의 충성파로 대체하는 것이다. 폴란드의 법과정의당은 "관리자들을 대규모로 교체하고, 고위직 충원에 경쟁을 없앴으며, 임용 기준을 전반적으로 낮췄다".[40] 공무원을 대량 해고하고 충성파로 대체하는 일은 2003년 베네수엘라 국영 석유 부문 직원들의 파업 이후, 2016년 튀르키예의 쿠데타 시도 이후 일어났다.[41]

트럼프는 2기 행정부에서 공무원 채용과 해고 규칙을 바꾸겠다고 약속했는데, 이는 충성파 임용을 쉽게 하려는 것이다.[42]

퇴행하는 정부는 공무원들의 도전에 억압적인 조치로 대응할 때도 있다. 2019년 세르비아진보당의 알렉산다르 부치치(Aleksandar Vučić) 행정부 시절이 대표적인 사례다. 내무장관의 부친이 불법 무기 거래에 연루되었다고 폭로한 내부고발자는 체포되었다.[43]

민주주의를 침식하는 이들은 앞서 언급한 선거 관리 기구를 포함한 **공공 기관들**을 약화시키기 위해 비슷한 전술을 쓴다. 그 공공 기관들의 예산을 삭감하거나 권한을 축소하고 직원들을 괴롭힌다. 보우소나루 대통령은 원주민 보호 기관(FUNAI)을 공격적으로 약화시켜서 공무원들을 해임하고 직원들과 원주민 지도자들에 대한 범죄 수사를 개시했다.[44]

행정부를 더 심하게 비대화하는 방식은 이런 기관들을 대통령실이나 수상실 산하에 두는 것이다. 보츠와나의 이안 카마(Ian Khama) 대통령은 부패 및 경제 범죄 수사국을 비롯한 여러 정부 기구를 대통령실 산하로 이전했다.[45]

표 1.1에 나오는 마지막 표적은 광범위한 범주의 **시민사회 단체**다. 소수자 권리를 옹호하는 단체도 있고, 독립적으로 정보와 지식을 생산하는 단체도 있다. 침식을 조장하는 이들은 공공 부문을 공격하는 것과 같은 이유로 이 단체들을 공격한다. 온건한 전술에는 밀착 규제가 있는데, 이 단체들이 외국 이익을 대변하는 은밀한 대리인이라는 혐의를 씌우기도 한다.

더 가혹한 전술 하나는 이 단체들을 폐쇄하는 것이다. 볼리비아에서 에너지 정책을 두고 에보 모랄레스(Evo Morales) 정부와 시민사회 단체들이 갈등을 벌이는 와중에 정부는 4개 비정부 연구 기구를 폐쇄하겠다고 발표했다. 정부는 사회적 목소리를 내며 활동해온 긴 역사가 있는 이 비정부 기구들이 "외국 정부와 기업의 이익을 증진하기 위해 '거짓말과 정치 개입'을 하고 …… 환경 보호라는 '초국가적 제국주의 정책'을 장려하기 위해 해외 자금을 사용했다"고 비난했다.[46]

2014년 인도에서 나렌드라 모디 수상의 내무부는 2만 개에 달하는

비정부 기구의 자격을 취소해 외국 자금을 받을 권리를 박탈했다.[47]

퇴행적 지도자들이 노리는 다른 종류의 민간 조직은 학술·과학 기관이다. 언론과 마찬가지로 이 기관들은 민주주의 침식자들이 불편하게 여기는 연구를 수행하고 지식을 생산한다. 이 표적에는 명문 고등 교육 기관들이 자주 포함된다. 2017년 오르반은 중앙 유럽 대학교의 메인 캠퍼스를 부다페스트 밖으로 강제 이전했다.[48] 멕시코의 로페스 오브라도르는 예산을 삭감하고, 연구교육센터(CIDE)처럼 이전에는 독립적이었던 학술 기관의 수장으로 자신이 지명한 사람을 임명했다.[49] 2016년 쿠데타 시도 실패 후 튀르키예의 에르도안 대통령은 전국에서 수천 명의 교수를 쫓아냈다. 2018년부터 그는 이스탄불의 명문 보아지치 대학교를 비롯해 주요 국립대학교의 총장들을 직접 임명해왔다.

이 장에서 나는 민주주의 퇴행을 정의하고 퇴행을 조장하는 대통령과 수상의 동기를 논의했다. 민주주의 침식 과정이 현장에서 어떤 모습이었는지, 즉 어떤 기관과 조직이 표적이었고 어떤 조치가 뒤따랐는지를 묘사했다. 이 책의 다음 부분에서는 정의와 묘사에서 설명으로 옮아간다. 왜 20세기 말과 21세기 초에 민주주의 퇴행의 물결이 일어났을까? 그리고 어떤 국가들은 간신히 이 물결을 피하거나 전혀 영향받지 않았는데, 왜 어떤 국가들은 이 물결에 휩쓸렸을까?

1부

정치·경제적 맥락

민주주의 침식의 물결 배후에는 무엇이 있는가

2016년 도널드 트럼프가 처음 당선되었을 때, 미국에 기반을 둔 정치학자들은 어쩔 줄 몰라 했다. 우리가 수십 년 동안 민주주의 불안정성의 원인을 분석하며 배웠던 모든 지식은 우리에게 이렇게 말했다. '그런 일은 여기에서 일어날 수 없다.'

처음부터 트럼프의 당선은 상당한 소란을 예고했다. 2016년 대통령 선거 기간 중에 트럼프는 너무나 '당연'해서 우리가 생각조차 하지 않았던 규범들, 말하자면 모국어 사용자가 설명할 수는 없어도 따르게 되는 문법 규칙 같은 규범들을 갈기갈기 찢어놓았다. 가령 이런 규범들이다. 한 국가의 대규모 종족 집단을 범죄자나 강간범으로 비난하지 말 것, 항의하는 이들에게 폭력을 행사하도록 집회 참가자들을 부추기지 말 것(그렇게 하면 법적 비용을 대주겠다고 약속하지 말 것), 그리고 자신의 정적에게 불리한 정보를 제공해달라고 경쟁 국가에 요청하지 말 것(공개적으로는 더욱 그러지 말 것).[1] 트럼프의 이후 두 차례 선거운동도 규범을 파괴하기는 마찬가지였는데, 상대 진영이 대규모 부정선거 음모를 꾸몄다고 비난했을 때가 그랬다.

트럼프는 대통령이 되어서도 계속 규범을 짓밟았다. 독재가 드물지 않았던 세계 곳곳에서 연구를 수행한 우리를 비롯한 정치학자들에게 그의 행동과 행태는 걱정스러웠다. 트럼프 현상은 다른 나라들에서 비슷하게 나타난 민주주의 질의 하락과 더불어 중요한 연구들을 낳았다. 그 가운데 스티븐 레비츠키와 대니얼 지블랫의 책과 역사학자 티모시 스나이더(Timothy Snyder)의 책은 널리 읽혔다.[2] 내가 속한 정치학자 그룹은 2017년 브라이트 라인 워치라는 조직을 출범시켰다. 우리의 목표는 향후 수개월, 수년 동안 미국이 민주적 통치에서 벗어나고 있는지, 그리고 얼마나 벗어나고 있는지를 추적하는 것이었다. 이를 위해 우리는 전문가 설문조사에 착수해, 어떤 차원이 민주주의에 가장 중요하다고 보는지, 그리고 미국은 어떻게 해나가고 있는지 지적해달라고 전문가들에게 요청했다.[3] 우리는 곧 설문조사 표본을 확대해 광범위한 미국 대중을 포함했다.

트럼프의 첫 번째 임기 2년차의 절반이 지난 2018년 8월, 브라이트 라인 워치는 대통령의 말과 행동이 얼마나 중요한지, 그리고 얼마나 비정상적인지 평가해달라고 전문가들에게 요청했다.[4] 따라서 각 말이나 행동은 중요하지 않으면서 정상적이거나, 중요하면서 정상적이거나, 중요하지 않으면서 비정상적이거나, 중요하면서 비정상적인 것으로 나뉠 수 있다. 전문가들은 **중요하면서 비정상적인** 항목에 언론을 '국민의 적'으로 규정한 트럼프의 반복적인 표현, 경쟁자였던 힐러리 클린턴의 범죄를 수사해야 한다는 거듭된 요구, 연방 형사 사법 기구와 정보기관에 대한 신랄한 공개 비판을 넣었다. 따라서 그 당시 전문가들이 가장 위험하다고 생각한 것은 트럼프의 **행동**이 아니라 **말**이었다.

트럼프의 첫 번째 임기 말에 브라이트 라인 워치가 같은 질문을 했을 때, 전문가들은 트럼프의 많은 말과 행동 **모두** 중요하면서 비정상적이었다고 판단했다. 새 대통령의 당선 확정을 막기 위해 의회의 사당 폭동을 부추기고, 선거 결과를 뒤집으려고 여러 주의 공무원들에게 압력을 가하고, 대법원에도 똑같이 청원하는 것이 그랬다.[5]

이 모든 일은 놀라웠다. 수십 년간 연구해온 학자들은 미국이 불안정한 민주주의 국가의 후보가 될 가능성을 지극히 낮게 보았다. 이전 연구에서 불안정의 주요 원인으로 꼽힌 요인은 경제적 저개발이었다. 민주주의는 가난한 나라에서는 살지 못해도, 부자 나라에서는 그렇지 않다는 것이다. 민주주의를 공고히 한다고 밝혀진 또 다른 요인은 내구력이었다. 젊은 민주주의는 죽어도, 오래된 민주주의는 그렇지 않다는 것이다. 세계에서 가장 부유하고 민주주의가 가장 오래된 나라에서 어떻게 민주주의가 곤경에 처할 수 있을까?

통계를 활용한 민주주의 연구

오래된 권위 있는 전통에 따라 학자들은 전 세계의 국가들에 대한 정량적 정보를 활용해 정치 체제가 민주주의인지 독재인지, 아니면 그 혼합인지에 대한 질문에 답하려고 노력해왔다. 1950년대 말, 비교정치학과 사회학 분야의 거장인 세이무어 마틴 립셋(Seymour Martin Lipset)은 자신의 논문 제목처럼 "민주주의의 사회적 필수 조건들"을 밝혀내고자 했다.[6] 립셋은 부자 나라일수록 민주주의가 될 가능성이 높다고 믿었다. 그는 정치 체제에 따라 국가들을 네 가지 유형, 즉 안정적인 민주주의 국가, 불안정한 민주주의 국가, 불안정한 독재 국가, 안정적인 독재 국가로 분류했다. 그리고 이 네 가지 유형에서 부, 소득 분배, 인구당 라디오 보급률, 문맹률의 평균 수준을 비교했다. 그는 더 민주적인 국가 유형일수록 더 부유하고, 문맹률이 낮고, 더 발전해 있다는 상당히 일관된 양상을 발견했다. 립셋은 경제발전이 민주주의 국가가 될 가능성을 높인다고 결론내렸다.[7]

립셋의 논문은 오늘날 통계 분석의 표준에는 미치지 못하지만, 여전히 널리 읽히고 인용된다.[8] 어떤 나라의 정치 체제가 민주적인지, 독재인지, 아니면 그사이 어디쯤인지에 따라 시민들과 국제관계에 많은 것이 걸려 있기 때문에, 립셋이 씨름했던 문제들은 여전히 관심을 끌었고, 1980년대에 시작된 민주주의 '제3의 물결'과 함께 더욱 그랬다.[9] 연구자들은 립셋의 연구를 괴롭혔던 문제들을 더 잘 다룰 수 있는 통계 기법을 사용해왔다. 경제적 기초는 계속해서 가장 중요한 초점이었다. 민주주의에 대한 위협이 군사 쿠데타였던 시대에 민주주의의 지속성을 예측하는 요인으로 널리 인정받은 두 가지는 경제발전 수준과 민주주의의 나이, 즉 민주주의가 중단 없이 얼마나 오래 지속했는가였다.

21세기에 일부 국가에서 민주주의가 놀랄 정도로 훼손되자 학자들은 되돌아보게 되었다. 학자들은 미국의 경험으로 대표되는, 오래되고 부유한 민주주의 국가에서 민주주의가 쇠퇴할 가능성을 평가하기 위해 이 오래된 모델로 되돌아갔다. 그러나 2016년 무렵의 미국 데이터를 이 모델에 끼워넣었을 때, 민주주의가 쇠퇴할 위험은 미미했다. 한 학자에 따르면 그 위험은 3000분의 1, 다른 학자에 따르면 사실상 0이었다.[10]

그러나 학자들이 의존한 공식은 민주주의에 대한 주요 위협이 군사 쿠데타였던 시절에 다듬어진 것이었다. 비록 트럼프가 2020년 선거 패배 후 권력을 지키기 위해 군부의 도움을 받으려 시도했지만, 미국에서 쿠데타 가능성이 적은 것은 당연하다. 그리고 트럼프의 첫 임기 동안 미국의 민주주의는 죽어간다기보다 훼손되고 있었다고 볼 수 있다.

우리는 새로운 모델이 필요했다. 그것은 다른 많은 나라에서 그렇듯 미국의 민주주의가 압박받고 있다는 부인할 수 없는 사실을 더 잘 '예측'할 수 있는 모델이었다. 널리 인정받았던 낡은 모델은 새로운 현실에 맞지 않았다.

그래서 동료인 엘리 라우와 나는 전 세계 20여 개국의 민주주의 침식에 어떤 요인들이 관여했는지 조사하기 시작했다. 아마도 미국은 예외적인 사례이고, 보통은 가난한 나라들이 퇴행에 더 취약했을 수 있다. 탐구해볼 만한 또 다른 경제적 요인은 소득 불평등이었다. 20세기 마지막 수십 년 동안 세계의 많은 지역에서 소득 격차가 벌어졌다. 그리고 21세기 첫 10년 동안 저술을 발표한 저명한 학자들은 이론적 근거를 바탕으로 불평등한 소득 분배가 민주주의를 잠식할 것이라고 주장했다.[11] 그러면서 불평등은 최근에 급증한 민주주의 퇴행의 원흉이 되었다.

침식의 원인

민주주의 침식과 잠재적인 설명 요인 사이의 연관성을 탐구하기 위해 라우와 나는 우리가 수집한 국가 간 대규모 비교 데이터를 활용해 통계 분석을 수행했다. 통계 분석을 통해 기본적으로 특정 설명 요인이 침식 가능성과 관련 있는지, 이 요인이 변하면 침식 위험이 얼마나 상승하거나 하락할 것으로 예상되는지, 그리고 어떤 효과나 연관성을 찾아내더라도 그것이 단순히 우연일 가능성에 대해 얼마나 확신할 수 있는지 기본적으로 알 수 있다.[12]

일부 모델('이변량' 모델)은 어떤 국가가 해당 연도에 민주주의 침식을 경험했는지에 대한 하나의 설명 변수와 정보만 포함하는 반면, 다른 모델('다변량' 모델)은 여러 설명 변수를 동시에 포함한다. 다변량 모델로 한 변수의 겉보기 효과가 모델 내 다른 변수의 존재 여부에 달려 있는지를 알 수 있다. 예를 들어, 가난한 나라들은 매우 불평등한 경향도 있다. 불평등 측도(지니 계수)[13]와 국가 부의 측도(1인당 GDP)를 모두 포함한 모델은 (이변량 모델에서 관찰된) 불평등과 침식의 연관성이 GDP를 포함한 모델에서도 유지되는지를 알려준다. (실제로 유지된다.)

불평등은 매우 중요하고, 국가의 부도 마찬가지지만, 민주주의의

나이는 그다지 중요하지 않다. 우리가 발견한 것은 소득 불평등이 민주주의 침식에서 '핵심' 경제적 위험 요인이라는 것이다.

불평등과 침식의 통계적 연관성은 매우 강력했다. 여러 가지 시도를 해봐도 통계 결과를 바꾸기는 어려웠다. 소득 불평등과 민주주의 침식의 연관성은 다른 많은 불평등 측도에서도 유지되었고,[14] 우리가 평가한 100개의 다른 모델에서도 유지되었다. 한 나라의 소득 불평등 변화가 그 나라의 침식 위험에 영향을 미치는지 알아보기 위해 설계된 모델에서도 연관성은 유지되었다. 광범위한 통계적 통제를 포함한 모델에서도 마찬가지였다. 미국을 비롯한 모든 나라를 한 번에 한 나라씩 제외하고 분석을 다시 돌려봐도 결과는 그대로였다. 그리고 특정 연도의 퇴행 가능성을 계산하는 대신, 선거가 치러진 해에 소득 불평등이 퇴행적 지도자가 선출될 확률을 얼마나 높이는지만 살펴봤을 때도 마찬가지였다. 컴퓨터 전원을 뽑지 않는 한 불평등 효과를 사라지게 하기는 어려웠다.

우리의 발견은 트럼프 대통령 치하의 미국이 겉으로 보기보다 예외적인 사례가 아님을 밝혀냈다. 소득이 매우 불평등하게 분배된 미국은 소득이 더 평등하게 분배된 다른 민주주의 국가들보다 퇴행 위험이 더 컸다.

불평등한 소득 분배와 민주주의 퇴행 위험의 연관성은 그림 2.1에서 확인할 수 있다. 이 그림은 어느 한 나라가 소득 불평등 수준에 따라 특정 연도에 침식을 경험할 확률을 보여준다. 이 위험은 가장 평등한 나라들의 한 자릿수에서부터 가장 불평등한 나라들의 32퍼센트까지 다양하다. 지니 계수가 낮은 가장 평등한 나라들은 스웨덴·

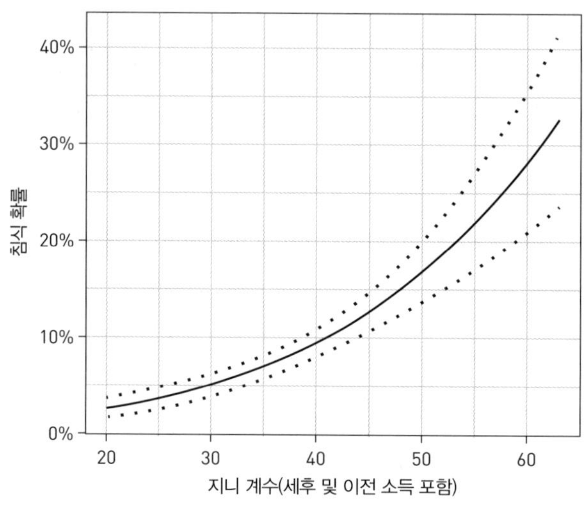

주: 불평등과 침식만 포함한 이변량 로짓(logit) 모델로 추정한 예측 확률과 그에 따른 95퍼센트 신뢰 구간. 지니 계수 데이터는 1995~2020년 기간 대상이며, 출처는 표준화된 세계 소득 불평등 데이터베이스 v9.30이다.

오스트리아·프랑스 등이고, 이 나라들의 민주주의가 퇴행할 위험은 희박하다. 가장 불평등한 나라들은 브라질·베네수엘라·남아프리카공화국 등인데, 이 나라들은 매년 퇴행을 경험할 확률이 3분의 1에 달할 정도로 위험성이 높다. (이 세 나라 모두 퇴행했다.)

미국과 스웨덴을 비교하면 이런 대비가 선명하게 드러난다. 스웨덴은 빈부 격차가 적은 나라다. (다음 장에서 논의하는 것처럼 그 차이가 커지긴 했지만.) 2017년 스웨덴의 지니 계수는 민주주의 국가 중 하위 13퍼센트에 속할 만큼 낮았다. 우리 모델에 따르면, 스웨덴의 연간 침식 가능성은 4퍼센트다. 미국은 빈부 격차가 매우 큰 나라여서 미국의 지니 계수는 민주주의 국가 60퍼센트의 지니 계수보다 높다. 미국의 침식 위험은 스웨덴의 두 배가 넘는 연간 9퍼센트다.

연간 9퍼센트 위험은 원래 쿠데타에 의한 민주주의 중단을 주로 예측하기 위해 고안된 낡은 모델로 추정한 3000분의 1보다 거의 300배나 더 높다.

불평등과 민주주의 퇴행 사이에 강건한 연관성이 확인되었다고 하더라도 분명 예외는 존재한다. 한 예로, 우리는 **위험 요인**을 확인하는 중이다. 평생 흡연한 사람이 폐암에 걸리지 않을 수 있듯, 매우 불평등한 일부 국가도 민주적 제도를 망치는 대통령이나 수상의 등장을 피할 수 있다. (콜롬비아가 그런 나라다.[15]) 그리고 불평등이 다르게 작동하는 듯한 나라들이 모여 있는 지역들이 있다. 그중 하나가 중동부 유럽인데, 이곳에서 소득 분배는 최근에 아주 많이 불평등해졌지만 공산주의 시대의 유산으로 비교적 평등하다. 그런데 헝가리·폴란드·세르비아·우크라이나를 포함한 여러 나라가 민주주의 침식을 경험했다. 러시아도 이런 양상에 부합한다. 대부분의 연구자는 민주주의 퇴행 국가 목록에 러시아를 넣지 못하는데, 이는 러시아가 아주 멀리 퇴행할 만큼 충분히 민주적인 적이 없었다는 단순한 이유 때문이다. 그러나 러시아 역시 지니 계수가 평균 이하인 나라이고(소득 평등이 평균 이상이라는 의미), 1990년대 중반에는 민주주의의 길로 들어서는 듯했으나 결국 오늘날과 같은 권위주의 체제로 퇴행했다.

중동부 유럽 국가들에서는 소득 불평등 수준보다 그 **변화**가 중요했다고 우리는 추측한다. 불평등이 두드러지는 것은 불평등이 높기 때문이거나, 아니면 공산주의 붕괴 이후처럼 놀라운 속도로 커졌기 때문이다.

국가를 위험에 처하게 하는 요인만큼이나 그렇지 않은 요인도 중요하다. 그렇지 않은 요인 하나는 **민주주의의 나이**, 즉 한 국가가 민주주의 국가가 되고 나서 그 체제를 중단 없이 유지한 햇수다. 2017년에 가장 오래된 민주주의 국가는 218세인 미국이다. 가장 어린 국가는 5세인 코소보다. 그러나 순전히 지속 기간만 놓고 볼 때, 미국의 민주주의는 코소보보다 침식에서 더 안전하지 않았다. 미국을 표본에서 제거하고 통계 모델을 다시 평가해봐도, 민주주의를 중단하지 않은 긴 역사가 있다고 해서 그 나라를 침식에서 보호해주지는 못한다는 결과가 나온다. 민주주의가 오래될수록 쿠데타 위험에서는 비교적 잘 격리되지만, 퇴행 위험에서는 격리되지 못한다.

빈곤이나 경제적 저개발은 어떤 역할을 할까? 립셋의 뒤를 이은 뛰어난 연구들은 가난한 나라가 부자 나라보다 민주주의 국가가 될 가능성이 낮고,[16] 가난한 나라는 군사 쿠데타 위험이 더 크다고 보았다.[17] 우리 연구도 경제적 저개발이 민주주의 침식 위험을 높이지만 그 정도는 약하다고 본다. 우리는 경제발전 측도로 1인당 GDP를 사용했고, 이를 불평등(지니 계수)과 함께 설명 변수에 포함했다. 우리는 1인당 GDP가 낮은 가난한 나라들의 침식 위험이 약간 더 크다는 것을 발견했다. 그러나 국민 소득 수준이 침식 위험에 미치는 영향은 소득 불평등 영향의 절반 정도였다.[18] 그리고 다른 종류의 통계 모델과 함께 약간 다른 측도로 이 분석을 반복하면, 1인당 소득은 영향을 미칠 때도 있고 그렇지 않을 때도 있다. 소득 불평등은 기본적으로 항상 중요하다.

우리는 불평등이 부자 나라보다 가난한 나라에서 더 중요한지 궁금했다. 예를 들어, 상대적으로 가난한 나라인 남아프리카공화국의 아주 높은 불평등은 역시 불평등하지만 부자 나라인 미국보다 퇴행 위험을 더 높인다고 생각할 수 있다. 이는 사실이 아님이 밝혀졌다. 실상은 오히려 그 반대여서, 불평등은 가난한 나라보다 부자 나라에서 더 큰 위협이 된다.[19]

따라서 지금까지의 요점은 퇴행하는 나라가 그렇지 않은 나라보다 대체로 더 불평등하다는 것이다. 퇴행하는 나라가 더 가난해 보이지만, 국민 소득은 덜 중요하다. 그리고 그런 나라는 침식이 일어나지 않은 나라보다 민주주의 나이가 평균적으로 더 젊지도 않다.

전염

1980~1990년대 많은 나라가 독재에서 민주주의로 전환했을 때, 연구자들은 이 사건들이 서로 완전히 독립적인지 의심했다. 늦게 전환한 나라들의 독재자들은 아마도 주변 사례들에 영향을 받아 불길한 징조를 예감했을 것이다. 이를테면 페루의 독재는 일찍이 1980년에, 칠레의 독재는 그보다 늦은 1989년에 몰락했다. 다른 조건이 같다면, 칠레의 민주화는 페루와 주변의 주요 국가들이 이미 독재를 청산했기 때문에 가능하지 않았냐는 것이 당시의 의구심이었다.

통계 연구는 이런 직감을 뒷받침해주었다. 통계 연구는 **시범** 또는 **전염** 역학에 주목했다.[20]

아마도 전염은 21세기 초의 민주주의 침식 물결에도 작동했을 것이다. 초기의 퇴행적 지도자들은 나중의 퇴행적 지도자들에게 영감

을 주었을 수 있다. 우고 차베스는 그 최신 물결에서 가장 이른 파고
를 대표했다. 그는 행정부 권력을 확장하면서 언론과 의회, 법원, 공
공 부문을 약화시켰다. 앞서 언급했듯이 그가 구사한 전략 가운데 하
나는 행정부 권한을 더 강화하는 새로운 헌법을 입안하는 것이었다.
이런 개헌 전술은 2008년 에콰도르의 라파엘 코레아와 2009년 볼리
비아의 에보 모랄레스처럼 자국 민주주의를 침식하는 후속 라틴아메
리카 지도자들로 계승되었다.[21]

시범 효과도 어디서나 작동하는 것으로 보인다. 빅토르 오르반은
두 번째 임기 초인 2010년부터 헝가리 민주주의를 훼손하려는 활동
을 시작했다. 트럼프는 어느 곳에나 있는 우파 종족민족주의자처럼
오르반을 칭송하며 본받으려 했다. 2016년 미국의 트럼프 당선 이후
인 2018년에 브라질 대통령으로 선출된 자이르 보우소나루는 트럼프
의 팬이었다. 그는 백악관과 트럼프의 저택이 있는 플로리다 마러라
고에 여러 번 초대받았다. 2020년의 트럼프처럼 보우소나루도 재선
에 실패하자 과반수의 유권자가 아니라 부정선거로 인해 패배했다는
주장으로 대응했다. 트럼프 지지자들처럼 보우소나루 지지자들도 정
권 이양 와중에 중앙정부 청사를 폭력적으로 공격했다.

통계로 뒷받침되는 전염 사례의 증거가 있을까? 이를 알아보기
위해 우리는 모델을 다시 돌려서 각 관찰 연도만 기록한 변수를 추
가했다.[22] 관찰 연도를 포함하자, 예를 들면 2005년의 볼리비아가
2015년의 볼리비아보다 퇴행을 경험할 가능성이 낮은지 알 수 있
었다. 2005년에는 민주주의 침식 과정이 시작된 세 나라가 있었다.
10년 후인 2015년에는 17개국이 퇴행기를 경험했는데, 이 14개국의

추가 사례는 볼리비아 지도자들의 롤모델 역할을 했을 것이다.[23]

실제로 우리 연구 결과에 따르면, 세계적인 침식 물결의 초기에 특정 국가가 퇴행할 가능성은 이 시기의 후기보다 적었다. 다른 모델에서 우리는 침식의 누적 연수가 다른 침식의 발생 가능성에 미치는 영향을 연구했는데, 결과는 유사했다. 두 경우 모두에서 불평등 효과는 여전히 강건해, 관찰 연도를 통제하면 불평등이 침식의 강력한 예측 변수로 남는다.

우리의 통계 모델은 얼마나 강력할까? 이를 생각해보는 방법 하나는, 두 민주주의 국가를 평가해 어느 국가가 미래에 민주주의 침식을 경험할 위험이 더 큰지를 판단해야 하는 국가 위험 전문가를 상상해보는 것이다. 전문가는 동전 던지기 하듯 추측할 수도 있다. 그러면 추측이 반은 맞고 반은 틀릴 것이다. 동전 던지기 대신 우리 모델을 쓴다면, 맞게 추측할 확률은 80퍼센트로 오를 것이다.[24]

미디어 환경 변화와 민주주의 침식

경제적 탈규제와 세계화 외에 20세기 말과 21세기 초에 일어난 또 다른 세계적 사건은 디지털 혁명인데, 이는 사람들이 뉴스와 정보를 얻는 방식에 심대한 변화를 가져왔다. 많은 나라의 민주주의 침식을 디지털 혁명 전반, 특히 소셜 미디어 탓으로 돌리고 싶어 하는 이유는 단순히 시기가 겹쳐서만은 아니다. 민주주의 국가의 시민들은 오늘날 소셜 미디어를 통해 많은 정보를 얻는데, 소셜 미디어 사용자는 2005년 10억 명에서 2023년 54억 명으로 다섯 배 이상 늘었다.[25] 소셜 미디어에서 이루어지는 정치 담론은 대체로 '여론 거품' 속에서 이루어진다고 여겨진다.

온라인 토론은 사람들을 자신과 다른 관점에서, 그리고 자신의 기대와 반대되는 정치 정보에서 격리시킨다는 점에서 양극화에 기여한다고 여겨진다. 그리고 양극화는 민주주의 침식의 한 요인이다.

나는 소셜 미디어 사용이 민주주의 침식과 통계적으로 관련이 있을 수 있다는 이 명제를 검증하지 않는다. 그러나 사회과학자들은 이 명제에 의문을 품는다.[26] 당파적 양극화는 그 뿌리가 복잡하고, 많은 곳에서 소셜 미디어의 발명이나 디지털 혁명보다 앞서 존재했다. 면밀한 연구에 따르면, 소셜 미디어는 낮은 수준으로만 양극화에 기여할 뿐이다.[27] 소셜 미디어 사용자들은 흔히 추정하는 것보다 더 많이 경쟁적 관점에 노출되고, 당파적 담론은 상상하는 것만큼 항상 적대적이지는 않다. 게다가 소셜 미디어 사용자들은 평균적인 동료 시민보다 정치에 더 많이 관여하고, 그로 인해 온라인에서 접하는 뉴스와 '팩트'를 더 분별력 있게 소비한다. 그리고 전통적인 뉴스 조직들은 소셜 미디어 계정을 잘 구축해놓고 온라인에 진출해 있어서, 온라인 정보 소비자들은 전통적인 뉴스를 접함으로써 정치 지식의 정확성을 개선할 수 있다.[28]

그렇지만 양극화된 미디어 환경이 민주주의의 질에 미치는 영향에 대한 우려는 틀리지 않다. 분명 소셜 미디어를 통해 지도자들은 언론 윤리와 사실 검증을 갖춘 전통 미디어를 우회해 자신들의 메시지를 빠르고 값싸게 유권자들에게 전달할 수 있다. 그들은 지지자들에게 잘못된 정보를 전파할 수 있다.

양극화가 일단 자리를 잡으면, 케이블 뉴스와 극단적인 토크 라디오, 소셜 미디어 세계에서는 그렇지 않을 때보다 이를 뿌리 뽑기가 더 힘들 것이다. 그러나 민주주의 침식의 원인을 더 온전히 이해하려면 더 광범위한 정치·경제적 맥락을 고려할 필요가 있는데, 이것이 이어지는 장들에서 내가 하려는 것이다.

민주주의 침식의 물결이 세계화와 시장 개혁 시기를 뒤따라왔다는 것은 소득 불평등이 일정한 역할을 했음을 시사하며, 이 장에서 이를 확인했다. 하지만 통계적 상관관계와 설명은 전혀 다른 문제다. 불평등과 민주주의 침식의 관계를 풀어내기 위해 나는 시장 자유화와 세계화의 여파로 많은 나라에서 일어난 정치·경제적 변화의 최근 역사를 파헤칠 것이다. 정당 체계는 어떻게 변했는가? 그리고 왜 이런 변화가 자국의 민주주의를 해체하는 데 열심인 지도자들을 불러들였을까? 3장과 4장에서는 이 질문들에 답하고자 한다.

우파 종족민족주의

이 장에서는 1980년대로 돌아가 부유한 민주주의 국가들에서 일어난 일들이 어떻게 정당 체계에 심대한 변화를 초래했는지 설명하는데, 이 변화는 결국 극우 종족민족주의 정당과 운동의 성장을 촉진했다. 역설적으로 우파 종족민족주의의 부상은 이전에 중도 좌파였던 정당들의 성격과 호소력의 변화와 깊은 관련이 있었다. 이 좌파 성향 정당들은 노동계급을 대표하는 자신들의 정체성이 점차 퇴조하는 것을 지켜보았고, 그들을 지지하던 많은 유권자의 충성심은 결국 새롭게 활력을 얻은 우파 종족민족주의자들에게로 옮겨갔다.

전통적인 중도 좌파 정당들은 오늘날 이런 전개를 종종 한탄하는데, 그로 인해 자신들이 선거에서 취약해졌기 때문이다. 그들은 노동계급의 지지를 잃은 것이 과거의 실수, 즉 일련의 잘못된 선택의 결과였다고 걱정한다. 또는 노동계급의 지지 상실을 선거 전술과 소통 전략의 실수 탓으로 돌린다. 그러나 사실 노동계급의 지지가 떨어져 나간 것은 수십 년이나 되는 오랜 뿌리가 있고, 그동안 이 정당들은 연합을 확장하기 시작해 진보적인 고학력 도시 거주자들을 끌어들였다. 이런 새로운 유권자들로 확장하는 가운데 중도 좌파 정당과 사회민주주의 정당은 제조업 쇠퇴, 고등교육 확대, 농촌에서 도시로의 인구 이동 같은 사회 변화로 초래된 유인들에 대응했다. 더욱이 좌파 성향 정당의 전략가들이 실수를 저질렀다면, 이런 일은 스톡홀름·런던·워싱턴 같은 많은 부유한 민주주의 국가의 권력 중심지에서 비슷하게 벌어졌다. 아마도 그들은 이 실수보다 장기적인 안목 부족에 더 책임을 져야 할 텐데, 교육받은 중산층에 대한 문호 개방이 노동계급 남녀의 대변자라는 정당 이미지를 얼마나 많이 희석시킬지 충분히 인식하지 못했기 때문이다.

이 정당들이 예전의 사회적 기반에서 멀어지면서 선출직 공직자들과 저소득층의 사회적 거리도 멀어졌다. 소농이나 노동자 또는 노동조합 지도자가 아니라 부유한 변호사, 의사, 전문 사업가가 의회와 행정 부처의 자리를 채웠다.[1] 이런 사회적 거리는 결코 좌파에만 한정되지 않는다. 이념을 초월해서 세계 곳곳의 저소득 시민들은 자신들과 경험을 나누는 정당 지도자들을 찾아보기 어렵다. 이 사회적 거리 때문에 좌파 성향 정당들은 소득이 양극화된 나라에서 일상화된 투쟁과 좌절, 모욕을 간과하는 일이 훨씬 더 빈번해졌다.

제2차 세계대전 이후 수십 년 동안 부유한 민주주의 국가들에서 정치적 논쟁은 사회민주주의 정당과 보수 정당 중심으로 전개되었다. 미국의 민주당과 공화당, 영국의 노동당과 보수당, 스웨덴의 사회민주당과 온건당 등이 그런 사례다. 사회민주주의 정당들은 대다수가 노동조합으로 조직된 산업 노동계급과 서비스 부문의 일부 중·저소득 노동자들로 이루어진 연합을 형성했다. 보수 정당들은 사업가, 고소득 서비스직 및 관리직, 그리고 어떤 상황에서는 농촌 유권자들로 연합을 구축했다. 좌파는 소득 재분배와 사회적 위험(질병·실직·노년)에 대한 보장을 목표로 한 정책에 우선순위를 두었다. 우파는 규제를 적게 하고 재분배를 거의 하지 않는 작은 정부를 선호했다.[2]

1980년대 초가 되자, 경제발전과 사회 변화로 제조 부문은 줄어들었고, 서비스 부문이 팽창했다. 이 때문에 노동운동이 약화되었다. 더욱이 석유 파동과 인플레이션, 그리고 글로벌 사우스에 속한 신생 산업국들과의 경쟁으로 사회민주적 정책은 부담이 되었다.

이런 변화와 함께 사회민주주의 정당들은 중간 소득의 화이트칼라 노동자와 대학 교육을 받은 진보적인 도시 전문직에게로 지지 기반을 넓힐 유인에 직면했다. 그들은 친노동자 및 사회 보장 입장을 유지했지만, 지지 기반의 확장으로 노동계급 정당이라는 정체성은 약화되었다. 1990년대 초는 미국에서 신민주당, 영국에서 신노동당, 북유럽에서 제3의 물결이 동시에 등장한 시기였다. 복지국가 예산과 세계 시장 통합에 대한 좌파의 정책 입장은 보수 정당의 입장으로 완전히 수렴되지는 않았지만 그 방향으로 이동했다.

주요 지지층이 노동계급에서 중산층으로 이동한 서유럽의 좌파 정

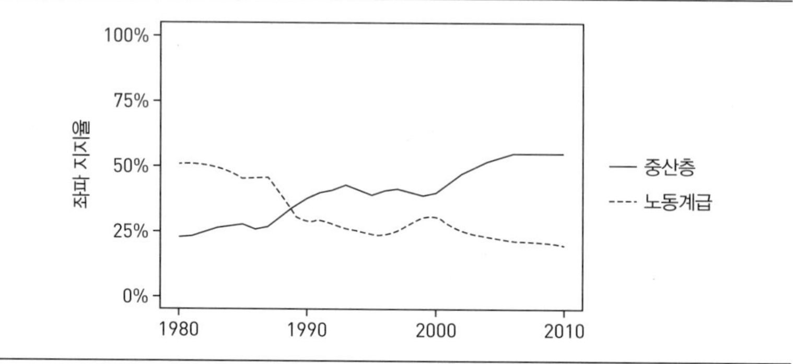

주: 자료 출처는 Gingrich and Häusermann (2015). 이 그림은 좌파 정당들이 은퇴자와 비취업자를 제외한 중산층과 노동계급 유권자들에게서 얻은 득표율의 2년 이동 평균이다. 유럽 15개국에서 수집한 자료다. 깅리치와 호이저만은 사회민주당·사회당·공산당·녹색당을 좌파 정당에 포함했다. 저자들은 유로바로미터(Eurobarometer)와 유럽 사회 조사(European Social Surveys)에서 자료를 얻었다.

당들은 그림 3.1에 나타나 있다. 이 그림은 제인 깅리치와 실리야 호이저만(Silja Häusermann)의 연구를 인용한 것으로, 그들에 따르면, "좌파 정당들은 팽창한 중산층의 특정 부분에서 상당한 지지를 이끌어냈지만, 그 대신 노동계급 기반은 줄어들었다".[3]

이런 변화는 소득 불평등의 증가와 일치했다. 거의 예외 없이 1980년과 2010년 사이에 시민들의 빈부 격차는 상당히 증가했다. 그림 3.2는 미국·영국·스웨덴에서 나타난 이런 추세를 보여준다.[4] 20세기 마지막 수십 년 동안 소득 불평등 증가의 많은 부분은 상위 10퍼센트 부유층의 소득과 자산이 급증하면서 발생했다.[5] 그러나 대침체(2007~2008년의 세계 금융 위기—옮긴이) 이후 그 역학이 변했다. 노엄 루푸와 요나스 폰투손(Jonas Pontusson)은 15개 선진 민주주의 국가의 소득 분배 변화를 연구한다. 5개국을 제외한 모든 국가에서 2008년

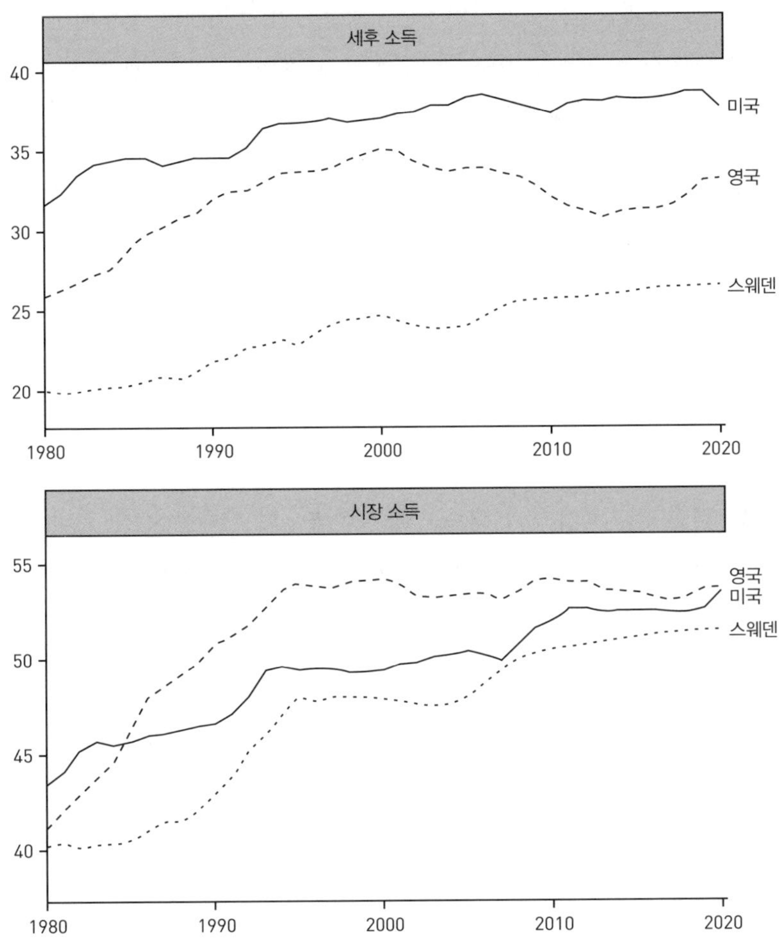

주: 지니 계수가 클수록 불평등이 크다는 의미다. 출처는 표준화된 세계 소득 불평등 데이터베이스 v9.3.

과 2018년 사이에 상위 10퍼센트 부유층의 소득 비중은 하락했다. 그러나 불평등의 증가는 중산층과 저소득층 시민들의 임금 정체를 의미했다.[6]

따라서 노동계급을 대변한다는 전통 좌파의 정체성은 희석된 반면, 전통 우파는 작은 정부와 아주 제한적인 재분배를 고수하던 시점에 우리는 21세기를 맞이했다. 또한 이 시기는 하위 계층의 소득 정체가 지속되던 때였다. 이런 전개는 우파 종족민족주의 정당들이 발을 내디딜 공간을 내주었다. 이 정당들은 정치적으로 방치된 저소득층 유권자들로부터 지지를 이끌어냈다.

우파 종족민족주의의 새로운 정치적 공간

선진 민주주의 국가에서 새로운 종족민족주의 세력은 전통 좌파 및 우파 정당과 어떻게 달랐을까?[7] 그림 3.3은 3차원 공간에서 각 정당의 위치를 보여준다.

1. **복지국가 입장**—큰 정부가 되어서 관대한 복지 혜택을 제공해야 하는가? 아니면 작은 정부가 되어서 사회 지출을 삼가야 하는가?
2. **경제 개방성**—국가 경제는 세계 시장에 얼마나 통합되어야 하는가? 또는 얼마나 보호받아야 하는가?
3. **국민 정체성**—정당은 다수를 차지하는 종족·종교·인종 집단을 중심으로 국민 정체성을 강조하는가? 아니면 '국민'을 광범위하고 포괄적으로 정의하는가? (아니면 국민 정체성을 구성하는 본질 자체가 정당의 메시지와 정책에서 덜 두드러지는가?)[8]

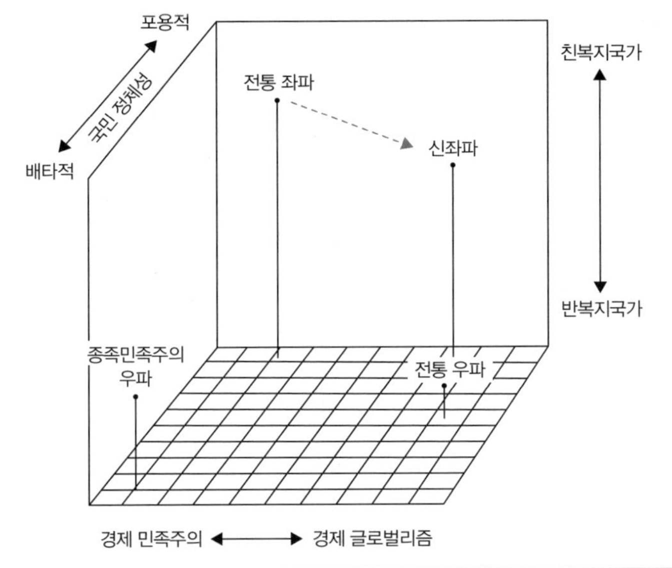

주: 각 정당 유형의 위치는 근사치다. 영국과 스웨덴 정당들의 정확한 위치는 그림 3.7과 3.10 참조.

대개 전통 우파 정당에서 떨어져나온 일군의 새로운 정치 야심가들은 이렇게 변화된 상황에 맞춰 대응했다. 그들은 경제 민족주의, 공격적이고 배타적인 국민 정체성 개념, 그리고 자신들의 우파 선배들보다 오히려 좌파에 다소 가까운 소득 분배 및 사회정책 입장을 조합해 제시했다. 이 우파 종족민주주의자들은 그림 3.3의 왼편 아래 앞쪽 모서리 공간을 개척했다.

이 변화는 여러 부자 나라들이 따랐던 과정을 일반적인 관점에서 설명한다. 그러나 중동부 유럽의 과거 공산주의 국가들은 물론 다른 민주주의 국가들에서도 비슷한 사례들이 나타났다. 폴란드에서는 시민연단당(PO)이 주도하는 연립 정부가 2007년부터 2015년까지 집권했다. 시민연단당은 다른 나라들의 전통 우파와 같은 위치를 차지했고, 간소화한 정부, 경제 개방, 포용적 국민 정체성을 지지했다. 2015년 시민연단당은 그림 3.3에서 왼편 아래 앞쪽 위치에 부합하는 정당인 법과정의당에 패배했다. 2015년부터 2023년까지 집권한 법과정의당과 그 연합 정당들은 은퇴 연령을 올리고 사회 지출을 축소한 이전 정부의 방향을 뒤집었으며, 유럽연합과도 적대적인 관계를 형성했다. 게다가 법과정의당 정부는 폴란드의 과거 영광에 대한 향수를 자극하는 정치문화를 조성했다.[9] 또한 법원과 언론, 시민사회에 대한 행동과 여타 방식에서 독재적인 전술서를 공격적으로 실행에 옮겼다.[10]

이런 역학은 일부 중간 소득 국가에서도 발견된다. 인도가 그런 사례다. 인도의 소득 불평등은 1990년부터 세계 금융 위기가 발생하기 전까지 이어진 친시장 개혁 시기에 급격히 상승했다. 이 개혁은 1990년대에 중도 좌파인 국민회의와 나라심하 라오(Narasimha Rao) 수상이 집권했을 때 추진되었다. 이 시기에 부상한 유력한 우파 정당은 인도인민당이었다. 인도인민당은 발언과 정책을 통해 인도에서 소수인 무슬림 집단을 비하하고 소외시키는 힌두 민족주의 정당이다. 초기에 인도인민당은 부유층 선거 기반의 확고한 지지를 유지하는 동시에 하위 카스트에서도 추종 세력을 구축했다. 인도인민당은 제3의 종교 조직을 통해 하위 카스트의 힌두교도 유권자들에게 사회적 혜택을 제공함으로써 이런 균형을 맞추었다.[11] 이 전략은 나렌드라 모디의 인도인민당 정부하에서도 유지되었다.[12]

　브라질도 중간 소득에 불평등이 심한 나라로, 한 우파 지도자가 자국 민주주의를 침식했다.[13] 자이르 보우소나루의 경로는 종족민족주의 경로에서 약간 벗어났다. 물론 그는 아마존 지역의 취약한 소규모 주민인 원주민 집단을 비난했다. 그러나 종교나 종족이 다른 사람들, 또는 이민자들에게 독설을 퍼붓는 대신, 보우소나루의 주요 메시지는 사회민주당 지도자들과 그 지지자들을 겨냥한 당파적 혐오였다. 브라질에서 정당 지도자들의 상호 혐오는 양극화된 정치·사회적 정체성의 토대였다.[14]

　선진 민주주의 국가들로 돌아가 보면, 앞서 언급했듯이 1990년 무렵 전통 좌파 정당들은 (낮은 사회적 지출로) 아래로, (세계화를 지지하며) 오른쪽으로 이동해 그림 3.3의 우파 쪽을 향했다.[15] 반면 작은 정부를 지지하는 전통 우파의 입장은 많은 나라에서 더욱 극단화되었으나 변화 자체는 적은 편이었다. 우파는 작고 규제가 약한 정부, (각국의 경제 구조에 따라 미묘한 차이는 있지만) 세계 경제와의 통합을 지지했다. 또한 전통 우파는 국민 정체성 차원에서 중간 위치를 차지했는데, 외국인 혐오 본능을 품었을지는 모르나 이런 입장을 특별히 내세우려 하지는 않았다.[16] 따라서 우파는 그림 3.3에서 육면체의 오른편 아래 뒤쪽을 차지했다.

　이런 변화는 새로운 종류의 정당들에게 기회가 되었다. 선진 민주주의 국가의 종족민족주의 우파는 전통 우파와 비교하면, 종족적으로 더 배타적이고, 재분배에는 약간 더 우호적이며, 경제적으로 민족주의적이었다. 좌파와 비교하면, 종족민족주의 우파의 입장은 더 배타적이고, 경제적으로 민족주의적이며, 복지 지출에 덜 우호적이었

다. 따라서 종족민족주의는 육면체의 왼편 아래 앞쪽 모서리에 자리
를 잡았다.

사실 일부 종족민족주의 정당은 수직 차원과 앞뒤 차원을 조합해,
진짜 '국민'에게만 관대한 국가 지출을 베푸는 이른바 **복지 국수주의**
를 받아들였다. 도널드 트럼프의 2020년 연설이 그런 예다. "난민 수
백만 명에게 무상 의료와 일자리를 제공하는 대신, 우리는 우리의
도시 빈민가를 재건하고 미국인들을 돌봐야 합니다."[17]

인구와 이민의 변화는 우파 종족민족주의 정당의 부상에 어떤 역
할을 할까? 이민과 관련해 하나의 가능한 설명은, 21세기 초 유럽
국가들과 미국 등으로 이민자가 급격히 유입되면서 시민들 사이에
불안을 낳았고, 그러자 정치 지도자들과 정당들이 이런 우려에 관심
을 기울였다는 것이다. 반대편 극단에서는, 모험적인 정치인들이 시
민 불안을 부풀려 정당 체계에서 새로운 공간을 개척하는 데 편리한
쟁점으로 이민 문제에 편승했다는 설명도 있다. 이 설명에 따르면,
그들의 자극적인 수사가 없었다면 반이민 정서는 없었거나 차분하게
비교적 낮은 수준에 머물렀을 것이다.

두 설명 중 어느 하나로는 21세기 우파 종족민족주의의 부상을 충
분히 설명할 수 없다. 금세기에 국제 이주가 새로운 정점에 도달한
것은 사실이지만, 이를 추동한 것은 정책 변화(예: 2004년 유럽연합의
10개국 신규 확장)일 수도, 국제 분쟁(예: 수백만 명의 난민을 낳은 2011년 시리
아 내전)일 수도, 경제 붕괴(예: 미국과 여러 라틴아메리카 국가로 대규모 이주
를 초래한 베네수엘라 경제의 붕괴)일 수도 있다.

경제적으로 뒤처졌다고 느끼는 많은 사람은 이민자들을 위협으로

인식했다. 그러나 경쟁자들을 제치고 자신이 앞서갈 수 있는 쟁점으로 본 야심 찬 정치인들도 반이민 정서에 불을 붙였다. 미국에서 이민자에 대한 적대적인 반응은 새로운 영역에 유입된 이민자들과 이를 위협으로 규정한 국가 지도자들의 수사가 결합한 결과였다.[18] 이런 수사가 더욱 가열되자, 폭넓은 유권자층에서 국민 정체성 상실에 대한 위기감과 우려도 커졌다.

종족민족주의 정당이 이민자들에 대한 잘못된 정보를 부채질한 근원이라는 강력한 증거는 영국에서 나왔다. 2015년 선거운동 기간에 전통적인 언론사와 정당은 모두 트위터를 이용해 자국에 들어온 이민자 수에 대한 정보를 올렸다. 정치학자들은 자국에 들어오는 이민자 수에 대한 영국 유권자들의 믿음에 미치는 트윗 노출의 영향을 연구했다.[19] 전통적인 언론이 생산한 트윗에 노출된 사람들은 믿음의 정확성이 향상되었지만, 정당이 후원한 트윗에 노출된 영국인들은 이민자 수를 과대평가했다. 정당 후원 트윗의 대부분은 반이민 정당인 영국독립당(UKIP)에서 나왔다.

유럽의 다른 곳인 이탈리아 연구는 2010년 개혁 이후 공공 서비스 감축을 경험한 공동체들이 반이민 정당을 지지하는 쪽으로 옮겨간 현상을 보여주었다. 공공 서비스 축소는 개혁 조치의 일환이어서 이민자들의 존재와 아무 관련이 없는데도 반이민 정당들을 띄워주었다. 저자들은 공공 서비스 삭감이 "이민에 대한 우려를 높였고, 극우 정당들은 공공 서비스 삭감 이후 자신들의 수사에서 공공 서비스를 갈수록 더 이민과 연관지었다"고 결론내렸다.[20]

종족민족주의 정당들은 여러 방식으로 정당 체계와 접목했다. 미국 같은 일부 나라에서는 한 명의 종족민족주의자가 자신의 파벌을 이끌고 전통 우파 정당을 접수했다. 영국 같은 나라들에서는 강력한 종족민족주의파가 전통 보수 정당 내에서 부상했지만 정당을 접수하지는 못했다.[21] 스웨덴 같은 나라들에서는 종족민족주의자들이 신당을 창당해 전통 우파와 경쟁하거나 때로는 동맹을 맺기도 했다.

이런 우파 종족민족주의 정당들이 모두 선거에서 이긴 것은 아니었다. 선거에서 이겼을 때도 모두가 민주적 규범의 훼손과 민주주의 제도의 파괴에 나서진 않았다. 그렇지만 반(反)제도적 충동은 그들을 민주주의의 퇴행으로 내몰았다. 그들의 반제도주의는 전통 정당들의 권력을 깨뜨려야 할 필요성에서 나온 부산물이었다. 그러나 상황에 따라 그들은 대담해질 수도 온건해질 수도 있었다. 소득 분배의 양극화가 덜한 나라들은 정치도 덜 양극화되는 경향이 있었고, 따라서 퇴행에 덜 취약했다.

소득 불평등과 당파적 양극화의 관계는 결코 단순하지 않다. 그러나 이 장에서 더 깊이 탐구할 미국·영국·스웨덴에서 양극화와 불평등은 동시에 진행되었다. 그림 3.4는 1995년부터 2020년까지 세 나라 유권자들의 정당 양극화 변화를 추적한 것이다.[22] 세 나라 모두 21세기에 양극화 심화를 경험했다. 미국에서 당파적 양극화는 영국보다 일찍 시작되었고, 훨씬 더 심해졌다. 스웨덴은 상당히 낮은 수준의 양극화로 시작해 그 수준에 머물렀다. 이런 양극화의 상대적인 수준과 그 변화는 그림 3.2에서 보여준 소득 불평등 추세를 반영한다.

그림 3.3의 육면체는 당연히 단순화한 것이어서, 예를 들면 정당 내 지도자들과 파벌들 간 차이를 얼버무린다. 이어지는 논의에서는

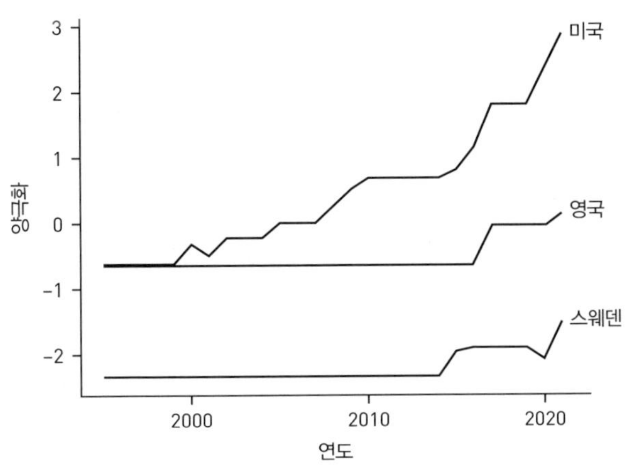

주: 민주주의 다양성 연구소(V–Dem)의 자료로, "사회가 적대적인 정치 진영들로 양극화되었는가?"라는 질문에 대한 전문가들의 답변을 바탕으로 했다. 세로축의 숫자는 대략 −4(최소 양극화)에서 4(최대 양극화)까지 범위에서 지수상의 위치를 나타낸다.

이런 심층적인 복잡성을 탐구한다. 또한 종족민족주의 세력이 자국의 민주주의를 침식하려고 시도해 성공했거나, 시도했지만 실패했거나, 아예 시도조차 하지 못한 상황들을 조명한다.

부유한 민주주의 국가에서의 민주주의 침식: 미국

자신에게 막 패배를 안겨준 그 민주적 제도 밖에서 행동하는 것을 아무도 상상할 수 없을 때 민주주의는 공고해진다.

―아담 쉐보르스키[23]

2021년 1월 6일은 미국 대통령이 후임자에게 권력을 평화적으로 이양
해야 하는 헌법적 의무를 최초로 거부한 날이었다.

-미국 연방 하원의원 리즈 체니(Liz Cheney)[24]

미국에서 민주주의 침식은 반세기 동안 이어진 소득 불평등 증가와
당파적 양극화 심화의 여파로 발생했다. 경제학자 에마뉘엘 사에즈
(Emmanuel Saez)와 가브리엘 쥐크망(Gabriel Zucman)은 제2차 세계대전
이후 첫 30년 동안 미국 경제의 견고한 성장은 꽤 고르게 공유되었
다고 지적한다. "1946년부터 1980년까지 성장은 모든 소득 집단에게
고르게 분배되어 소득은 연평균 2퍼센트 성장했다(성장이 더뎠던 상위
1퍼센트는 제외)." 1980년 이후 "성장은 고르지 않게 분배되어 하위층의
소득은 낮게, 중산층은 보통으로, 상위층은 폭발적으로 증가했다".[25]

소득 불평등 증가와 더불어 미국의 제도, 특히 정치 제도에 대한
신뢰도는 50년 동안 하락해왔다. 여론을 연구하는 두 학자는 이런
하락의 증거를 수집한 다음, 이는 "미국에서 소득 불평등과 사회적
분리의 증가에서 비롯된 정치적 양극화에 기인했을 수 있다"고 제시
한다.[26] 미국 정치를 연구하는 학자들은 당파적 양극화에 일조한 다
른 여러 전개를 지적하는데, 특히 정당별로 분절된 미디어 구조, 당
파에 따른 지리적 거주 양상, 그리고 정당들과 조직 및 운동의 연계
성 증가 등이 있다.[27]

이런 경제적·정치문화적 배경에서 강력한 선동 기술을 가진 인물
이 자신의 정당을 우파 종족민족주의 입장으로 이끌어 미국 민주주
의의 급격한 침식을 초래했다.

미국의 사회 발전과 정당 변화

1980년대부터 미국 경제는 외국과의 경쟁으로 제조업을 잃었다. 미국 기업들은 저임금을 찾아서 해외로 나갔다. 설상가상으로 기업들이 임금은 낮고 노동조합은 드문 친기업적인 남부 주들을 선호해 떠나자 러스트 벨트(Rust Belt: 미국 제조업의 중심이었으나 제조업 쇠퇴로 경제가 쇠락한 미국 중서부와 북동부 지역—옮긴이) 지역은 제조업을 잃었다. 〔기업들이 떠난 것이 '러스트(녹)'의 원인이었다.〕 대학 학위가 없는 사람들을 위한 고임금 일자리의 상실과 노동운동의 쇠퇴는 소득 불평등 심화 이야기의 일부였고, 이는 그림 3.2에 나타나 있다.[28]

이런 거시적 추세에 이어 양대 주요 정당의 입지와 브랜드에도 변화가 뒤따랐는데, 이런 변화는 21세기에 종족민족주의자들이 공화당을 접수하는 데 일조했다. 1980년대부터 공화당은 더욱 집요하게 정부에 반대하고 지출에 반대하는 입장을 채택해 그림 3.5의 수직 차원에서 아래쪽으로 이동했다. 로널드 레이건 대통령은 정부는 항상 문제이지 절대 해결책이 아니라는 관점을 장려했다. 그가 자주 반복한 격언은 "영어에서 가장 무서운 말은 '나는 정부에서 왔고, 도와주러 왔다'"였다. 1985년, 공화당과 긴밀한 관계였던 보수적인 조세 반대 로비스트 그로버 노퀴스트(Grover Norquist)는 자신의 목표가 25년 안에 "정부를 반으로 축소해 욕조에 담가 익사시킬 만큼 크기를 줄이는 것"이라는 유명한 선언을 했다. 이후 시대에 연방정부 전체를 불신하는 이런 관점은 급진적인 제도적 허무주의를 부추겼고, 당 지도부 상당수와 많은 지지자가 이런 허무주의를 받아들였다.

하지만 레이건의 스타일은 부드러워서 1980년 그의 선거운동 수

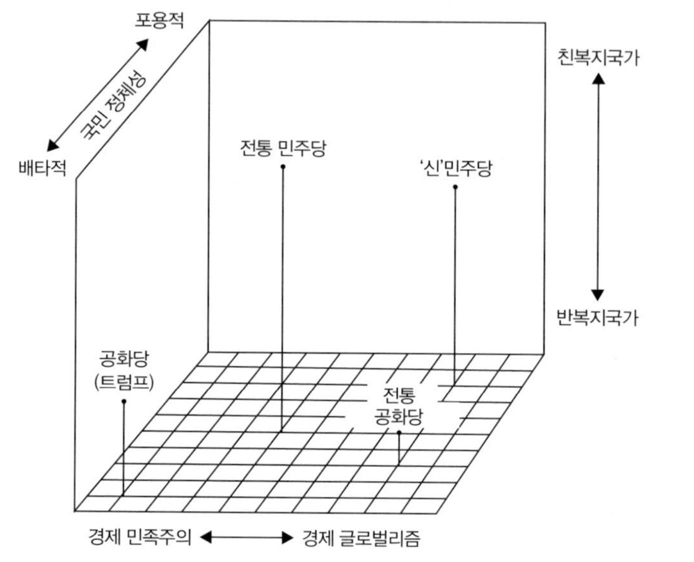

주: 정당의 위치는 근사치다.

사는 대체로 포용적이었다.[29] 이후 정치인들의 선 아니면 악이라는 식의 인정사정없는 어조와는 크게 달랐던 1980년의 레이건은 민주당에 대한 극단적인 발언을 피하려고 애썼다. 선거 유세에서도 민주당원들을 정중하고 환영하는 어투로 대했다.

이 자리에서 여러분에게 연설하면서 공화당원뿐만 아니라 민주당원과 무당파 유권자에게도 말을 건네야 한다는 것을 잘 알고 있습니다. 그리고 그것이 사실이기를 바랍니다. 왜냐하면 첫째로 여러분 없이는 우리가 가고 있는 이 경로를 바꿀 수 없기 때문입니다. 여러분을 환영합니

다. 우리나라의 방향을 바꾸는 이 성전(聖戰)에는 여러분의 도움과 지지가 필요합니다.[30]

이후의 미국 지도자들은 상대방을 악의적으로 표현했지만, 레이건은 당시 민주당 소속 대통령이었던 지미 카터가 뜻은 좋지만 무능하다고 단언했다.

오늘날의 중요한 쟁점들은 **그 동기에는 확실히 문제가 없으나** 미국을 어떻게 이끌지에 대한 근본적인 이해가 통탄할 정도로 부족한 사람들 손에 맡겨져 있습니다.

레이건은 1980년 선거에서 이겼는데, 이는 부분적으로 복음주의 기독교인들을 포섭했기 때문이다. 그들은 1976년에는 거듭난 남부인인 카터를 지지했다. 이렇게 해서 레이건은 남부 백인 유권자들에 대한 공화당의 호소력을 강화했다.

그림 3.5의 앞뒤 차원에서 전통 보수(공화당)의 위치는 낙태와 동성애처럼 보수적인 기독교인들에게 중요한 쟁점들에 대한 당의 입장을 반영한다. 미국 정치에서 인종은 수면에서 깊이 가라앉은 적이 없다. 그러나 레이건의 인종적 호소는 암묵적인 경향이 있었다. 그래서 사회 지출을 반대하는 그의 주장은 '복지 여왕(welfare queen)'이라는 비유에 호소했는데, 이 표현은 사회 지출 삭감을 정당화하기 위해 동원되었다. 많은 유권자의 마음속에서 복지 여왕은 흑인 여성이었다.[31]

공화당에서 이 앞뒤 차원은 이후 수십 년 동안 더욱 중요해져, 공화당 지도부는 외부의 적뿐만 아니라 내부의 적이 미국인을 위협한다고 더 노골적으로 주장하게 된다.

민주당을 살펴보면, 20세기 마지막 수십 년간 다른 선진 민주주의 국가들처럼 좌파는 큰 정부와 경제 민족주의 입장에서 멀어져, 그림 3.5에서 정부 규모 차원에서는 아래로, 경제 민족주의 차원에서는 오른쪽으로 이동했다. 레이건 시대 이후 민주당은 농촌, 남부, 그리고 백인 노동계급 유권자들의 지지를 되찾기 위한 공식을 찾으려 했다. 빌 클린턴은 신민주당원의 한 명이었다. 그는 남부 주의 주지사였고, 다른 이들과 함께 레이건과 조지 H. W. 부시 시절의 선거 패배 여파에서 당을 재정의하려고 했다. 1996년 클린턴 대통령은 개인 책임 및 근로 기회 조정법(Personal Responsibility and Work Opportunity Act)에 서명했는데, 이는 '자격이 있는 가난한 사람들'에게 혜택을 주는 근로연계복지 정책이었다. 1996년의 개혁은 클린턴과 극단적인 공화당원인 뉴트 깅리치(Newt Gingrich) 하원의장의 타협이 낳은 부산물이었다.[32] 신민주당원들은 또한 세계 경제 통합을 지지했다. 클린턴은 캐나다·멕시코와 맺은 북미자유무역협정(NAFTA)의 강력한 옹호자였는데, 공화당의 전임 대통령이 이를 협상했었고 미국 노동자들은 이에 회의적이었다.

따라서 그림 3.5에서 보면, 민주당은 '전통 민주당'에서 '신민주당'으로 이동해, 세로축에서는 이전의 확고한 복지국가 위치에서 아래로, 가로축에서는 경제 민족주의에서 세계 시장과의 통합을 향해 오른쪽으로 옮겨갔다.

물론 미국처럼 거대하고 다채로운 나라에서는 두 정당 모두 복잡한 연합체를 대표한다. 따라서 이 정당들을 3차원 공간에서 정확하게 위치를 정하기는 힘들다. 전통 민주당 위치를 정확히 집어내기도 어렵다. 짐 크로 법 시대에 민주당은 남부 백인, 북동부 진보주의자, 그리고 중서부 조직 노동자의 지지를 얻었다. 1965년 투표권법 이후 민주당은 긴 전환기를 겪었다. 그림 3.5에 나타난 것 같은 전통 민주당의 위치는 당내 다양한 지역적 의견과 파벌이 점하는 다양한 위치의 평균이라고 생각할 수 있다.

더욱이 전통 좌파 위치에서 이동하는 것은 민주당 내에서 절대로 보편적인 현상이 아니었다. 재분배와 경제 민족주의에 찬성하는 목소리는 지속되었고, 21세기에도 재부상했다. 버니 샌더스(Bernie Sanders) 상원의원이 이런 목소리를 주도했다.[33] 소득 불평등에 대한 그의 위치는 수직 차원에서 위쪽에 있어서 전통 좌파의 위치와 가까웠다. 그는 "슈퍼부자들은 거대한 요트와 제트기, 수백억 달러, 수천 번을 다시 살아도 다 쓸 수 없는 돈 등 상상을 초월하는 부를 소유하지만, 동시에 수많은 사람이 가족을 먹여 살리기 위해, 살 곳을 마련하기 위해, 병원에 갈 돈을 구하기 위해 고군분투하고 있다"며 슈퍼부자들을 비난했다.[34]

2016년 트럼프가 당선되기 전까지, 공화당은 여전히 친기업, 정부 지출 반대, 경제 글로벌리즘의 입장으로 정의되었다. 트럼프 이전의 공화당은 당원들이 민주당의 낭비라고 보는 것에 반대하고 공화당의 정통인 작은 정부 노선에서 조금이라도 멀어지는 것에 반대해 여러 차례 반란을 겪었다. 티파티(Tea Party: 강경 보수주의자들의 풀뿌리 정치 운동—옮긴이)와 하원의 프리덤 코커스(Freedom Caucus: 공화당 내 강경 우파 하원의원들의 계파—옮긴이)는 이런 강경 노선의 표현이었다. 민주당 쪽을 살펴보면, 버락 오바마 대통령은 민주당의 진보파와 중도파의 균형을 맞춰, 신민주당의 세계 통합 기조를 유지하면서 클린턴이 도입에 실패한 건강보험 개혁에 성공했다. 오바마는 강력한 연설 기술과 레이건식 낙관주의 어조를 통해 레이건 시대 이후 대통령 선거에서 공화당으로 이탈했던 여러 유형의 유권자들을 포섭했다.

공화당 지도부는 오바마를 위협으로 인식했고, 건강보험 개혁법(Affordable Care Act)의 통과를 혐오하며 지켜보았다. 또한 흑인 대통령의 당선은 공화당의 인종차별주의 본능을 더 노골적으로 부추겼다. 트럼프의 정치 경력은 '출생지 따지기(birtherism)', 즉 오바마는 케냐에서 태어났으므로 헌법상 대통령 출마 자격이 없다는 음모론을 옹호하면서 시작했다.

트럼프의 2016년 대통령 선거 출마와 당선은 공화당에서 큰 변화의 시작이었다. 트럼프 자신이 많은 모순을 안고 있었다. 그는 굉장한 부자이고 성공한—"매우, 매우, 매우 성공한"[35]—사업가라는 이미지를 구축했다. 그러나 그는 또한 자신을 반엘리트주의자이자 노동계급의 친구로 묘사하며 이렇게 단언했다. "나는 직업 생활을 건설 노동자, 벽돌공, 전기공, 배관공 사이에서 보냈습니다. 나는 월스트리트 임원들보다 블루칼라 노동자들과 함께할 때 더 편합니다."[36]

공화당 입장에서 트럼프는 많은 친기업 정당이 직면하는 모순, 엘리트 유권자들과 기부자들을 소외시키지 않으면서 대중의 지지를 끌어모을 해결책을 대변했다. 저소득 유권자들을 끌어들이기 위해 트럼프는 전통 공화당을 규정했던 정통성, 즉 복지에 반대하고 작은 정부를 지지하는 데에서 한 발 뺐다. 실제 기록을 보면 2017년의 세금 개혁과 건강보험 개혁법을 폐지하려는 반복된 노력에서 볼 수 있는 것처럼 그는 공화당의 정통성과 아주 일치했다. 그러나 그는 정부 지출 축소를 너무 밀어붙이면 자신의 핵심 지지층이 등을 돌릴 수도 있다는 점을 잘 알고 있었다. 예를 들어, 2022년 중간선거 전에 그는 사회보장과 건강보험 같은 인기 있는 사회 프로그램을 과감히 중단하자고 요청한 동료 공화당원들을 질책했다. 따라서 당의 지도부 다수는 작은 정부의 굳건한 옹호자로 머문 반면, 그들과 그림 3.5의 수직 차원에서 약간 위로 이동한 다른 이들 사이에 틈이 생겼다.

수직 차원에서 공화당의 상향 이동은 유럽의 종족민족주의 정당들의 위치 설정과 일치한다고 할 수 있다. 이런 정당들의 입지를 추적하는 유럽의 전문가들은 이 정당들이 "이제 전반적으로 경제 정책에서는 중도적 견해를 대표하며, 이 견해는 문화적 균열, 특히 이민 문제에서는 완전히 보수적인 입장과 결합해 있다"는 것을 알아냈다.[37] 하지만 미국의 우파 종족민족주의자들의 이동은 유럽 측보다 덜 실질적이었는데, 이는 아마도 미국 선거와 정책 과정에서 금융 이해관계자들의 과도한 역할 때문일 것이다.

종족민족주의는 종족적 호소력과 민족주의적 호소력의 합작품이고,[38] 스스로 국가의 핵심이라 여기는 사람들이 '타자들'의 위협을 감지할 때 경험하는 매우 감정적인 반응에 의존한다. 종족민족주의의 감정적 힘에도 불구하고 이를 활용하는 지도자들은 매우 전략적이다. 그들은 '우리'와 '그들' 사이에 명확히 선을 긋고 싶어 하지만, 자신들의 정치적 지지를 극대화하는 곳에 그 선을 긋는다. 종족민족주의 지도자가 너무 많은 집단을 '타자'로 정의하면, 그리고 그 합친 숫자가 인구에서 너무 많은 비중을 차지하면, 그 전략은 자충수가 될 수 있다.

종족민족주의자들의 이상적인 전략은 '타자'를 수적으로도 아주 적고 영향력도 아주 미약한 집단들로 이루어진 것으로 규정해서, 그들을 배제해도 종족민족주의자들의 집권 가도에 방해가 되기보다는 오히려 도움이 되게 하는 것이다. 이상적인 '타자'는 이민자인데, 그들은 투표권이 없고, 시민들에게 가하는 위협을 아주 쉽게 강조하고 과장할 수 있기 때문이다.

도널드 트럼프의 종족민족주의에는 이민자들에 대한 극도로 거친 비난이 담겨 있다. 그는 이민자들을 살인자, 강간범, 마약상 등 압도적으로 범죄자로 묘사하며 공포를 불러일으키는 언어를 사용한다. 또한 인간의 또 다른 강력한 감정인 혐오를 불러일으키는 언어도 사용한다. 그래서 그는 이민자들이 이웃의 반려동물을 훔쳐서 먹고, "우리나라의 피를 더럽히며", "질병을 가지고 온다"고 비난해왔다.[39]

물론 종족·인종 갈등을 부추기는 것은 미국 정치에서 오래된 전략이다. 사회 프로그램으로 저소득 유권자에게 호소하는 민주당에 대응하고자 우파 종족민족주의자들은 사회 프로그램이 노동계급 유권자에게는 높은 세금이지만 다른 사람들에게는 혜택을 의미한다고 노동계급 유권자들을 설득한다. 특히 이는 기업인, 노동계급, 중산층 유권자 연합을 구축하려는 공화당의 전통적인 전략이다. 당이 우파 종족민족주의로 이동하면서 '타자'를 향한 적대적인 언사는 더욱 노골적이고 거칠어져서 때로는 폭력적이기도 했다.

미국 흑인은 시민권 없는 이민자들과 비슷한 인구 비율을 차지하지만, 투표권을 비롯해 정치적 힘은 더 크다. 흑인에 대한 트럼프의 접근 방식은 변덕스러워서, 반(反)흑인 인종차별주의와 흑인 유권자들의 비위를 맞추려는 노력 사이를 오갔다. 라틴계와 유대인 유권자들 같은 다른 집단들에 대한 그의 전략도 애매하긴 마찬가지여서, 지지를 호소하다가도 험담하는 메시지를 내거나 이런 집단들을 비하하는 이들과 거리를 두지 않는 선택을 하기도 했다.[40]

2016년 이후 공화당이 종족민족주의로 이동했다는 것은 그림 3.5에서 앞쪽으로 당겨졌다는 의미다.

또한 트럼프는 수평 차원인 경제 민족주의 차원에서 왼쪽으로의 이동을 꾀했다. 자신의 '미국 우선' 의제에 맞춰 그는 무역 관세를 선호하고, 다자간 무역협정에서 양자간 무역협정으로 전환했다.

사실 트럼프의 반이민 태도는 그의 경제 민족주의에도 스며들었다. 2015년 대선 출마 선언에서 그는 이렇게 단언했다. "멕시코가 사람들을 보낼 때, 최선의 인물들을 보내지 않습니다. ……그들은 문제가 많은 사람들을 보내고 있어요." 이는 특이한 표현이었는데, 이민은 보통 가족과 개인들 각자의 결정이지, 누군지 불분명한 '그들'의 지침으로 실행되지 않기 때문이다. 그러나 트럼프에게 이 표현은 의미심장하다. 종족민족주의 담론이 강력한 이유 가운데 하나는 사람들이 누군가 자신에게 의도적으로 나쁜 일을 하고 있다는 말을 들을 때 민감하기 때문인데, 이 점에 대해서는 7장에서 더 자세히 다룬다. 이 경우에 강력한 허구는, 추정컨대 멕시코 정부가 미국인들을 괴롭히려고 범죄자, 정신이상자, 불순한 자들을 일부러 국경 너머로 보내고 있다는 것이었다.

그림 3.5는 트럼프의 종족민족주의와 포퓰리즘 수사가 어떻게 미국의 정당 정치에서 특유의 공간을 확보해냈는지 보여주는데, 이는 경제 차원에서는 전통 좌파 쪽으로 이동하면서도 강력한 종족적 적대감 요소를 추가한 것이다. 이런 이동은 트럼프와 샌더스의 발언을 비교하면 확연히 드러나는데, 샌더스의 입장은 이미 언급했듯이 과거 좌파의 입장을 대변했다. 나와 동료 연구자들은 종족민족주의자인 트럼프와 전통 좌파인 샌더스를 대조해서 연구했는데, 이는 그림 3.6에 나와 있다.[41] 우리는 이 대통령 후보들의 발언을 많이 수집한 다음, 통계 기법을 사용해 후보들이 핵심 집단에 대해 토론할 때 긍정적·중립적·부정적 언어 사용의 빈도와 강도를 연구했다.

2015~2016년 선거운동에서 트럼프와 샌더스 모두 경제 엘리트에 대해 경멸하는 단어와 표현을 사용했다. 경제 엘리트에 반대하는 그들의 공통점은 '경제 엘리트'에 해당하는 점의 위치가 그림 3.6의 왼쪽에 치우쳐 있는 데서 확인할 수 있다. (발언이 부정적일수록 더 왼쪽으로 가고, 긍정적일수록 더 오른쪽으로 간다.) '월스트리트'에 대한 트럼프의 혹평과 '슈퍼부자들'과 그들의 요트를 비난하는 샌더스를 떠올려보면 된다. 샌더스는 경제 엘리트에 대해 더 많은 시간을 할애해 이야기했다. 그래서 빈도를 나타내는 세로축에서 점의 위치가 더 높다. 그러나 소수자에 관해서는 두 후보자의 어조가 확연히 갈렸다. 종족민족주의자 트럼프는 부정적이었고, 샌더스는 긍정적이었다.

트럼프는 종족적 적대감과 경제 민족주의를 활용해 백인 노동계급 유권자들에게 호소했다. 그리고 어느 정도 성공했다. 전형적인 트럼

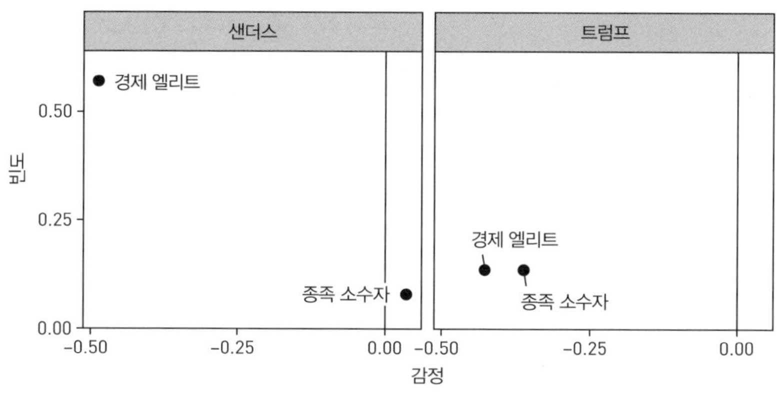

주: 자료 출처는 Çınar, Stokes, and Uribe (2020). 세로축의 숫자는 샌더스와 트럼프가 경제 엘리트와
종족 소수자를 언급한 발언의 비중이다. 가로축의 숫자는 평균 순감정 지수인데, 개략적으로 말하면 각 정
치인이 각 표적 집단에 대해 표현한 긍정적 발언에서 부정적 발언을 뺀 횟수의 평균이다. 따라서 이 축에
서 표시한 점의 위치는 정치인들이 표적 집단에 대해 말할 때 그 발언이 평균적으로 얼마나 부정적인지
(왼쪽으로 향하는지) 또는 긍정적인지(오른쪽으로 향하는지) 나타낸다.

프 지지자는 부유한 공화당 지지자였다. 그러나 트럼프는 이전 공화
당 대통령 후보들이 백인 노동계급 유권자들의 지지를 많이 얻었던
추세를 이어갔다. 2016년에 백인 노동계급 유권자의 62퍼센트가 트
럼프에게 투표했고, 2020년에는 그 비율이 59퍼센트였다.[42] 이 책을
쓸 때 얻을 수 있었던 예비 데이터에 따르면, 백인 노동계급 유권자
사이에서 트럼프의 2024년 득표율은 2016년 수준을 회복했다.

종족민족주의자인 미국 대통령은 1장에서 개관한 대로 미국의 민
주주의를 침식했다. 트럼프는 수사적·정치적으로 많은 기관과 전쟁
을 치렀는데, 그의 권력욕에 걸림돌이 되거나 패배에 따른 굴욕 및

법적 위험을 피하려는 그의 필요에 방해가 될 수 있는 기관들이었다. 그는 〔리노(RINO)는 "인생 밑바닥"이라며〕[43] 전통 공화당과도, ("자신들의 앞길을 가로막는 무엇이든, 누구든 파괴하려 드는 성난 폭도"라며)[44] 민주당과도 전쟁을 벌였다. 그는 자신의 부정선거 주장에 저항하면, 선거 관리 기구, 주 의원들, 주지사들과도 전쟁을 치렀다. 자신을 조사한다고 의회와 자신의 법 집행 기관들과도 싸웠다. 그리고 법원과도 전쟁을 치르면서 정당의 부속물로 묘사했다. 그는 '기업 언론'과도 전쟁을 치렀는데, 언론이 자신에게 약점이 될 수 있는 정보를 대중에게 제공해 자신의 품위를 떨어뜨린다고 생각했다.

트럼프는 미국의 민주주의를 침식했지만, 또한 효과적인 저항에도 부딪혔다. 첫 임기 말이 되자 그를 지지하는 유권자보다는 반대하는 유권자가 더 많았다. 법원은 그의 부정선거 주장을 기각했다. 두 번째 임기가 시작되자, 법원은 연방 공무원들을 해고하고 여러 법률을 무시하려는 그의 많은 조치에 제동을 걸었다. 2020년에 군대는 그의 친위 쿠데타 시도에 끌려들어가지 않으려고 저항했다.

거의 저항하지 않은 기관은 그의 소속 정당이었다. 당내 저항이 사실상 없었다는 점에서 트럼프의 성공은 민주주의 침식이 스치듯 지나간 영국과 구별된다.

완전한 침식 없는 제도 훼손: 영국

영국 민주주의의 질은 21세기에 나빠졌지만, 민주주의 침식 국가 목록에 오를 정도는 아니었다. 브렉시트(Brexit) 투표의 여파로 유럽연합에서 탈퇴하는 데 집중했던 정부는 법과 규범에 도전하고 잠재적 독재자의 전술서에 명시된 변화들을 추구하면서 민주주의를 일부 침식했다. 독재화 추진에 가장 책임 있는 지도자인 보리스 존슨(Boris Johnson)은 3년 뒤 권력을 빼앗겼다. 그러나 독재화 사건은 상처를 남겼다. 보수당이 내부 분열로 좌초하고 종족민족주의 정당인 개혁영국당(Reform UK)이 성장하면서, 영국은 민주주의 제도의 복원력을 낙관할 수 없게 된다.

이런 전개는 반이민 정서와 당파적 양극화의 등장, 그리고 거의 끊임없는 소득 불평등 증가를 배경으로 발생했다. 1970년대에 영국은 미국보다 훨씬 더 평등했다. 그림 3.2가 상기시키듯, 20세기 말에 영국의 지니 계수는 크게 증가해 미국의 지니 계수에 근접했다. 영국의 정당 양극화 심화는 그림 3.4에 잘 나타나 있다. 영국의 정당 양극화와 소득 양극화 추세는 미국보다 뚜렷하지 않았지만, 스웨덴보다는 뚜렷했다.

영국은 미국에서 일어난 것 같은 침식을 경험하지는 않았다. 그러나 스치듯 지나간 민주주의 퇴행은 스웨덴보다는 미국에 더 가까웠다. 영국의 경험은 민주주의 침식을 부추기거나 민주주의 침식을 막아주는 요인들을 밝히는 데 도움을 준다.

영국의 사회 발전과 정당 변화

영국의 사회·정치적 변화의 전반적인 윤곽은 익숙하다. 탈산업화와 그에 따른 산업 노동계급의 규모 및 영향력 쇠퇴는 정당 정체성과 지지 기반의 재편으로 이어졌다. 영국의 노동계급은 노동당에게서 버림받지 않았다. 그러나 21세기 초에 노동계급은 하나의 정당이자 정치적 정체성으로서 노동당과의 결속이 20세기보다 약해졌다.

1980년대에 영국의 전통 우파는 미국 공화당과 비슷한 방식으로 입장을 바꾸었다. 보수당은 낮은 세금을 옹호하고, 주요 민영화 프로그램에 착수했다. 레이건이 미국을 통치했던 그때, 레이건의 긴밀한 동지이자 이념적으로 아주 흡사한 마거릿 대처(Margaret Thatcher)가 영국을 통치했다. 보수당은 대처 총리가 이끈 1979년부터 1988년까지, 이어 존 메이저(John Major) 총리가 이끈 1997년까지 집권했다. 대처는 부자들의 세금을 감면하고, 복지국가 요소들을 정리했다.[45] 선거에서 중요한 제3의 정당들인 사회민주당과 자유민주당은 사회적으로는 보수당보다 진보적이었고 재정적으로는 노동당보다 보수적이었다.

이 시기 노동당의 변화는 미국 민주당의 변화와 궤를 같이했다. 대처와 메이저 시기에 오랫동안 권력에서 멀어졌던 노동당은 당을 활성화하고자 온건한 리더십을 모색했다. 그래서 미국 신민주당이 오랫동안 집권하지 못하자 중도로 급변했듯, 토니 블레어(Tony Blair)의 신노동당도 그렇게 했다.

노동당은 복지국가 공약을 포기하지 않으면서도, 그림 3.7의 국가 규모 차원(세로축)에서는 아래로, 경제 통합 차원(가로축)에서는 오른쪽으로 이동했다.[46] 노동당은 당의 핵심 기반을 노동계급 유권자를 넘어서 화이트칼라와 사회적으로 진보적인 유권자, 그리고 대졸 유권자로 확장했다.[47]

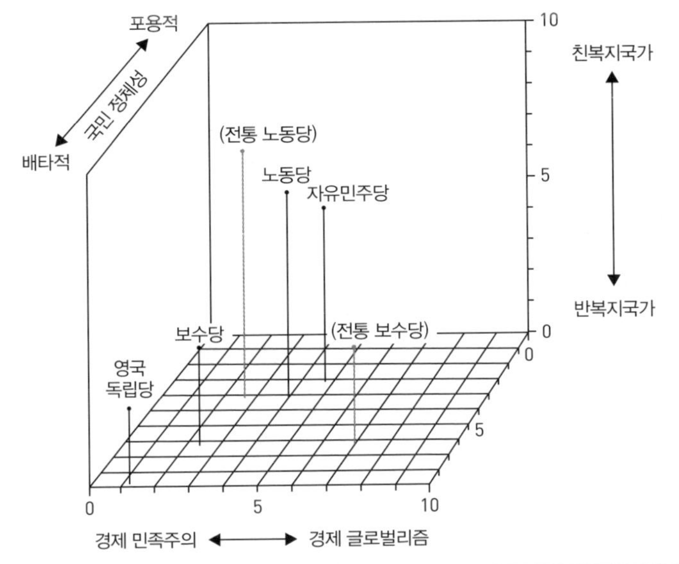

주: 나는 채플힐 전문가 설문조사(CHES: Chapel Hill Expert Survey)의 유럽 프로젝트 자료를 사용해 정당들의 위치를 정했고, 이는 재분배, 국민 정체성, 경제 글로벌리즘/민족주의에 대한 정당들의 위치를 평가한 전문가 의견을 반영한 것이다. Jolly et al. (2022). 괄호 속 정당은 그 정당의 역사적 위치의 근사치다.

2000년대에 10년 이상 집권하지 못한 보수당도 데이비드 캐머런(David Cameron)의 지도하에 당의 입장을 현대화하고, 고학력에 사회적으로 진보적인 유권자들의 지지를 얻으려고 노력했다. 노동당과 전통 보수당이 이렇게 수렴하자 '뒤처진' 유권자들 사이에서 불만이 일었다.

이 불만은 2000년대와 2010년대에 이민자들에 대한 적대감으로 표출되었다. 영국은 1950년대 이래 다문화 사회였고, 남아시아와 서인도 출신 시민의 수가 특히 많았다. 그러나 새로운 세기에 유럽연합

신규 회원국들로부터 시작해 이민이 급증했다. 2004년에 동유럽 국가들이 유럽연합에 가입했다. 블레어 정부는 이들 국가 출신 이민자들의 유입이 영국 경제에 큰 도움이 된다고 보았다. 그러나 다른 서유럽 회원국들은 유럽연합이 허용한 이민자 수의 일시적 상한을 수용해 점진적 전환을 도모했다. 블레어 정부는 그러지 않아 이민자가 급증했고 단기간에 집중되었다. 1997년과 2007년 사이에 이민자는 연간 4만 8000명에서 약 27만 명으로 증가했다.

로버트 포드(Robert Ford)와 매튜 굿윈(Matthew Goodwin)은 더 다양하고 국제적인 영국과 '뒤처진' 유권자들 사이의 충돌로 설명했는데, 이 충돌은 이민 물결의 유입과 함께 더 격렬해졌다. 나이 많고 교육 수준이 낮으며 노동계급에 속하는 많은 이들은

> 주요 정당들이 자신들에게 생소한 세계관인 사회적으로 진보적인 다문화 합의로 수렴하자 자신들은 버림받았다고 느꼈다. 그들에게 국민 정체성은 단순히 제도와 시민적 소속감이 아니라 선조 및 출생지와 연결되어 있고, 영국인다움은 진보적인 대학 졸업자들보다 그들에게 훨씬 더 중요하다.[48]

시리아를 비롯한 여러 나라 출신 이민자 100만 명 이상이 유럽에 도착한 2015년에 난민 위기로 이민 문제는 유권자들에게 훨씬 더 중요해졌는데, 이는 열성적인 반이민파의 노력 탓이 컸다. 그중 한 명이 개혁영국당의 전신인 영국독립당을 창당한 나이절 패라지(Nigel Farage)다. 2015년 패라지의 영국독립당은 영국에서 득표율 3위 정

당이 되었는데, 이전 시대에 노동당에 투표했을 노동자들의 강력한 지지를 받았다. 영국 노동계급 유권자들의 영국독립당 지지율은 2004년부터 2012년까지는 2퍼센트였는데, 2015년에 23퍼센트로 성장했다.[49]

영국의 선거제도와 지리적 특성 때문에 영국독립당의 놀라운 득표율 상승은 의회 의석으로 전환되지 못했다. 그렇지만 이 당의 영향력은 상당했다. 영국독립당의 득표 경쟁력과 유럽연합 공격은 보수당 내부의 분열을 촉진했다. 보수당 지도부의 상당 부분이 미국의 트럼프 및 그 일파와 다르지 않은 입장으로 선회했다. 그들은 배타적인 국민 정체성을 받아들이면서, 정부 규모 문제에서는 실질적으로 여전히 보수적이었고 세계 경제 통합에는 반대했는데, 이 경우에는 영국의 유럽연합 탈퇴를 요구하는 것이었다. 종족민족주의 분파는 가장 눈에 띄는 인물인 보리스 존슨이 지지를 잃고 수상직에서 물러난 후에도 보수당 안에서 여전히 활발히 활동했다.[50]

그래서 보수당은 그림 3.7에서 영국독립당이 차지한 왼편 아래 앞쪽 모서리로 이동했다.

당내 유럽회의론자들(euroskeptics)과 반이민 목소리의 압박 속에, 2013년 캐머런 총리는 보수당이 2015년 총선에서 단독 과반수를 차지해 승리한다면, 유럽연합 탈퇴 여부를 묻는 국민투표를 실시하겠다고 약속했고, 실제로 그렇게 되었다. 2016년 브렉시트 투표에서 보수당은 심각하게 분열되었다. 보수당 의원 323명 중 43퍼센트인 138명이 국민투표에서 탈퇴에 투표했다. 노동당 엘리트들 사이에서 브렉시트는 인기가 없어서, 노동당 의원 10명만 탈퇴에 투표했고,

218명이 잔류에 투표했다. 그러나 반이민과 민족주의 정서가 노동당 지지자들 사이에도 확산되어 그 가운데 많은 이들이 브렉시트에 찬성 투표했다. 그래서 브렉시트 투표는 그림 3.7의 수평 차원, 그리고 아마도 앞뒤 차원에서 노동당과 그 지지층 사이의 간극을 드러냈다.

우파 종족민족주의자들은 보수당 내부에서 중요한 분파가 되었다. 그렇지만 미국 공화당의 우파 종족민족주의자들처럼 당에서 지배적인 세력이 되지는 못했다. 그렇다 해도 유럽연합에 반대하는 지도자 밑에서 영국의 제도는 훼손되었다.

언론인이자 전임 런던 시장이었고 오랫동안 유럽회의론자였던 보리스 존슨은 그의 보수당 전임 총리 두 명이 브렉시트로 물러난 뒤 총리가 되었다. 존슨 정부의 존재 이유는 영국과 유럽연합 사이에 탈퇴 조건에 대한 협상이 성사되지 않더라도, 즉 강경 브렉시트 찬성파의 구호인 '노딜 브렉시트(no-deal Brexit)'가 되더라도, 영국을 유럽연합에서 탈퇴시키는 것이었다. 전임자들을 좌절시킨 이 목표를 달성하겠다는 존슨의 외골수 추진력은 수상 재임 3년 동안 그가 규칙과 제도에 대해 보여준 공격성을 설명하는 데 어느 정도 도움이 된다. 그는 당내 친유럽연합 당원들, 의회, 그를 제약하는 법원, 그리고 그의 조치에 항의하는 대중까지 적으로 삼았다.

존슨 정부가 공격한 제도와 원칙은 다음과 같다.

- **의회**. 2019년 7월에 취임하면서 존슨은 자신의 유럽연합 탈퇴 계획이 하원에서 브렉시트에 반대하는 보수당 의원들과 노동당에 의해 방해받을 수 있다고 예상했다. 그래서 그는 의회를 폐쇄했다. 9월 10일,

그는 의회의 휴회, 즉 임시 폐쇄를 선언했는데, 이는 영국 헌법 이론 상 예상은 할 수 있지만, 당시 상황에서는 논란이 되는 조치였다. 당초 의회는 10월 중순까지 폐쇄될 예정이었는데, 이는 유럽연합 탈퇴 시한인 10월 31일 이전에 브렉시트에 대해 토론할 시간을 거의 주지 않으려는 의도였다.

- **시위할 권리.** 의회의 휴회 논란은 전국에서 거리 시위를 촉발했다. 존 슨 정부 후반에 때로는 무질서한 대규모 시위들이 환경과 인종 정의 를 쟁점으로 일어났다. 2022년 4월, 의회는 '경찰, 범죄 및 형량법'을 승인했다. 여기에는 '용납할 수 없는' 시위에 대한 제한 조치가 포함되 었다. 이 법안은 경찰이 '공공소란'으로 여기는 시위를 범죄로 간주할 수 있는 재량권을 부여했다.

- **언론의 독립.** 수상 자신이 언론인 출신이었지만, 그의 정부는 언론을 비웃고 비판적인 매체에 공격적인 조치로 위협했다. 정부는 한 공영 텔레비전 채널의 민영화를 제안했는데, 비판자들에 따르면 이는 수상 을 조롱하는 보도 때문이었다.

- **선거의 공정성.** 2022년 선거법은 사진 신분증 제도를 마련했고, 선거 관리 기구를 정부 부처의 권한 아래 두었다. 영국에서 부정선거는 대 단히 드물다. 영국의 선거운동과 선거는 미국보다 더 중앙집중식이고, 한 세기 반 동안 더 철저하게 규제를 받아왔다. 사진 신분증 요건의 도입은 특히 젊은 영국인들의 투표율을 낮출 것으로 예상되었다.[51]

투표와 시위의 철저한 규제는 영국에서 수직적 책임성의 작동을 지 속적으로 약화시킬 위험이 있었다. 존슨의 후임자인 리시 수낵(Rishi

Sunak) 정부는 시위를 더 심하게 제한했다.[52] 시위할 권리에 대한 계속된 위협의 신호로, 2024년 7월에 기후 행동 단체의 활동가 5명이 도로 교통을 혼잡하게 할 계획을 세웠다며 최대 5년의 장기 징역형을 선고받았다. 이는 실행에 이르지도 않은 비폭력 범죄였다.[53]

다른 퇴행 시도들은 정부가 건성으로 추진했거나(예: 언론 민영화) 효과적으로 저지되었다. 의회 휴회가 그랬는데, 2019년 9월 말 대법원은 이를 불법으로 선고했다. 이에 반발한 존슨은 해당 사건에 대한 법원 개입의 타당성을 문제삼았다. 그럼에도 법원은 영국에서 민주주의 침식 양상을 막아내는 효과적인 보루임을 증명했다.[54]

영국의 민주주의 훼손은 미국처럼 완전한 민주주의 침식으로 이어지지 않았다. 어떻게 이 차이를 설명할 수 있을까?

한 가지 답은, 트럼프는 자기 당을 장악했지만 존슨은 그러지 못했다는 점이다. 그림 3.8은 트럼프의 첫 임기 마지막 해 공화당 유권자들의 지지·반대 비율을 존슨의 수상 재임 마지막 해 보수당 유권자들의 지지·반대 비율과 비교한 것이다. 이를 보면 주목할 만한 대비가 나타난다. 트럼프는 그 지지층의 관점에서는 잘못을 할 수 없는 존재였다. 그들은 높고 흔들림 없는 지지로 그를 지켰다. 존슨은 그렇지 않았다. 그에게는 트럼프와 같은 의미의 '지지 기반'이 있다고 할 수 없었다. 그에 대한 보수당 유권자들의 감정은 여러 스캔들로 요동쳤는데, 특히 영국 국민에게 엄격했던 코로나19 봉쇄 기간에 바로 다우닝가 10번지 수상 관저에서 여러 번 술 파티를 연 수상의 분통 터지는 불공정함을 보았을 때 그랬다. 게다가 그때 존슨은 이런 위반 행위들에 대해 거짓말까지 했다.

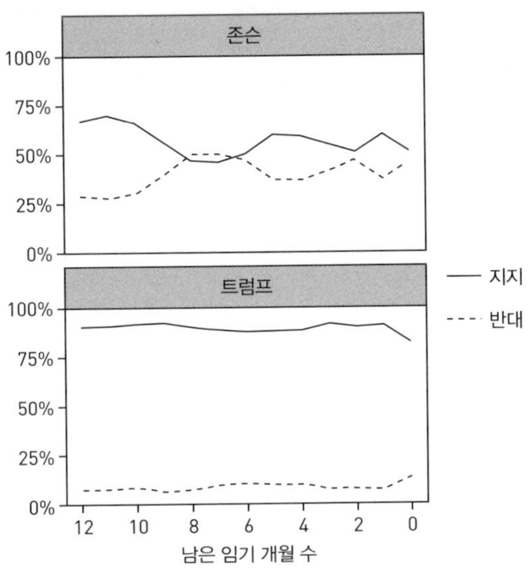

주: 자료 출처는 유고브(YouGov) 여론조사.

왜 보수당 지지자들은 트럼프 지지자들이 트럼프를 지켰던 것과 같은 방식으로 존슨을 지키지 않았을까? 여러 요인이 작용했을 것이다. 영국 대중은 미국 대중보다 정서적으로 덜 양극화되어 있다는 그림 3.4를 떠올려보자. 양극화가 더 심한 미국에서는 공화당 지도자가 자신의 인기를 떨어트릴 수 있는 많은 사건을 민주당 탓으로 돌릴 수 있었다. 예를 들면, 트럼프와 그의 대리인들은 지지자들에게 그에 대한 각종 소송이 법무부를 '무기화'한 바이든 행정부 때문이라고 반복해서 말했다. 또 다른 차이는 미국인과 영국인이 사회 계급을 인식하는 방식과 관계있을 것이다. 영국에서는 계급 의식이 여전히 두드러지며, 존슨은 금수저 티가 쉽게 난다. 미국인들은 '상향 동일시'에 더 익숙하며, 이는 트럼프가 노동계급 미국인들("벽돌공과 배관공")과의 친밀감을 주장하면서도 또한 자신의 개인적 부에 대해 장광설을 늘어놓도록 부추긴다. 그래서 영국 유권자들에게는 계급 편향과 불공정을 드러내 화나게 할 수도 있는 사건들이 미국인들에게는 덜 화나는 일일 수 있다.

보수당(더 넓게는 영국인)의 여론에서 존슨의 입지가 오르락내리락했던 이유가 무엇이든, 2022년 7월 여러 스캔들과 선거 패배로 인한 내각 집단 사임, 그리고 당의 압박 속에서 존슨은 수상직에서 물러났다.

보수당이 존슨의 수상 임기를 끝냈기 때문에, 영국과 미국의 차이점을 대서양 한편의 의원내각제와 다른 한편의 대통령제의 차이에서 찾아보려는 유혹이 생긴다. 영국 정당들은 정당 지도자에 대해 어느 정도 통제권을 가지지만, 미국 대통령과 정당의 관계에서는 이런 통제권이 없다. 보수당에서는 의원 15퍼센트가 문서에 서명하면, 자동으로 불신임 투표가 개시된다. 캐머런 전 수상은 회고록에 이렇게 썼다. "당 지도자로 있었던 11년 동안 단 한 번도 일정 기간 안전하다고 느껴본 적이 없었다."[55]

그러나 정당들의 상대적인 권력 차이에 앞서 진정한 차이는 당의 지도자를 퇴짜놓으려는 의지에 있었다. 그리고 그 뒤에는 지도자에 대한 여론이 있었다. 보수당이 과반수 의석을 차지한 2019년 12월 총선이 존슨에게는 여론의 정점이었다. 일반 유권자뿐 아니라 보수당 지지자들 사이에서도 그의 추락은 가팔랐다. 그가 사임했을 때, (지지율에서 반대 비율을 뺀) 순지지율은 특히 불운한 수상으로 인식되었던 테레사 메이(Theresa May, 2016~2019년 재임)의 임기 말과 대략 비슷했다.

존슨은 영국 유권자들에 대한 영향력을 잃었고, 그에 따라 보수당의 사퇴 압력을 받았다. 당은 수상을 대체할 수 있는 제도적 능력과 함께 그렇게 해야 할 선거에서의 동기가 모두 있었다. 이는 트럼프 이야기와는 아주 대비된다. 트럼프의 정당은 대부분의 공화당 지지자들 사이에서 그의 광범위하고 흔들림 없는 추종 세력 때문에 그에게 도전하기를 꺼렸다.

침식 없는 종족민족주의: 스웨덴

스웨덴은 오랫동안 관대한 복지국가의 모델로 여겨졌다. 이 모델은 수십 년 동안 높은 수준의 노동조합 조직화, 중앙집중식 임금 협상 제도, 그리고 사회보장과 완전 고용 정책에 대한 폭넓은 지지에 기반했다. 스웨덴은 20세기에 사회민주당이 가장 오랜 기간인 1920년대부터 1991년까지 거의 중단 없이 집권한 북유럽 국가다.

1970년대에 시작된 경제적 압박, 특히 높은 인플레이션은 긴축 정책과 복지국가 축소를 촉진했다. 1990년 사회민주당 정부가 요청한 임금 동결과 일시적 파업 금지는 의회를 통과하는 데 실패했고, 수상 사퇴로 이어졌다. 뒤이은 보수(온건당) 정부하에서 스웨덴은 완전 고용 정책을 포기하고 환율 통제를 폐기했다. 이 조치들은 온건당이 추진했는데도 물러나는 사회민주당 재무장관의 지지를 받았다.[56]

그렇지만 1990년대 중반 스웨덴의 사회 지출은 경제협력개발기구(OECD) 회원국 중에서 가장 높았다. 1995년 당시 스웨덴은 공공 사회 지출에 GDP의 36.4퍼센트를 썼다. 영국은 거의 26퍼센트, 미국은 17퍼센트였다. 사회 지출이 더 높은 나라는 덴마크뿐이었다.[57]

20세기가 끝날 무렵, 사회민주당과 중도 및 중도 우파 정당 사이의 차이는 희미해지고 있었다. 앞서 보았듯이 사회민주당은 사회경제 정책과 경제 통합에서 우파 입장으로 더 가까이 이동했다. 2003년 유로존 가입 국민투표에서 온건당은 찬성했다. 사회민주당은 내부적으로 분열되어서 일부 지도자는 찬성하고 일부는 반대해 당은 공식 입장을 정하지 못했다. 온건당의 입장에 대한 대안 입장의 결여는 사회민주당의 이미지와 브랜드를 희석시키는 데 일조했다.

사회민주당의 변화는 시장경제에 대한 논의가 많아진 발언에서도 찾아볼 수 있다.[58] 스웨덴 사회민주당 지지층의 계급 구성도 블루칼라 노동자에서 중산층으로 이동했다. 사회민주당은 여전히 관대한 복지국가에 기울어져 있으면서도 환경주의와 여성 인권 같은 '탈물질주의' 쟁점에도 민감하게 반응했다. 게다가 사회민주당이 부유한 유권자들의 요구에 더 민감하게 반응하게 되었다는 증거도 있는데, 이 변화로 그들은 보수적인 경쟁자들과 더 비슷해졌다.[59]

미국과 영국에서처럼 스웨덴에서도 노동계급 정당이라는 전통 좌파 정체성이 희석되고, 전통 우파는 많은 저소득 스웨덴인에게 호소력 없는 프로그램을 계속 고집하면서, 종족민족주의자들이 새로 참여할 공간이 열렸다. 이민에 대한 우려와 스웨덴 사회의 변화는 완전히 날조된 것은 아니었다. 20세기의 마지막 10년 동안 스웨덴은 점차 다양성이 높은 사회가 되고 있었다. 외국 출생 거주자의 비율은 1960년에 7퍼센트가 채 되지 않았으나 2006년에는 거의 13퍼센트로 두 배가 되었다. 1985년 사회민주당 정부는 난민 신청자들을 전국으로 분산하는 '스웨덴 전국 프로그램(Sweden-wide Program)'을 실시했는데, 이는 "많은 유권자가 난민 쟁점을 더 실질적이고 정치적으로 심각하게 받아들이게" 했다.[60] 이민자 분산 조치는 초기 단계의 복지 국수주의를 조장했다. 1980년대 중반부터 2002년까지의 설문조사에서 한 학자는 스웨덴의 어느 지방에서든 외국 출생 주민의 비율이 높을수록 복지국가 지출에 대한 주민들의 지지가 줄었다는 사실을 밝혀냈다.[61]

이민은 처음에 스웨덴 정당들을 심하게 분열시킨 쟁점이 아니었다. 이민에 대한 각 정당의 입장은 2000년대 초에 더 양극화되었다가,[62] 반이민 정당이 등장하면서 더욱 심화되었다.

스웨덴민주당은 1988년에 창당했다.[63] 이 당은 경제 정책에서 우경화한 사회민주당과 나중에 새로 떠오른 이민 문제 덕을 봤다. 전국 선거 득표율에서 군소 정당이었던 스웨덴민주당은 2018년에는 3위로, 2022년에는 2위로 부상했다. 2022년에 스웨덴민주당은 1위인 사회민주당 뒤였지만, 우파 경쟁자인 온건당에 앞섰다. 2010년 선거까지 스웨덴민주당의 인기 상승은 사회민주당의 득표율 하락과 맞물려 있었지만, 2010년 선거 이후 이 당의 부상은 전통 보수 정당인 온건당의 쇠퇴와 맞물렸다(그림 3.9 참조).

스웨덴 정당 체계 변화의 전반적인 윤곽은 미국이나 영국과 아주 유사하다(그림 3.10 참조). 3차원 모델에서 영국과 스웨덴 양국의 각 정

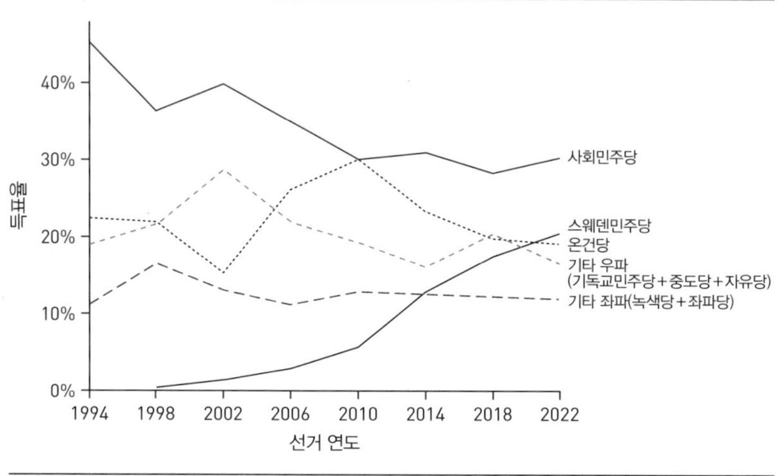

당 위치는 채플힐 전문가 설문조사 자료를 바탕으로 했다. 전통 우파 정당의 위치는 상대적으로 변하지 않은 채로 있었다. 전통 좌파는 정부 규모 차원에서 아래로, 경제 통합 차원에서 오른쪽으로 옮겨갔지만, 온건당의 위치에 도달할 만큼은 아니었다. 스웨덴의 전통 좌파는 이민에 대한 입장을 강화하려는 시도도 했지만, 종족민족주의 성향인 스웨덴민주당이 자리한 극단적인 위치까지 가지는 않았다.[64]

스웨덴민주당은 3차원 공간에서 배타적이고 경제 민족주의적인 영역을 차지했다. 또한 전통 우파와 비교하면 재분배에 더 우호적인 입장을 취했다. 보 로트스테인이 지적하듯이, 스웨덴민주당은 "오랫동안 인기가 있었던 스웨덴의 사회보장 모델"을 지지하고, "사회보장을 축소하려는 어떤 구체적인 제안과도 너무 긴밀하게 연결되기를 원하지" 않는다.[65] 스웨덴민주당은 온건당 정부를 지지하는 조건으로 온

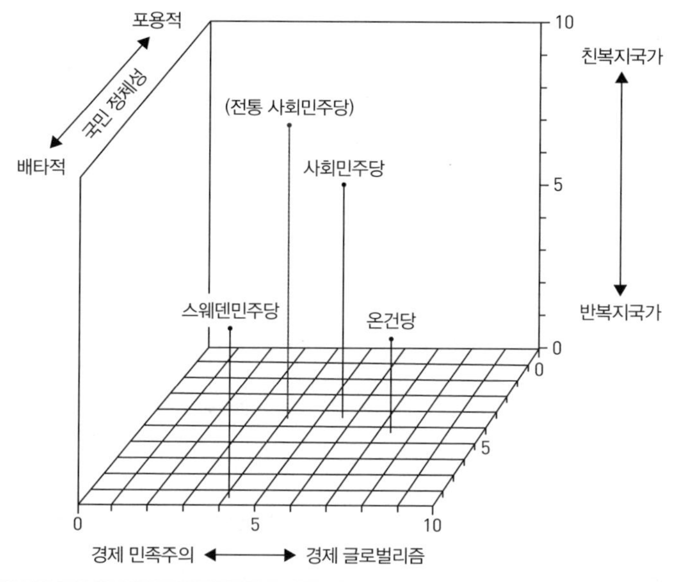

주: 정당들의 위치는 채플힐 전문가 설문조사 유럽 프로젝트의 2019년 전문가 평가를 반영한 것이다. Jolly et al. (2021). 전통 사회민주당의 위치는 근사치다.

건당에 더 관대한 사회정책 입장을 요구했다고 그는 지적한다.

인기 상승에도 불구하고 스웨덴민주당은 극우라는 기원 때문에 수년 동안 접촉해서는 안 될 존재로 여겨졌고, 우파 정당들에서도 마찬가지였다. 이 불가촉 지위는 2014년 말의 '12월 합의'로 공식화되었는데, 그때 보수 진영과 좌파 진영은 양측에서 가장 많이 득표하는 측이 정부를 구성하되, 스웨덴민주당은 어떤 통치 연합에서도 배제한다는 데 합의했다. "목표는 분명했다. 〔스웨덴민주당을〕 모든 영향력에서 배제하는 카르텔을 구축하는 것이었다. 이는 마치 의회라는 무대의 한쪽 끝을 잘라내 줄여서 일곱 정당이 여덟 번째 정당은 아에 없는 것처럼 행동하는 것과 다름없었다."[66]

스웨덴민주당을 둘러싼 방역선은 결국 수위가 낮아졌다. 2022년 선거 이후 우파 진영 최대 정당이 된 당을 배제하는 것은 우파의 전통 정당들로서는 크게 손해를 보는 일이 되었다. 이런 전통 정당들은 극우인 스웨덴민주당과 연합해서 정부를 구성하든지, 아니면 좌파 연합이 통치하는 동안 권력에서 소외되든지 선택해야 했다. 그들은 전자를 선택했다.[67]

득표율에서 사회민주당에만 뒤처진 2위가 된 스웨덴민주당은 지대한 영향력을 가졌다. 한때 좌파와 우파 모두로부터 도를 넘어선 존재로 취급받던 정당이 이제는 주도 세력의 하나가 되었다. 이 정당은 스웨덴 정치에서 이전에 두드러지거나 분열적이지 않았던 쟁점, 특히 이민과 범죄 문제를 부각시켰고, 전통 우파와 좌파 정당들이 재분배와 이민에 대한 자신들의 고유한 입장을 바꾸도록 유도했다.

그런데도 이런 전개는 스웨덴 민주주의에 위협이 되지 못했는데, 부상하는 종족민족주의는 미국에서와는 확실히 달랐다. 스웨덴 사법부의 독립은 위협받지 않았다. 대체로 권력자들은 언론을 조롱하지 않고, 공무원들도 미움을 사지 않는다. 선거의 공정성도 의심받지 않는다.

이런 차이에 대한 간단한 설명은 스웨덴에는 아직 우파 종족민족주의자 정부 수반이 없었다는 점이다. 행정부는 어디까지나 전통 좌파나 전통 우파의 통제하에 있었다.

그러나 스웨덴의 극우파가 정권을 완전히 장악하지 못한 것은 이 나라가 퇴행을 피한 원인이라기보다는 증상이다. 더 중요한 점은 세후 소득의 양극화 수준이 더 낮을수록(그림 3.2), 당파적 양극화 수준이 더 낮고(그림 3.4), 복지국가의 가치에 대한 합의가 더 잘 이루어져서 민주주의 체제를 뒤엎고 싶어 할 수도 있는 정당이 파고들 공간이 더 좁다는 사실이다. 스웨덴에는 유력한 포퓰리즘 언론도 없다.[68] 국제적 기준에서 스웨덴의 사회적 신뢰와 정치적 신뢰는 높으나, 로트스테인이 지적하듯이 스웨덴민주당 지지자들은 "의회 내 다른 7개 정당 지지자들보다 상당히 낮은 사회적 신뢰를 보인다는 점에서 두드러진다".[69]

당파적 양극화는 소득 불평등 수준이 높은 환경에서 더 커지는 경향이 있다는 점을 상기하면, 스웨덴의 소득 평등은 이 나라의 낮은 당파적 양극화 수준을 설명하는 한 요소일 것이다. 정치 제도에 대한 신뢰 역시 더 평등한 소득의 부산물이어서, 스웨덴에서 부유층과 중산층, 저소득층 간의 비교적 작은 격차는 높은 수준의 제도 신뢰에 기여한다. 이런 신뢰는 많은 스웨덴인이 크고 효율적인 복지국가의 수혜자라고 인식함으로써 더욱 강화된다. 낮은 불평등, 낮은 양극화, 제도 신뢰 같은 특징 중 어떤 것도 우파 종족민족주의자들이 스웨덴에서 번성하는 것을 막지는 못했다. 그러나 이런 특징들이 있어서 그런 정당이 스웨덴의 민주주의를 침식하기는 어려웠다.

낮은 양극화와 제도에 대한 변함없는 신뢰는 한 가지 주목할 만한 사실을 설명하는 데 도움이 된다. 2022년 총선에서 가장 많은 득표수와 의석을 차지한 정당 연합 내 최대 정당의 지도자가 수상직에 대한 정당한 권리가 없다는 인식이 널리 퍼졌다. 2022년 스웨덴민주당에 대한 방역선을 낮추었을 때 우파 연합 정당들은 예측 가능한

‘유연성’이나 기회주의를 드러냈지만, 그 정당의 지도자가 수상이 된다거나 그 정당이 공식적으로 정부에 참여할 가능성은 여전히 없었다. 스웨덴민주당도 수상직이나 내각의 자리를 요구하지 않았다.[70]

정당 정치의 역학도 트럼프의 공화당이나 영국 보수당의 브렉시트 찬성파의 경우보다 더 높은 수준으로 스웨덴민주당을 길들였다. 스웨덴민주당은 영향력을 행사하기 위해서 자신들의 입장과 스타일을 상당히 바꿔야만 했다. 그렇기는 하지만 스웨덴민주당은 기성 우파에게 정책적 타협을 강요해 양보를 얻어냈다. 이 양보는 사소하지 않아서 여기에는 상당한 이민 감축, 우파의 사회정책 입장 완화와 기후변화 억제 노력의 축소 등이 포함된다.[71] 하지만 스웨덴민주당은 기성 보수 정당 파트너가 스웨덴의 민주주의 제도들을 공격할 만큼 밀어붙이지는 않았다.

종족민족주의 우파의 부상과 완전한 민주주의 침식을 막으려고 이 우파에 가해진 제약은 스웨덴에서만 일어난 일이 아니다. 유럽 다른 곳에서도 비슷한 추세가 나타난다. 네덜란드에서 반이민 성향의 자유당은 비주류에서 선거의 강자로 부상했다. 이 정당은 우리 3차원 공간의 왼편 아래 앞쪽 자리를 차지하면서, 외국인 혐오(특히 반무슬림)와 경제 민족주의 입장을 취했고, 사회 지출에 대해서는 전통 우파와 전통 좌파의 중간 입장이었다. 선거에서 성공한 자유당은 권력에 접근할 수 있었고, 수상직은 아니더라도 내각 자리는 가능했다. 그러나 헌법의 원칙을 수호하겠다는 서면 보증을 해야 했는데, 이는 미국의 우파 종족민족주의자들이라면 꺼렸을 행동이다.

우파 종족민족주의와 민주주의 침식에 대해 우리는 어떤 일반적인 교훈을 얻을 수 있을까? 하나는 민주주의 제도에 대해, 그리고 공공 복지를 증진하는 공공 정책을 추진할 수 있는 정부의 능력에 대해 회의론이 만연한 상황에서 종족민족주의가 작동할 때 이는 민주주의 에 더 큰 위협이 된다는 점이다. 미국 대중은 민주주의에 대해, 그리 고 국민의 삶을 개선하는 정부의 역량에 대해 스웨덴 대중보다 냉소 적이다. 이렇듯 더 큰 냉소주의 때문에 미국에서는 우파 종족민족주 의자들이 민주주의를 공격할 수 있는 여지가 더 컸다.

두 번째 교훈은 **문지기**(gatekeeping) 개념과 관련이 있다. 이는 레비 츠키와 지블랫이 2018년에 영향력 있는 책 《민주주의는 어떻게 무 너지는가》에서 발전시킨 개념이다.[72] 같은 정당이나 이념적으로 가 까운 정당들의 엘리트들이 반민주적 지도자의 부상을 저지할 때 민 주주의를 구할 수 있다. 레비츠키와 지블랫이 설명하듯이, 이 문지기 기능은 제2차 세계대전 이전의 벨기에와 핀란드에서 작동했고, 그래 서 이 나라들은 (국내에서 발전하는) 파시즘을 피했다. 문지기 역할은 독 일과 이탈리아에서는 실패했고, 두 나라에서는 파시스트 지도자들이 권력을 잡았다.

미국과 영국, 스웨덴의 최근 경험은 정당들이 문을 지키는 일을 얼마나 꺼릴 수 있는지 보여준다. 그들이 민주주의를 침식하는 지도 자들을 몰아냈을 때조차, 그 행동은 대개 정치적 용기의 본보기가 아니었다. 보리스 존슨이 선거에서 골칫거리가 되었을 때, 영국 보수당은 그에게 등을 돌렸다. 물론 역사적 맥락이 중요하다. 1930년대 핀란드와 벨기에 지도자들에게 파시즘의 위협은 더 즉각적이었고 명확했다. 21세기 미국에서 민주주의 쇠락의 위협은 명확해질 때까지 속도가 더 느렸다.

이 장에서는 부유한 민주주의 국가들에서 우파 종족민족주의자들이 가한 민주주의 침식의 위협을 추적했다. 다음 장에서는 개발도상의 민주주의 국가들에서 좌파 포퓰리즘 정당들이 가한 동일한 위협을 추적한다.

4

좌파 포퓰리즘

민주주의 침식의 두 번째 경로는 대니 로드릭의 적절한 표현처럼 "정체성 균열"보다는 "소득 균열"을 따라 유권자들을 결집하는 지도 자들이 취하는 방식이다.[1] 로드릭은 이런 대조적인 두 경로를 세계화 의 영향과 연결했다. 그러나 사실 역사적인 이유로 글로벌 사우스의 일부 사회에는 퇴행을 조장하는 지도자들이 악용하는 첨예한 종족·종교 정체성 균열이 있다. 좌파 포퓰리스트 지도자들이 조장하는 개 발도상국의 전형적인 침식 형태를 들여다보기 전에, 먼저 이런 민주 주의 국가들에서 퇴행을 조장하는 종족민족주의적 지도자들의 몇 가지 사례를 살펴보자.

인도. 나렌드라 모디는 개발도상국에서 우파 종족민족주의 성향 의 퇴행적 지도자를 대표한다. 2014년 모디의 인도인민당이 처음으로 전국 선거에서 승리한 이후, 정부는 시민 자유 보호, 언론의 자유, 표현의 자유를 축소했다. 인도인들은 블로그 글, 개인적인 소통, 벽보 등으로 반대를 표명했다는 이유로 식민지 시대의 치안유지법에 따라 기소되었다. 2019년 불법 활동 방지법의 개정으로 정부는 테러 조직과 관련이 없는 개인이라도 테러리스트로 지목할 수 있다. 모디의 한두 민족주의 정당인 인도인민당은 인구의 14퍼센트 이상을 차지하는 최대 소수 집단인 무슬림을 비방해왔다. 린치와 군중 살인을 비롯해 무슬림을 표적으로 삼은 폭력은 급격히 증가했다.[2]

민주주의 퇴행을 경험한 다른 나라들처럼 인도도 소득 불평등이 심하다. 사실 모디가 집권하기 전에도 소득 불평등은 급격히 증가했다. 인도의 중도 좌파는 1990년대와 2000년대 초반 불평등의 극적인 확대에 일부 책임이 있었다.[3] 1991년의 경제 위기에 대응해 중도 좌파인 국민회의 정부는 방대한 경제 탈규제 프로그램에 착수했다. 또한 인도 경제를 세계 투자와 무역에 개방했다. 인도는 상당한 경제 성장을 경험했지만, 또한 불평등도 지속적으로 증가했다. 2010년대에 이르러, 인도의 불평등은 에콰도르에 맞먹는 수준이 되었다.

남아프리카공화국. 종족성은 사하라 사막 이남 아프리카 정치의 두드러진 측면 중 하나인데, 이 지역에서 민주주의 침식을 겪은 마이클 사타(Michael Sata) 치하의 잠비아, 이안 카마 치하의 보츠와나, 마키 살 치하의 세네갈, 제이콥 주마 치하의 남아프리카공화국이 그런 나라들이다. 아프리카는 라틴아메리카를 제치고 지구상에서 가장 불평등한 지역이다. 따라서 민주주의 퇴행을 조장하는 이곳 지도자들은 소득 균열이나 정체성 균열을 통해 시민들을 결집할 수 있을 것이다.

남아프리카공화국에서 주마는 두 가지 균열을 모두 이용했다. 남아프리카공화국은 부족이 다양하고 여러 차례 이민 물결이 쇄도한 나라다. 가장 최근에는 이웃 짐바브웨에서 이민이 쇄도했다. 그러나 아파르트헤이트 이후 남아프리카공화국의 일부 지도자가 표적으로 삼는 종족적 '타자'가 백인이라는 점은 놀랍지 않다.

사실 남아프리카공화국과 앞 장에서 살펴본 종족민족주의 사례들의 차이점은 남아프리카공화국에서 종족적 소수 집단인 백인, 특히 영국계가 경제 엘리트에 속하기도 한다는 점이다. 그래서 주마는 좌파 포퓰리즘과 종족적 분열의 수사를 같이 구사했다. 그리고 민주주의 침식을 정당화하기 위해 그는 경제적 양극화와 종족적 양극화를 민주주의 제도에 대한 비방에 접목했다. 아프리카국민회의(ANC) 내 주마 파벌은 "헌법이든 정부든, 공식적인 '게임의 규칙'을 전혀 신뢰할 수 없다"는 담론을 내세웠다.

> 공식적인 규칙은 백인과 도시 엘리트에게 유리하고 평범한 사람들에게는 불리하게 조작된다고 이 입장은 주장한다. 따라서 급진적인 경제 전환은 이런 규칙들, 심지어 헌법조차도 빈번하게 파괴해야 하는 프로그램으로 제시된다. 이런 주장은 언뜻 설득력 있어 보인다. 특히 실업과 가난을 압도적으로 흑인의 경험으로 제시하기 때문이다.[4]

주마는 남아프리카공화국의 제도, 특히 법원과 공무원 제도를 훼손할 강력한 이유가 있었다. 그는 대통령직을 이용해 공공 자원을 자신과 측근들에게 배분했다. 그의 주요한 위법 행위는 공적 기금을 사적 용도로 사용하고 국영 기업의 수장에 측근들을 기용한 것이었다. 또한 수평적 책임성에서 자신을 보호하고자 정보기관과 행정부 요직에 충성파를 기용했다.[5]

결국 주마의 소속 정당이 그를 물러나게 해 남아프리카공화국의 민주주의 침식 사례에 제동을 걸었다. 2017년 말, 부패 스캔들이 쌓여가는 와중에 아프리카국민회의 전국집행위원회는 주마를 소환했다. 아프리카국민회의가 장악한 의회는 대통령에 대한 일련의 불신임안을 통과시켰고, 주마는 마침내 2018년 초 사임했다.

아프리카국민회의 지도부가 주마를 제거할 이유는 충분했다. 그는 당내 파벌주의를 심화시켰고, 그를 둘러싼 부패 스캔들은 당의 수치였다. 사실 주마를 제거한 배후의 핵심 요인은 급격한 여론 악화였다. 그는 67퍼센트의 지지율로 임기를 시작했는데, 2017년 말 그의 지지율은 25퍼센트로 떨어졌다.[6] 보리스 존슨 수상 시절의 영국 보수당 지도부처럼, 아프리카국민회의는 주마가 대통령을 계속하면 다음 선거에서 당의 전망이 어두워질 것을 걱정했다.

이처럼 개발도상국에서 퇴행을 조장하는 지도자들이 소득 불평등에만 집중했던 것은 아니다. 그러나 다음 절에서 보겠지만, 라틴아메리카에서는 경제적 분열이 지배적이었다. 퇴행을 조장하는 지도자들이 법이나 질서 같은 다른 쟁점을 중시할 때조차, 이런 쟁점들은 좌파·우파의 경제적 차원으로 정렬되었다. 라틴아메리카에서는 로드릭이 지적한 '소득 균열'이 퇴행을 조장하는 지도자들에게 두드러졌는데, 이는 유권자들이 신경쓰는 다른 여러 쟁점도 포괄하는 균열이었다.

라틴아메리카의 좌파 포퓰리즘 퇴행적 지도자들

이 지역의 불평등 수준과 들쑥날쑥한 경제 성과를 고려하면, 라틴아메리카에서 경제 문제가 핵심 쟁점이 되지 않는 전국 선거를 상상하기는 어렵다. 멕시코 후보들은 세금과 보편적 보장 임금에 대해 논쟁하고, 아르헨티나 후보들은 물가 안정을 어떻게 회복할지에 대해 논쟁하며, 브라질에서는 어떻게 경제 성장을 활성화할지에 대해 논쟁한다. 넓게 보면, 계급 갈등이 라틴아메리카 정치의 핵심이다.

퇴행을 조장하는 지도자들은 바로 이 균열을 통해 유권자들을 결집한다. 그들은 이민자나 소수 종족이 아니라 부자들에게 악담을 퍼붓는다.

라틴아메리카에서 적어도 퇴행을 조장하는 지도자 한 명은 소득 균열에서 친기업 측이었는데, 그는 브라질의 자이르 보우소나루였다. 브라질 정치학자들은 한 연구에서 대통령으로서 보우소나루의 정책 목표를 명백한 우파로 간주했다. 그는 "공기업의 민영화, 사회적 권리의 해체, 환경 관리 제도의 축소, 그리고 용이한 총기 접근"을 추구했다.[7] 보우소나루의 전술서는 퇴행적 지도자의 전술서이기도 했다. 그는 관료를 정치화하고, 선거의 신뢰성을 깎아내리며, 사법 당국의 부패 스캔들 조사를 막았다.[8]

그렇지만 민주주의 체제에 도전한 라틴아메리카 대통령들의 정수는 좌파 포퓰리스트였다. 재분배와 반빈곤 정책을 지지했다는 점에서는 좌파이고, 계급 갈등에서 마니교적 선악 구도를 제시했다는 점에서는 포퓰리스트다.[9] ('마니교적'이란 표현은 3세기 페르시아 예언자의 이름에서 나온 말로, 모든 현상과 사람을 선과 악의 범주로 분류할 수 있다는 이분법적 시각을 뜻한다.)

앞 장에서 설명했듯이, 부유한 민주주의 국가의 종족민족주의자들은 3차원 공간에서 자신들의 새로운 공간을 만들어냈다. 라틴아메리카에서는 다르게 전개되었다. 우선 라틴아메리카의 정당과 정당 체계는 글로벌 노스 국가들보다 안정성과 이념적 일관성이 떨어진다. 또한 라틴아메리카의 정당 정치는 새로운 차원을 받아들이는 대신 계속 단일한 차원으로 규정되었다. 그러나 21세기에 그 차원은 초점이 흐렸다가 제대로 맞춰진 사진처럼 1990년대보다 더 선명하게 드러났다.

라틴아메리카에서 친시장·친세계화의 전성기는 많은 나라가 민주화된 직후에 따라왔다. 이는 정당 체계가 새로 자리를 잡아가는 유동적인 시점에 국내의 친시장 개혁은 물론 국제 무역과 투자에 대한 경제 개방이 이 지역에 도입되었다는 의미다. 친시장 개혁은 인플레이션 완화처럼 일부 눈부신 결과를 얻었다. 그러나 그와 같은 개혁으로 이미 세계에서 두 번째로 불평등한 지역이었던 이곳의 소득 불평등은 더욱 심해졌다.

현격한 불평등과 충족되지 못한 시급한 경제적 필요는 21세기 들어 정치를 탈바꿈했다. 이 때문에 여러 나라에서 과거의 정당들과 정당 체계가 파괴되었고 좌파 지도자들에게 길을 열어주었는데, 그중 일부는 파괴 작업을 계속해 이제 민주주의 규범과 구조를 겨냥하고 있다.

앞서 제시했듯이, 정치가 대체로 단일 차원이었다고 해서 단일 **쟁**

점이 지배했다는 의미는 아니다. 오히려 일련의 쟁점에 대한 정당들의 입장은 예측 가능한 방식으로 결합하는 경향이 있다. 예를 들면, 라틴아메리카에서는 경제와 함께 개인의 안전 개선, 범죄 감소가 공통 관심사다.[10] 경쟁하는 후보와 정당은 이 두 가지 쟁점에서 대조적인 입장을 취한다. 한쪽은 공공 정책을 이용해 가난과 불평등과 싸우기를 원하고, 다른 쪽은 소득 분배를 시장에 맡기기를 원한다. 한쪽은 범죄자들에 대해 강경 노선〔강수(強手), 즉 '마노 두라(mano dura)'〕을 원하고, 다른 쪽은 근본 원인을 해결하지 않는 그런 접근이 효과가 있을지 의심한다.

라틴아메리카에서는 한 쟁점에서 우리가 관습적으로 좌파라고 부르는 입장을 취하는 정당이 다른 쟁점에서도 좌파 입장을 취하는 경향이 있다. 이는 앞 장에서 논의한 부유한 나라들과는 대조적인데, 부유한 나라에서는 낮은 세금과 낮은 지출을 선호해서 우파로 간주되는 정당이라도 경제적으로는 민족주의적일 수도 있고 세계주의적일 수도 있다. 라틴아메리카 정당들이 단일 차원으로 정렬하는 것은 채플힐 전문가 설문조사 라틴아메리카 프로젝트에서 수집한 데이터로도 확인할 수 있다.[11] 이 데이터를 통해 정당들이 스스로 위치를 설정하는 단일한 좌우 차원을 식별할 수 있다. 한 범주의 정당들은 국가의 상당한 경제 개입, 범죄의 근본 원인 근절에 집중하는 접근 방식, 그리고 여성과 성소수자 권리 및 보호 확대를 선호한다. 다른 범주의 정당들은 기본적으로 이 쟁점들의 반대편에 결집해 탈규제와 작은 정부, 범죄에 대한 강경 노선은 물론 여성의 전통적 역할을 지지하고, 성소수자 권리 확대에는 반대한다.[12]

종족민족주의나 '정체성' 균열은 별로 두드러지지 않는다. 하지만 아예 없지는 않아서 좌파와 우파 정당들은 이 쟁점에서도 예측 가능한 입장을 취하는 경향이 있다. 이민과 원주민 권리에 대해서 브라질의 보우소나루 같은 우파 지도자는 빠른 동화를 옹호하고, 볼리비아의 에보 모랄레스 같은 좌파 지도자는 문화 다원주의와 원주민 권리 증진을 추진한다.[13]

유럽과는 극명하게 대비된다. 채플힐 전문가 설문조사 유럽 데이터에 대한 분석은 그림 3.3에 표시된 선들을 따라 정당들의 위치를 설명하려면 하나 이상의 차원이 필요함을 보여준다. 유럽에서는 경제와 사회적 쟁점에 대한 정당들의 입장 간 상관관계가 라틴아메리카보다 훨씬 낮다.[14] 따라서 **좌파**와 **우파**의 기준은 부유한 민주주의 국가들의 맥락에서는 혼동을 초래할 수 있는 반면, 라틴아메리카의 상황에서는 꽤 단순하게 들어맞는다.

라틴아메리카 정당들의 위치도 3장처럼 3차원 공간에서 나타낼 수 있다(그림 4.1의 패널 A 참조). 그러나 라틴아메리카의 정당들과 정당 집단들은 3차원 공간의 두 모서리에 몰리는 경향이 있을 것이다. 한쪽은 재분배와 관대한 범죄 대응, 사회적으로 진보적인 모서리, 다른 쪽은 친시장, 강경한 범죄 대응, 사회적으로 보수적인 모서리다. 그림 4.1 패널 B의 압축적인 단일 차원 버전이 더 단순하면서 그만큼 정확하다.

따라서 퇴행을 조장하는 지도자들은 전 세계적으로 두 가지 다른 경로를 통해 등장했다. 하나는 정당 입장의 근본적 변화와 관련이 있었고, 다른 하나는 입장 재설정이 아니라 이전에 모호하게 표현되었

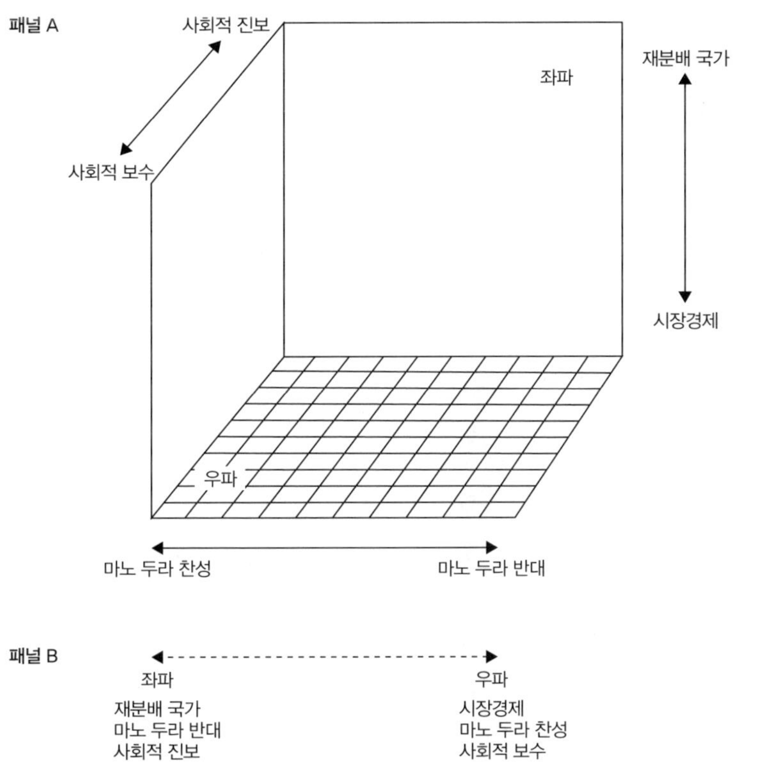

주: 패널 A는 경제, 범죄 대응, 사회적 권리 차원에서 본 좌파와 우파 정당들의 위치, 패널 B는 단일 차원에서 본 라틴아메리카 정당들의 입장.

던 입장의 구체화와 관련이 있었다. 하지만 이 두 경험에는 공통 특징이 있었다. 양쪽 모두 소득 불평등 수준이 높은 사회에서 이루어졌다는 점이다. 그림 4.2가 보여주듯이, 라틴아메리카에서 불평등이 심한 나라일수록 퇴행하기가 더 쉬웠다. 그리고 양쪽 모두는 지배적인 제도의 구조에 도전할 동기가 있는 지도자들을 배출했다. 라틴아메

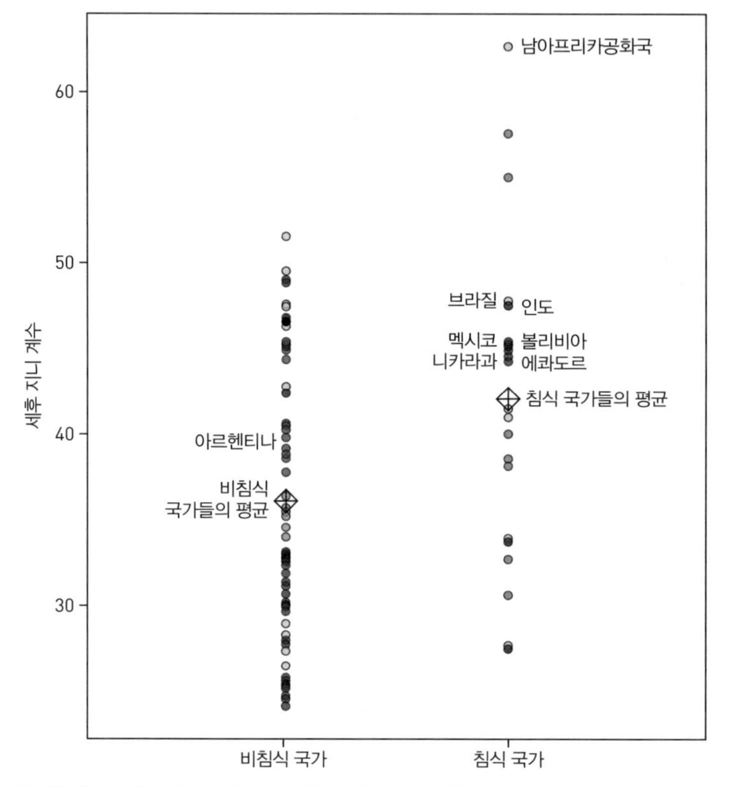

주: 각 점은 해당 국가의 2005~2020년 평균 지니 계수에 해당한다. 글로벌 사우스에 속하는 여러 나라가 표시되어 있다.

리카 이야기에서 이 부분을 따라가려면 몇 가지 맥락을 더 살펴봐야 한다.

세기 전환기 라틴아메리카의 선거 정치. 선명한 좌파–우파 차원은 민주주의 전환기 이후의 변함없는 특징이 아니었다. 라틴아메리카의 민주화 이후 첫 10년 동안 후보들은 자신들의 경제적 입장을 얼버무리기 일쑤여서, 가난한 사람들의 보호자를 자처했다가 집권하고 나면 가난과 불평등을 악화시키는 긴축 조치로 돌아서곤 했다.[15] 사실 이 초기에 새로운 유형의 정치 지도자가 등장하는 것처럼 보였는데, 가난한 사람들에게 호소하는 가면과 어조를 재정 보수주의와 결합한 정치 지도자였다.[16] 그리고 유권자들은 전환기 이후 초기에 경제적 좌파의 선출을 경계하는 것 같았는데, 이는 아마도 민주주의의 견고함을 확신하지 못했기 때문일 것이다.

그러나 두 번째나 세 번째 선거 물결에서는 좌우의 경제적 차원이 구체화되었다. 정당들은 경제적 평등 의제를 기탄없이 제시했고, 유권자들은 그에 이끌렸다. 특히 칠레와 브라질, 에콰도르와 볼리비아, 베네수엘라와 우루과이에서 마땅히 '좌파'로 규정될 만한 정당들이 집권했다.

2000년대 초에 나타나기 시작한 이 '분홍 물결(pink tide: 붉은색으로 상징되는 공산주의보다는 덜 급진적이라는 의미에서 분홍색이라 불림—옮긴이)' 정부들은 서로 아주 달랐다. 이 정부들은 이념에서는 급진성이나 온건성의 정도가 달랐고, 조직에서는 내부 구조가 달랐다.[17] 돌이켜보면 민주주의 제도에 끼친 영향에서도 서로 분명히 달랐다. 어떤 정부는 민주주의 제도를 온전히 보존했지만, 어떤 정부는 훼손했다. 그리고 앞서 지적했듯이, 우파 정부들도 라틴아메리카에서 민주주의를 잠식했다. 표 4.1은 우파 출신 대통령과 좌파 출신 대통령, 민주주의 제도를 보존한 대통령과 침식한 대통령을 구분한 것이다.

표 4.1은 남부의 원뿔 지역(cono sur: 원뿔 모양의 라틴아메리카 남부 지역—옮긴이) 국가들인 아르헨티나와 칠레는 대체로 민주주의를 유지했

표 4.1 라틴아메리카 대통령들의 이념과 제도적 영향

	이념	
	좌파	우파
제도 보존	바첼레트, 라고스(칠레)	피녜라(칠레)
	페트로(콜롬비아)	우리베(콜롬비아)
	키르치네르(아르헨티나)	마크리(아르헨티나)
	룰라(브라질)	칼데론(멕시코)
제도 침식	차베스, 마두로(베네수엘라)	보우소나루 (브라질)
	모랄레스(볼리비아)	부켈레(엘살바도르)
	코레아(에콰도르)	
	오르테가(니카라과)	
	로페스 오브라도르(멕시코)	

음을 시사한다. 안데스 지역은 상황이 나빴는데, 여러 명의 좌파 포퓰리즘 퇴행적 지도자를 배출해 두드러져 보인다. 낸시 버메오는 민주주의 퇴행에 처음 관심을 기울인 정치학자 중 한 명이다. 그녀는 모랄레스와 라파엘 코레아가 당선되었을 때 볼리비아와 에콰도르의 불평등 수준이 남미에서 가장 높았다는 사실에 주목했다. 모랄레스가 볼리비아의 대통령으로 처음 당선된 2005년, 이 나라는 민주주의 국가들의 96퍼센트보다 더 불평등했다. 코레아가 에콰도르의 대통령으로 당선된 2006년, 이 나라는 민주주의 국가들의 89퍼센트보다 더 불평등했다. 베네수엘라도 우고 차베스가 처음 당선되기 전에 불평등이 크게 증가했다.[18] 이 지역에서는 예외 사례조차 그다지 예외적이지 않다. 콜롬비아의 강력한 우파 대통령인 알바로 우리베(Álvaro

Uribe)는 민주주의 침식을 시도했지만, 의회가 효과적인 저항으로 겨우 저지했다.[19] 안데스 지역 국가 중 하나인 페루는 1980년 민주주의 회복 이후 한 차례 성공한 '친위 쿠데타'와 또 다른 쿠데타 시도로 엄청난 정치적 혼란을 겪었다. 제도적인 이유로 페루 대통령들은 지나치게 힘이 있어서가 아니라 허약해서 특이하다.

많은 포퓰리즘 성향의 퇴행적 지도자들과 종족민족주의 성향의 퇴행적 지도자들 사이의 공통 동기 하나는 전통 정당들에 도전하는 것이었다. 라틴아메리카에서 정당 경쟁의 차원은 바뀌지 않았다고 하더라도, 집권 정당과 지도자의 성과가 기대 이하이면 야심 찬 새로운 지도자로 교체되기가 쉬웠다. 때로는 정당 체계 전체가 무너졌다.[20] 라틴아메리카의 퇴행적 지도자 여러 명은 정당 체계가 붕괴하는 중요한 순간에 권력을 잡아 이 붕괴의 혜택을 보았다.

가장 주목할 만한 붕괴는 베네수엘라에서 일어났는데, 이는 우리의 연구 대상 기간에서 세계에서 가장 이른 민주주의 침식이었다. 베네수엘라의 체제는 강력한 양당제였다. 수십 년 동안 중도 좌파인 민주행동당과 중도 우파인 사회기독당에 의한 사실상의 양당 독점 체제였다.[21] 1992년 민주행동당 정부가 긴축과 민영화, 친시장 개혁을 수용하면서 온건한 사회민주주의 정당이라는 브랜드가 흐릿해졌고, 대중의 엄청난 반발이 일었다.[22] 이런 변화와 민주행동당 정부의 붕괴로 결국 구체제가 무너졌다. 1947년부터 1998년까지 단 네 차례를 제외하고는 모든 전국 선거에서 민주행동당과 사회기독당의 합산 득표율이 70퍼센트를 넘었다. 쇠락하는 두 정당이 공동 대통령 후보를 내세운 1998년에 그 후보는 34퍼센트밖에 득표하지 못했다.

차베스는 그해에 선거운동을 하면서 기성 정당들을 일일이 거명하며 비판하는 데 시간을 많이 낭비하지 않았다. 그 정당들은 그다지 큰 위협이 되지 않았다. 대신에 그는 부패하고 쇠락했다고 비난하면서 구체제의 파괴를 전면적으로 촉구했다. 그에 따르면, 유일하게 "평화적이고 민주적인 경로는 …… 공화국이 종말을 고한 빈사 상태의 민주주의, 그 마비된 체제에서 …… 새로운 민주주의, 진정한 민주주의로 도약하는 것이었다".[23] 차베스는 낡은 정당 질서의 신뢰를 떨어뜨리는 데 집중하는 것만큼이나, 대통령의 권한을 대폭 강화하는 새 헌법에 대한 지지를 확립하는 데도 집중했다.

볼리비아의 퇴행적 좌파 대통령도 정당 체계가 혼란에 빠진 가운데 집권했다. 모랄레스 이전의 볼리비아는 우파인 민족민주행동당부터 중도 우파인 민족혁명운동당, 그리고 중도 좌파인 혁명좌파운동당까지 일군의 주요 정당들로 이루어져 있었다. 이 정당들의 이념적 모습은 초당적 연합으로 불분명했다. 예를 들면, 우파인 민족민주행동당 출신 대통령이 중도 좌파인 혁명좌파운동당의 지지를 받아 직무를 수행했다.[24] 정당들의 모습은 정책 전환으로도 불분명했는데, 친시장 개혁을 비판했던 후보가 집권하고 나면 친시장 개혁가로 변신하기도 했다.[25]

2005년 모랄레스의 당선은 정당 체계의 상전벽해를 알리는 신호탄이었다. 이후 선거에서 구체제를 수호하는 일부 지도자가 다시 등장했지만, 전통적인 정당 명칭과 조직은 기본적으로 사라졌다.

코카 재배 농민 조합의 수장이었다는 것이 모랄레스의 배경이었다. 그의 정당인 사회주의운동당은 볼리비아가 민주주의로 전환하고 나서 거의 20년이 지나서야 의회 의석을 두고 경쟁하기 시작했다. 사회주의운동당 지도자들은 볼리비아 정치 계급 외부 출신들이었다.

한편, 에콰도르의 정당 체계는 1980년대부터 파편화되었다. 결국 퇴행적 지도자가 된 코레아는 2006년 소수파 대통령으로 취임했고, 의회의 다수파는 대통령에 반대하는 정당들이었다. 의회 및 헌법재판소와 첨예한 갈등을 빚는 와중에 코레아는 국민투표를 이용해 새 헌법을 입안할 길을 열었다. 그는 2009년 선거에서 이겨, 이제는 자기를 지지하는 입법부 과반을 확보했다. 코레아는 두 번째 임기 때 독립적인 언론과 법원을 공격했다.

멕시코에서 제도의 붕괴는 민주주의 퇴행의 배경이 되는 주요 특징은 아니었다. 정당 체계는 권위주의 시대의 끝물이던 1980년대부터 지금까지 놀라울 정도로 안정적이었다.[26] 그리고 이 나라의 퇴행적 지도자인 안드레스 마누엘 로페스 오브라도르(2018~2024년 재임)는 두 전통 정당의 후보와 공직자였으므로, 아웃사이더라고 할 수 없었다. 그렇지만 그의 경력을 추적해보면 규범을 파괴하는 그의 대통령직 수행이 그리 놀라운 일은 아니었다. 로페스 오브라도르는 2006년과 2012년 대통령 선거에서 패배했다. 그는 두 선거 이후 부정선거를 주장하며 정상적인 정부 이양을 중단시키려고 했다.[27]

따라서 멕시코의 퇴행적 지도자는 제도의 붕괴나 정당 체계의 와해 와중에 집권한 것이 아니었다. 그러나 대통령 후보 시절 경험은 그에게 이 나라의 핵심 민주주의 제도에 대한 뿌리 깊은 회의감을 심어놓았다. 그리고 이런 경험은 그의 지지자들을 길들여, 그들은 물려받은 체제가 자신들의 지도자와 그 목표를 가로막는 엘리트들의

제도로 이루어져 있다고 보게 되었다.[28]

차베스·모랄레스·코레아와 로페스 오브라도르의 큰 차이점 하나는 임기 제한에 직면했을 때 보인 행태다. 앞의 세 지도자는 임기 제한을 폐지하거나, 코레아의 경우처럼 향후 출마를 염두에 두고 임기 제한을 완화했다. 반면 로페스 오브라도르는 6년 단임제를 없애려고 시도하지 않았다. 6년 단임제는 20세기 초 장기 집권 독재자에 맞선 혁명 이후 멕시코 정치의 근간이었다. 이런 점에서 멕시코의 정치 제도는 확고해서, 퇴행을 조장하는 이 나라의 지도자가 남쪽의 다른 지도자들과 같은 방식으로 게임의 규칙을 변경하기는 어려웠다.

따라서 좌파 포퓰리스트들의 민주주의 퇴행에 기여한 요소에는 소득 불평등, 제도적 취약성, 그리고 민주주의 제도를 약화시키려는 대통령들의 동기가 있었다. 다음 장에서는 라틴아메리카 등에서 퇴행을 조장하는 지도자들이 유권자들을 계속 자기 편으로 붙잡아두기 위해 양극화와 제도 비하의 서사를 어떻게 구축했는지 탐구할 것이다.

좌파 집권기에 민주주의 침식을 겪지 않은 라틴아메리카 국가

'구사일생'한 영국의 사례와 침식을 겪지 않은 스웨덴의 사례가 종족 민족주의적 퇴행에 교훈이 되었듯, 글로벌 사우스에서 가능성이 있었으나 침식을 피한 사례들을 탐구하는 것도 교훈이 된다. 브라질에서는 좌파 지도자들이 수년 동안 대통령직을 차지했는데, 민주주의 침식 과정은 그들이 행정부에서 물러난 뒤에야 시작되었다. 아르헨티나에서도 좌파가 장기간 대통령직을 수행했지만, 이 나라는 구사일생으로 완전한 퇴행으로 급전직하하지 않았다. 왜 볼리비아·에콰도르·멕시코 같은 나라에서는 좌파가 퇴행을 주도했지만, 아르헨티나나 브라질에서는 그렇지 않았을까?

브라질. 브라질은 소득 불평등 수준이 아주 높아서 민주주의가 쉽게 침식될 수 있었다. 2장의 통계 모델에서 2010년 브라질의 침식 위험은 24퍼센트로 추산되었다. 그러나 브라질의 주요 좌파 정당인 노동자당은 이 나라에서 가장 제도화된 정당이어서, 주요 제도를 잠식하거나 선거 정치에 대한 국민의 신뢰를 흔들 동기가 없었다.

수십 년 동안 브라질의 정당들은 제도화되지 않은 것으로 악명 높았다. 시장, 주 정부 관료, 국회의원 등은 이 정당에서 저 정당으로 빈번히 옮겨 다녔다. 정당 체계는 안정적인 이념이나 강령 위에서 구축되지 않았다. 브라질 유권자들은 정당과의 일체감이 낮았다. 2000년대에 두각을 나타낸 예외가 노동자당이었다. 이 정당은 노동운동과 밀접한 관계를 맺으면서 부상한 사회민주주의 계열 정당이었다. 노동자당은 비교적 명확한 이념적 입장과 정책을 제안했고, 폭넓은 유권자들로부터 정당에 대한 깊은 애착심까지는 아니어도 적어도 선거에서 꾸준한 지지를 받았다.

이처럼 비교적 안정되고 제도화된 정당의 지도자인 룰라는 브라질의 민주주의를 훼손할 유인이 거의 없었다. 처음에 2003년부터 2011년까지 두 번의 임기 동안 룰라가 이끈 정부는 주요 사회정책과 환경정책을 잘 해냈다. 룰라는 언론, 특히 국제 뉴스 매체들과 다투었고, 언론 매체를 감시하는 공식 기구 창설을 위한 법률을 제안했다. 하지만 룰라는 물론 그의 노동자당 후임인 지우마 호세프(Dilma

Rousseff) 대통령도 사법부의 독립성이나 선거 관리 기구를 훼손하려 하지 않았다, 그들은 대통령 임기 제한 규정에 도전하지도 않았다.

노동자당 정부는 2000년대의 원자재 호황을 배경으로 정책 성과를 냈다. 노동자당의 집권기 동안 경제 성장과 사회정책으로 소득 분배가 일부 개선되었다.

노동자당의 성공 시기는 2013년 호세프 대통령 때 브라질이 심각한 침체를 겪으면서 멈추었다. 퇴임한 룰라는 주요 부패 스캔들에 휩쓸려 처음에는 유죄를 선고받고 투옥되었다가, 나중에 재판 절차의 결함을 이유로 석방되었다. 유권자들의 분위기가 싸늘해지고 노동자당의 이미지가 손상되면서 호세프는 탄핵당했는데, 이 과정에서 브라질 사회는 크게 분열되었다.

민주주의 다양성 연구소의 데이터가 밝힌 것처럼, 브라질이 민주주의 침식으로 빠져들기 시작한 시점은 호세프 대통령이 논란 속에 탄핵되고, 호세프를 대신한 임시 대통령도 커져가는 부패 스캔들에 휩쓸리면서였다.[29] 침식은 2018년 대선 이후 보우소나루 대통령 치하에서도 계속되었다. 보우소나루는 정치적 아웃사이더가 아니었다. 그는 육군 장교 출신으로 오랫동안 의원으로 활동했다. 그렇지만 그는 정치나 공직 경험이 별로 없는 사람들로 행정부를 구성했다.[30] 그리고 보우소나루는 자신이 관장하는 민주주의 제도들의 복잡한 관계망을 거의 신뢰하지 않았다.

브라질의 퇴행 요소에 소득 불평등과 비민주적 지도자의 집권이 들어 있었다면, 2010년대 이후 심화된 당파적 양극화도 퇴행을 부채질했다. 노동자당에 대한 여론이 양극화로 몰아갔다.[31] 브라질인들은 친노동자당이거나 반노동자당이었다. 정서적 양극화는 2014년경 실시한 여론조사에서 커졌고, 2018년에 더욱 심해졌는데, 그해 대통령 선거에서 보우소나루 후보는 노동자당을 유례없이 부패하고 무능한 공산주의적 정당이라고 매도했다.[32]

요약하면, 브라질의 민주주의를 망칠 수도 있었던 좌파 지도자들은 그렇게 할 제도적 유인이 별로 없었다. 그러나 높은 소득 불평등과 제도적 취약성, 그리고 당파적 양극화가 결합한 상태에서 민주주의를 별로 신뢰하지 않는 지도자가 집권하자, 결국 민주주의 퇴행으로 빠져들었다. 브라질의 경우 그 지도자는 좌파가 아니라 우파였다.

민주주의를 침식하지 않은 아르헨티나 좌파

브라질의 좌파가 행정부를 강화하는 경향은 있었지만 민주주의 침식을 비켜갔다면, 아르헨티나는 구사일생에 가까웠다. 실제로 벤하민 가르시아 올가도(Benjamín García Holgado)와 스콧 메인워링은 아르헨티나의 민주주의를 위태롭게 할 수도 있었던 많은 요인을 강조한다.

아르헨티나에서는 많은 악조건에도 불구하고 1983년 이후 민주주의가 온전히 유지되었다. 과거 다섯 번이나 민주주의가 붕괴했던 아르헨티나의 역사에도 불구하고 그랬다. 두 번의 심각한 경제·사회·정치 위기(1989~1990, 2001~2002), 장기간 누적된 세 번의 심각한 경제난(1984~1990, 1998~2002, 2012~2020), 1987년부터 1990년까지 발생한 네 번의 군사 반란, 행정부에 권력을 집중시키려고 한 두 명의 대통령이 있었지만, 1983년 이래 민주주의 침식은 없었다.[33]

국가 간 비교 통계 데이터는 아르헨티나가 민주주의 침식을 피했다는 가르시아 올가도와 메인워링의 주장을 뒷받침한다. 민주주의 다양성 연구소의 데이터는 일부 영역에서 지표 하락을 보여주지만, 이러한 하락이 누적되어 침식 수준에 이르지는 않는다.

가르시아 올가도와 메인워링에 따르면, 아르헨티나가 침식을 피한 이유는 일정 부분 좌파가 독재로의 회귀를 거부했기 때문이다. 21세기에 아르헨티나는 페론주의자들이 이끄는 좌파가 여러 차례 집권했다. 페론주의 대통령들은 이전에 신자유주의로 돌아선 이후 다시 당의 좌파 의제를 내세웠다.[34] 물론 페론주의당은 이전 수십 년 동안 민주주의 회복을 옹호해왔으므로, 당의 지도자들은 독재자라는 대중적 이미지를 피하고 싶었을 것이다. 또한 가르시아 올가도와 메인워링은 페론주의자들이 상당 기간 소수파 대통령이었다는 점도 지적한다. 소수파 대통령은 의회 다수당의 대통령보다 행정부 권한을 확대할 기회가 적었다.

민주주의 침식을 가로막은 또 다른 요인은 상대적으로 평등한 소득 분배였다. 아르헨티나는 역사적으로 도시화와 문해율이 높았고, 다른 라틴아메리카 나라들보다 소득 분배의 왜곡이 덜한 나라였다. 1980년대 말과 1990년대 시장 자유화 시기에 불평등이 늘었으나, 21세기 첫 15년 동안 아주 급격히 줄었는데, 이때는 원자재 수출 호황기이자 좌파 정부 집권기였다. 2005년 아르헨티나는 민주주의 국가 73퍼센트보다 더 불평등했지만, 2015년에는 민주주의 국가 중 57백분위수에 위치해 있어서 평균보다 약간 높았다.[35] 2장에서 설명한 모델을 사용하면, 이 시기 아르헨티나 민주주의의 침식 확률은 최대 8퍼센트로 추산된다. 모랄레스 집권기에 소득 불평등을 반영한 볼리비아의 침식 위험 최대 확률은 약 20퍼센트였다.[36] 코레아 치하에서 에콰도르의 최대 위험도는 16퍼센트로 아르헨티나의 두 배였다. 불평등 수준이 아주 낮은 나라들의 위험도가 한 자릿수 초반임을 상기할 필요가 있다.

앞 장에서 우리는 영국이 완전한 민주주의 침식은 피했지만 그런 증상 일부를 겪었고, 그런 증상이 지속된다는 것을 보았다. 아르헨티나에 대해서도 똑같이 말할 수 있다. 크리스티나 페르난데스 데 키르치네르(Cristina Fernández de Kirchner, 2007~2015년 재임) 대통령은 부정적인 언론 보도에 분노하고 법원을 비판했지만, 그녀의 정부는 자신들에게 불리한 사법부 결정을 따랐다.

2023년 아르헨티나에서 민주주의 회복력애 대한 전망은 더 어두워졌다. 2015년 이후 제도권 좌파와 우파가 함께 심각한 경제 상황을 초래해왔기 때문에 많은 아르헨티나인은 기성 정당들을 경멸했다.[37] 2023년 대선에서 아르헨티나 유권자들은 정당 체계 밖의 후보를 선택했는데, 그는 선거운동 과정에서 국가의 민주적 제도에 대한 존중을 별로 보여주지 않았다. 하비에르 밀레이(Javier Milei)는 페론주의당 후보는 물론 주류 보수 정당 후보들도 물리쳤다. 극단적인 자유시장 경제학자인 밀레이는 제도에 대한 대중의 허무주의 분위기를 조장했다. 2023년 선거운동 기간에 그는 아르헨티나 중앙은행을 폐지하겠다는 의지, 노동조합에 대한 반대, 그리고 (교육부·사회개발부·보건부를 비롯한) 정부 부처를 폐쇄하거나 통합하겠다는 의향을 밝혔다. 주요 텔레비전 광고에서 그는 "국가는 해결책이 아니라 문제"라고 발표했다.

이 책을 쓰는 시점에서 이런 발표가 행정부와 동등한 지위를 가지는 제도들의 훼손으로 이어질지, 그리고 새 대통령이 행정부 확대 프로젝트를 수행할지 말하는 것은 시기상조다. 그러나 통계상 침식 확률이 낮다고 해서 아르헨티나의 민주주의가 보장되지 않는다는 점은 확실하다.

=====

전 세계적으로 많은 대통령과 수상이 민주주의 퇴행의 전술서를 활용했다. 기차 비유로 돌아가보면, 민주주의 침식이라는 종착지까지 기차에 남아 있을 가능성이 아주 많은 지도자들은 가장 불평등한 나라에서 활약하는 이들이었다. 이런 나라에서 '뒤처진' 유권자들은 자신들이 처한 곤경을 다양한 유형의 '타자' 탓으로 돌리려는 유혹에 빠질 수 있다. 여론과 충돌한 지도자들은 당의 동료 엘리트들에 의해 기차에서 강제로 하차당할 가능성이 많았다. 이런 점에서 유권자들은 지도자를 기차에서 내리게 하는 데 두 가지 역할을 할 수 있었다. 하나는 직접적인 방식이다. 2023년 폴란드의 법과정의당 지도부를, 2020년 도널드 트럼프를, 2022년 보우소나루를 물러나게 했을 때처럼, 유권자들은 투표로 지도자를 기차에서 내리게 할 수 있다. 두 번째는 간접적인 방식이다. 선거와 선거 사이 기간에 지도자에 대한 유권자와 대중의 여론이 나빠졌다면, 그들은 당의 엘리트들을 부추겨서 그 지도자를 기차에서 내리게 할 수 있다. 실제로 영국 보수당 지

도자들은 향후 선거 패배를 예상하고 보리스 존슨의 하차를 강요했
고, 남아프리카공화국 아프리카국민회의의 실력자들은 같은 선거 전
망으로 주마에게 하차를 강요했다.

유권자들의 이런 핵심 역할을 고려하면, 퇴행적 지도자에 대한 대
중 지지의 성격과 역학을 더 깊이 파헤치는 것이 매우 중요하다. 이
것이 이 책 2부에서 다룰 과제다.

퇴행적 지도자와 유권자

양극화와 민주주의 헐뜯기: 이론

2020년 대선 당일 이후, 피고인은 대통령 선거에서 결과를 바꿀 만한 부정이 있었고 자신이 실제로 승리했다는 주장을, 그것이 허위임을 알면서도 공개적으로 널리 유포하는 허위정보 운동을 개시했다. ……피고인은 지금 이 형사 사건에서도 형사 사법 체계의 신뢰를 허물려고 같은 시도를 하고 있다.

-트럼프 전 대통령에 대한 검사의 부분 함구령 청구, 2023년 9월 15일

이건 그냥 그곳을 완전히 불태워버리고 싶어 하는 완전히 새로운 유형의 사람들이다.

-동료 공화당 하원의원들에 대한

케빈 매카시(Kevin McCarthy) 하원의장의 발언, 2023년 9월 21일

앞의 3장과 4장에서는 부유한 민주주의 국가와 개발도상국 모두에서 정당 정치의 변화가 민주주의를 훼손하려는 경향이 있는 지도자에게 어떻게 기회를 열어주었는지 살펴보았다. 다음 장들에서는 정치 행태 측면에 관심을 둘 것이다. 퇴행을 조장하는 지도자가 상대해야 할 행위자가 유권자만은 아니지만, 유권자는 가장 중요하다. 대중이 퇴행을 조장하는 지도자에게 동조할지 아니면 저항할지에 따라 민주주의 침식 과정이 흔들릴지 아니면 심화될지 그 차이를 만들어낼 수 있다. 왜 유권자들은 민주주의 제도를 침식하는 지도자들을 묵인하고, 심지어 어떤 경우에는 포용할까? 유권자들이 민주주의에 신경을 쓰지 않기 때문일까, 아니면 민주주의가 열등한 정부 체제라고 생각하기 때문일까?

미리 말하자면, 민주주의가 퇴행하는 나라의 시민 대부분은 민주주의가 바람직한 정치 체제라는 생각을 버리지 않았다. 그들이 민주주의 제도를 공격하는 지도자를 용인한다고 하더라도, 그 이유는 그들이 민주주의를 전반적으로 포기해서가 아니다.

민주주의를 포기할 준비가 되지 않은 대중을 마주한 퇴행적 지도자에게는 유권자들을 붙잡아두기 위한 주요 전략이 세 가지 있다. 하나는 선거제도의 책임성을 약화시키는 것이다. 야당 지지 유권자들의 투표 접근권을 제약하거나 집권당에게 유리하게 선거구를 바꿀 수 있다. 이 모든 것이 실패한다면, 자신들이 패배한 선거 결과를 인정하지 않을 수도 있다. 두 번째 전략은 당파적 양극화를 이용하고 과장하는 것이다. 학자들과 전문가들은 이 전략에 가장 주목했다. 세 번째 전략은 그간 별로 주목받지 못했다. 나는 이를 **민주주의 헐뜯기**

라고 부르는데, 곧 민주주의 제도에 대한 수사적 비방이다. 지도자들은 자신들의 제도 공격을 대중이 더 잘 수용하게 만들려는 목적으로 민주주의를 헐뜯는다.

5장과 6장에서는 두 번째와 세 번째 전략인 양극화와 헐뜯기에 초점을 맞춘다. 그러나 먼저, 유권자들은 민주주의를 포기했는가?

민주주의를 지지하는 시민들

민주주의에 대한 견해를 조사하면, 전 세계 시민들 대부분은 민주주의를 좋아한다고 말한다. 그러니까 민주주의가 불완전하더라도 다른 통치 체제보다는 낫다는 데 동의한다.[1] 민주주의 침식의 물결이 일어나는 시기에 이렇게 대답하는 사람들의 수는 줄어들었을까?

이 질문에 학자들 대부분은 그렇지 않다는 쪽으로 기운다. 피파 노리스와 로널드 잉글하트(Ronald Inglehart)는 한 주요 연구에서 민주주의 정치 체제에 반대하는 전반적인 여론을 발견하지 못했다. 그러나 부유한 민주주의 국가들의 일부 인구 집단에서는 민주주의에 대한 지지가 뒤처지는 현상을 찾아냈다. 특히 고령층은 권위주의적 가치에 우호적인 경향을 나타냈다.[2] 한편, 로베르토 스테판 포아(Roberto Stefan Foa)와 야샤 뭉크는 민주주의에 대한 대중, 이번에는 청년층의 지지도가 하락해 놀라워했다. 이 저자들은 "북미와 서유럽에서 공고하다고 알려진 많은 민주주의 국가에서 시민들이 …… 자국 정치 지도자들에게 점점 더 비판적"이었고, "권위주의적 대안에

더 적극적으로 지지를 표현하는" 점이 "심히 우려스럽다"고 보았다.[3]

포아와 뭉크의 연구는 비판을 받아왔다. 에리크 부턴(Erik Voeten)은 2017년에 전 세계 여러 나라에서 수집한 증거를 가지고 "민주주의와 비민주적 대안에 대한 전반적인 지지 추세는 지난 20년 동안 기복이 없었다"며, 그들의 논문을 반박했다.[4] 또한 부턴은 민주주의에 대한 젊은이들의 지지가 외견상 악화하는 것은 사실 연령 효과이지 특정 집단 효과가 아니라고 주장한다. 다시 말해, 지속적인 지지 하락으로 보일 수도 있지만 실제로는 젊은이들 사이에 늘 나타나는 지지 부족을 그 순간에 포착했을 뿐이라는 것이다. 1980년대나 1990년대, 또는 2000년대에 비슷한 조사를 했더라도, 당시 청년층과 그보다 나이 든 세대 사이에는 민주주의에 대한 똑같은 지지도 차이가 밝혀졌을 것이다.

래리 바텔스는 민주주의에 대한 지지도가 최근 수십 년 동안 유럽에서 폭락했다거나, 이 같은 폭락이 민주주의 침식의 배후에 있다는 생각에 강하게 반대한다. 그는 유럽 사회 조사에 근거해 "정치 신뢰도와 민주주의 만족도의 전반적인 수준이 21세기 내내 유럽에서 꽤 안정적이었다"고 주장한다.[5] 민주주의에 대한 지지도는 민주주의가 침식된 어떤 나라(폴란드)에서는 비교적 높고, 다른 나라(헝가리)에서는 비교적 낮다고 그는 지적한다. 유럽에서 여론 변화가 일어난 시점이 그에게 시사하는 바는, 반민주적 정서가 선행 변수라기보다는 후행 변수였다는 점이다. 그런 정서는 지도자들의 발언에서 비롯되기 때문이다. 헝가리의 여론조사 데이터를 면밀히 연구한 바텔스는 빅토르 오르반 수상이 "증폭시킨 반유럽연합 및 반이민 발언은 이미

피데스당〔여당〕의 지지자였던 사람들을 고무해 그 발언과 일치하는 태도를 표명하게 했다"고 결론짓는다.[6]

라틴아메리카의 일부 국가에서 민주주의에 대한 지지는 하락했다. 그러나 대부분의 경우 민주주의 침식이 일어난 **이후** 그렇게 되었다. 밴더빌트 대학교의 세계 민주주의 연구소(Center for Global Democracy)는 널리 인정받는 라틴아메리카 여론 프로젝트(Latin American Public Opinion Project, LAPOP) 조사를 미주 전역에서 실시한다. 이 조사에 따르면, '민주주의가 다른 어떤 통치 형태보다 바람직하다'는 생각에 동의하는 수준은 라틴아메리카에서 높고 상당히 안정적이다. 2014년에 급격한 하락이 시작되었지만, 이는 베네수엘라·볼리비아·에콰도르·니카라과에서 민주주의 퇴행이 시작된 후였다. 침식이 늦게 시작된 나라들은 이 측도에서 비교적 높은 수준의 민주주의 지지도를 기록해, 엘살바도르는 67퍼센트, 브라질은 64퍼센트, 멕시코는 62퍼센트였다.[7]

그러므로 통치 체제로서 민주주의에 대한 지지 하락은 21세기 초 수십 년 동안 일어난 민주주의 침식의 물결보다 앞섰다고 보이지는 않는다. 하지만 많은 유권자가 자국의 정치 제도에 대해 냉소적으로 변했다는 생각에는 장점이 없지 않다. 나중에 이 주제로 다시 돌아올 것이다.

퇴행적 지도자와 당파적 양극화

정치 양극화는 민주주의 퇴행을 부추긴다. 여기서는 이 생각을 탐구해 이를 뒷받침하는 증거를 제시하도록 한다. 다른 여러 연구자와 비슷하게 나는 양극화가 민주주의 퇴행의 원인이자 결과라고 주장한다.[8]

그런데 먼저, 정치 양극화란 무엇인가? 이 명칭은 정치 행위자들이 서로 점점 더 멀어진다는 것을 시사한다. 정치 행위자들이 서로 떨어지는 차원은 공공 정책과 관련될 수 있다. 초기에 A정당은 평균 소득세율로 25퍼센트를 지지하는 반면, B정당은 20퍼센트를 선호한다고 가정해보자. 만일 나중에 A정당은 70퍼센트로, B정당은 10퍼센트로 바뀐다면, 두 정당은 더 양극화된 것이다.

정당뿐만 아니라 시민들도 양극화될 수 있다. 시민들은 세금과 같은 정책을 두고 양극화되기도 한다. 또는 자신들을 갈라놓는 쟁점들을 이전보다 더 중요하게 인식하면서 양극화될 수도 있다. 1980년대까지 낙태는 대부분의 미국인에게 비교적 중요도가 낮은 쟁점이어서 활동가들의 운동을 많이 유발하지 않았다. 그리고 양당 모두에서 사람들은 이 쟁점에 대해 입장이 갈렸다. 낙태에 반대하는 민주당원도 있었고, 낙태에 찬성하는 공화당원도 있었다. 나중에 이 쟁점은 아주 중요하고 격렬해져서 양당의 입장은 각 진영 내에서 훨씬 더 동질적으로 변했다. 이런 점에서 미국 유권자들은 낙태 문제에서 더 양극화되었다.[9]

유권자들의 양극화는 유권자들의 정체성과도 관련될 수 있다. 사실 정치학자들은 사람들의 당파성이 그들의 정체성과 긴밀하게 얽혀 있다고 본다. 어떤 정당을 선호하는지는 각 정당의 전형적인 지지자가 어떤 종류의 사람인지에 대한 생각이나 고정관념에 의해 형성된다. 어떤 사람의 정체성이 A정당 지지자들에 대해 그가 가지고 있는 이미지와 일치하고, B정당 지지자들에 대해 품고 있는 이미지와 상충한다면, 그는 자신을 A정당 지지자로 정의할 가능성이 높다.[10] 만일 전형적인 사회민주당 지지자에 대한 어떤 사람의 이미지가 노동조합에 가입한 블루칼라 노동자이거나 진보적 성향의 도시 거주자인 반면, 그의 정체성은 작은 농촌 공동체 주민이라는 데 주안점을 두고 있다면, 그는 자신이 함께할 정당으로 사회민주당이 아닌 다른 정당을 찾을 것이다.

이런 정체성 기반 소속감도 많건 적건 양극화될 수 있다. 나와 다른 정당에 가입할 가능성이 높은 사람들을 그저 나와 다르다고 생각할 수도 있고, 아니면 그런 사람들에게 적대감을 가질 수도 있다. 그리고 그 적대감은 부드러울 수도 있고 극단적일 수도 있다. 상대 정당 지지자들은 단순히 내가 이상적으로 생각하는 세율보다 높은 세율을 원하는 사람일 수 있다. 아니면 그들을 나와 나 같은 사람들의 기본권을 부정하려는 사람들로 생각할 수도 있다. 이런 종류의 정체성 적대감은 강력한 정서적 반응을 수반한다. 이는 학자들이 말하는 **정서적 양극화**를 초래하기 쉬운데, 개인 수준에서는 자신의 정당을 얼마나 좋아하는지와 상대 정당을 얼마나 싫어하는지의 간극으로 측정된다.[11] 상대 정당에 대한 반감은 정책적 입장에 근거할 수도 있고, 부족적 정체성과 더 관련이 있는 적대감에 근거할 수도 있다.[12]

정서적 양극화는 사람들이 정당 지도자나 조직을 어떻게 느끼는

지에만 관련되는 것은 아니어서, 정당들의 지지 기반 사이의 관계도 악화시킬 수 있다. 정서적으로 양극화된 사회에서 사람들은 다른 정당 지지자들과 친구 관계를 피하며, 자녀가 상대 정당 지지자와 짝을 맺는다는 생각을 두려워한다.[13] 예를 들면, 온라인 데이팅 앱을 사용하는 미국인들은 교육 배경이 다른 사람들을 거부하는 것과 같은 정도로 상대 정당 지지자들을 거부한다.[14]

서로 구별되는 경쟁적인 정체성이 반드시 격렬한 적대감을 낳지는 않는다. 사람들이 '자신이 응원하는' 스포츠팀과 맺는 관계를 생각해보자. 어느 스포츠팀의 팬은 경쟁 팀 팬들 사이에 앉을 때도 있다. 야구 팬인 내 경험으로는 자주 그런데, 이런 상황은 호의적인 대화나 어쩌면 가벼운 놀림으로 이어질 수도 있다. 그러나 스포츠 팬덤이 항상 그렇게 온화하지는 않다. 두 프로축구팀 셀틱(Celtic)과 레인저스(Rangers)의 연고지인 스코틀랜드 글래스고를 생각해보자. 셀틱 팬들은 레인저스 팬들 사이에 앉아 경기를 지켜보고 싶지 않을 것이고, 그 반대도 마찬가지다. 이들의 적대감은 격렬해서 심심찮게 폭력이 발생한다.

이 라이벌 관계는 사회과학자들이 개념화하는 **균열 구조**를 잘 보여준다. 셀틱 팬들과 레인저스 팬들은 **중첩** 균열의 좋은 사례다. 셀틱 팬은 노동계급이자 가톨릭 신자이면서 아마도 아일랜드계일 가능성이 많다. 레인저스 팬은 더 부유한 개신교도이면서 스코틀랜드계일 가능성이 많다. 두 집단은 지역, 출신 민족, 사회 계급 등 여러 중요한 차원에서 서로 다르다. 이런 차이는 현실에 기반을 두며, 다투는 팬 집단들의 마음속에서 분명히 과장되기도 한다. 또한 균열 구조는

교차 형태일 수 있어서, 사람들은 어떤 차원에서는 다르지만 다른 차원에서는 그렇지 않다. 교차 균열이 있는 도시 내 라이벌 관계의 예로는 미국 메이저리그 야구팀 화이트삭스(White Sox)와 컵스(Cubs)가 있는 시카고를 들 수 있다. 두 팀의 팬층 사이에는 미묘한 차이가 있고, 이 차이는 화이트삭스가 위치한 노동계급의 사우스사이드(South Side) 지역과 컵스가 위치한 더 부유한 노스사이드(North Side) 지역과 관련이 있다. 그러나 두 팀 사이의 다른 경계들은 흐릿하고 심한 적대감의 근거가 되지 않는다. 두 팀의 팬들은 미식축구팀인 베어스(Bears)의 한심한 성적에 함께 한탄할 수도 있다.

정치에서 중첩 균열은 강렬한 정체성과 양극화의 토대다. 더욱이 정치인들은 그 균열이 사실은 일부 교차하는데도 완전히 중첩된 것으로 생각하도록 사람들을 구슬릴 수 있다. 그리고 지도자들은 상대편이 보여주는 위협의 정도를 추종자들에게 과장하기도 한다. 무라트 소메르, 제니퍼 매코이, 러셀 루크(Russell E. Luke)는 민주주의가 침식된 상황에서 "상대 정당의 정책이 국가를 위태롭게 한다는 인식이 양당 지지자들 모두에게서 커지는" 현상을 설명하며 이를 "악성 양극화"라 부른다.[15] 그들이 연구한 국가 중 하나는 튀르키예인데, 그들에 따르면 튀르키예는 에르도안과 정의개발당 집권기에 훨씬 더 양극화되었다. 튀르키예든 다른 어디든 악성 양극화는 이를 이용하는 "정치 기업가들" 활동의 부산물이다. 그들은

'우리 대 그들'이라는 수사법을 동원하고, 가상의 적들에 비난을 퍼부으면서 의혹과 불신을 조장함으로써 대중의 불만을 이용한다. 또한 양극

화를 조장하는 이런 행위자들은 정치적 정체성과 이 정체성을 뒷받침하는 이야기를 활용하거나 지어내, 원래는 다양한 성향인 유권자들을 결집한다. 시간이 흐르면서 그러한 행위자들은 유권자들을 점점 더 교차 연결 없이 서로 대립하는 정치 진영으로 분열시킨다. 정치는 치열한 갈등 역학의 모습을 띠고, 참여자들은 상대 집단에 대한 혐오와 불신이 결합된 내집단 충성심을 과시하며, 상대 집단을 실존적 위협으로 여기게 된다.[16]

소메르와 그의 동료들이 시사하듯, 퇴행을 조장하는 지도자들은 의도적으로 유권자들을 더 양극화로 몰아가는데, 야당 지도자들도 점점 더 거친 반정부 수사로 대응하면서 양극화에 일조한다. 저자들은 튀르키예가 바로 그런 경우였다고 주장한다.

양극화 수사의 예를 찾기는 어렵지 않다. 2018년 대통령 선거에서 브라질의 자이르 보우소나루는 당시 집권당이 "브라질을 최악의 부패 구렁텅이에 빠트렸는데, 이는 세계 어디에서도 보지 못했던 일"이라고 단언했다.[17] 이런 과장된 표현을 접한 브라질인들이 음모론에 매달리고 이를 놓지 못하는 것은 놀라운 일이 아니다. 한 세심한 연구에 따르면, 아무리 많은 교정 정보도 자신이 지지하는 후보가 싫어하는 정당의 지도자들에 대한 추악한 거짓 소문을 확신하는 응답자들을 바로잡을 수 없었다.[18]

양극화를 조장하는 발언은 풍자 수준에 이르기도 한다. 2018년 미국 중간선거를 앞두고 당시 도널드 트럼프 대통령은 "여러분의 세금을 올리고 싶어 하는 급진적인 민주당 치하에서 사는" 나라를 한탄

했다.

> 그들은 놀라운 우리나라에 사회주의를 강요해 베네수엘라처럼 만들고 싶어 합니다. ……그들은 여러분의 의료 서비스를 빼앗고 …… 수정헌법 2조를 파기해 여러분의 국경을 치명적이고 사악한 갱들에게 열어주려 합니다. ……민주당은 범죄 정당이 되었어요. ……민주당은 진짜로 자신들의 앞길을 가로막는 무엇이든, 누구든 파괴하려 드는 성난 폭도로 변했습니다.[19]

퇴행을 조장하는 이런 지도자들의 언어는 민주주의 침식을 겪는 나라들이 양극화되는 이유 하나를 시사한다. 그 지도자들이 양극화를 부추기기 때문이다. 그렇게 하는 이유는 양극화된 사회를 통치하는 것이 익숙한 규범과 제도에 대한 공격을 못마땅해할 수 있는 유권자들의 책임 추궁을 피하는 데 도움이 되기 때문이다. 소메르와 매코이, 루크가 제시하듯이, 상대편이 승리할 전망을 재앙으로 여길 때, 유권자들은 자신들의 지도자가 민주주의 제도를 공격하는 것을 더 마음에 들어 할 것이다. 퇴행적 지도자들은 지지자들이 실제로 이렇게 말해주기를 기대한다. "그가 항상 언론을 때리거나 자기 사람들을 대법원에 밀어넣거나 추정뿐인 부정선거를 계속 들먹이는 것이 마음에 들지는 않지만, 만약 상대편이 이긴다면……." 이 문장의 나머지는 "우리는 베네수엘라처럼 될 거야"라거나 "우리는 우익 패거리에게 점령당할 거야"일 수도 있고, 퇴행적 지도자의 지지자들 관점에서 악몽과도 같은 무수한 상상의 결과물일 수도 있다.

매튜 그레이엄(Matthew Graham)과 밀란 스볼리크는 이 논리를 강력하게 전달하며 연구한다. 그들은 다음과 같이 기술한다.

민주주의 원칙을 위반하는 입장을 가진 같은 당 후보와 민주주의 원칙을 따르지만 다른 점에서는 매력이 없는 후보 사이에서 선택해야 할 때, 상당수 유권자는 자신의 당이나 이익을 옹호하는 후보를 선출하기 위해 민주주의 원칙을 희생할 수 있다. 유권자들이 심하게 양극화되어 있을 때는 민주주의에 우호적인 성향의 유권자조차 먼저 당원으로 행동하고, 그다음에야 민주주의자로 행동할 것이다.[20]

양극화는 퇴행적 지도자들에게 도움이 되기 때문에, 그들이 양극화에 제동을 걸 동기는 없다. 사실 오히려 양극화를 더 부추길 동기가 있는 셈이다. 보우소나루와 트럼프의 활약은 양극화 배후에 있는 이야기의 전부가 아니라 그 일부다.

퇴행적 지도자들이 양극화의 수혜자이므로 양극화를 과장하려 한다는 점은 그림 5.1에서 간접적으로 확인된다. 이 그림은 민주주의 다양성 연구소가 수집한 정서적 양극화에 대한 전문가 평가를 바탕으로 했다. 위쪽 선은 퇴행을 경험한 나라들의 양극화 수준을, 아래쪽 선은 퇴행을 경험하지 않은 나라들의 양극화 수준을 나타낸다. 1995년에는 두 부류의 나라들에서 정서적 양극화가 대체로 비슷한 수준이었다. 이후 사반세기가 지나면서 양극화는 민주주의 침식을 경험한 나라들에서 커진 반면, 침식을 경험하지 않은 나라들에서는 대체로 안정적인 수준을 유지했다.

그림 5.1　민주주의 침식 국가와 비침식 국가의 당파적 양극화

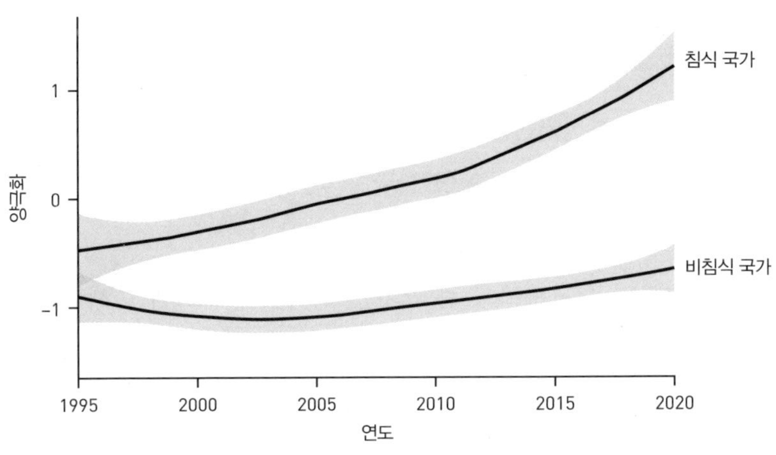

주: 평활 곡선(LOESS 추세선)은 민주주의 다양성 연구소의 '정치 양극화' 변수로 추적한 양극화 수준을 나타낸다. 음영 부분은 95퍼센트 신뢰 구간이다. '침식 국가'는 1995년과 2020년 사이의 어느 시점에서 민주주의 침식을 경험한 나라들이다. 그 밖의 모든 나라는 1995년부터 2020년까지 민주주의를 유지한 나라들이다.

물론 이 그림은 양극화가 퇴행의 원인인지 아니면 그 결과인지 구분하지 않는다. 학술 연구에 따르면, 둘 다 맞다. 예비 독재자들은 양극화된 사회에서 선거 승리 가능성이 더 높고, 결정적으로 재선 가능성도 더 높다.[21] 양극화가 선거에서 퇴행적 지도자들에게 유리하다는 것은 그들이 유권자들을 더 양극화할 동기가 있다는 의미다.

요컨대 '민주주의가 퇴행하는 나라들은 왜 양극화될까?'라는 질문에 대한 한 가지 답은 양극화가 독재를 꿈꾸는 자들에게 도움이 되므로 그들은 시민들을 더욱더 양극화하려 한다는 것이다. 그리고 소메르와 그의 동료들이 설명하듯이, 반대편 정치인들도 종종 똑같이 맞대응하면서 양극화의 악순환이 가속화된다.

물론 정당 엘리트들의 의도적인 행동 외에도 정당 양극화를 추동하는 여러 요인이 있다. 그중에는 미디어 환경 변화와 (일부 나라의 경우) 지지 정당에 따른 주거 지역 분리의 확대가 있다.

양극화를 심화시키는 또 하나의 요소는 소득 불평등이다. 불평등이 민주주의 침식 위험을 높인다는 점은 2장에서 밝혔다. 그런데 소득 불평등은 당파적 양극화도 심화시킨다.

부유층과 빈곤층 사이의 큰 격차는 뒤처졌다고 느끼는 사람들의 분노와 불만을 촉발할 수 있는데, 지지층을 결집하려는 정당 지도자들은 이 감정을 이용할 수 있다.[22] 매코이와 소메르, 그리고 그의 동료들이 설명하는 양극화의 악순환은 마찬가지로 소득 불평등을 자양분으로 삼는다. 저자들은 폴란드와 튀르키예 같은 나라들에서 정치 지도자들이 '뒤처진 사람들'에게서 양극화를 과장하려고 장기간의 소득 불평등을 어떻게 이용하는지 입증한다.[23]

미국을 연구하는 학자들도 소득 양극화와 정치 양극화의 연관성을 찾아냈다. 그들은 소득 불평등 수준이 높은 주일수록 당파적 양극화에 더 쉽게 빠진다는 사실을 발견했다.[24]

국가 간 비교 데이터도 소득 불평등과 당파적 양극화의 연관성을 보여준다. 엘리 라우와 나는 소득 불평등이 민주주의 다양성 연구소의 설문조사로 측정한 사회 양극화의 강력한 예측 변수라는 사실을 발견했다.[25] 불평등이 낮은 상황에서 중간이나 높은 상황으로 이동할수록 당파적 양극화도 급격히 증가한다.[26]

라우와 나는 소득 불평등이나 그에 대한 인식과 민주주의에 대한 냉소주의 사이의 관계를 탐구하는 설문조사 실험도 수행했다.

2023년 미국과 멕시코에서 수행한 설문조사에서 우리는 무작위로 선정된 응답자 일부에게 각국의 높은 소득 불평등 수준을 상기시키는 정보를 제시했다. 미국의 경우 "상위 1퍼센트 소득자(가장 부유한 300만 명의 미국인)가 중산층 전체(거의 2억 명의 미국인)보다 더 많은 부를 통제한다"는 내용을, 멕시코의 경우 "가장 부유한 1퍼센트가 멕시코 국가 부의 47퍼센트를 통제한다"는 내용을 포함했다. 양국 참가자 모두에게는 "평생 열심히 일하는 사람도 노년에 안락한 은퇴 생활을 기대할 수 없다"는 점을 상기시켰다.

두 나라의 설문조사에서 우리는 민주주의 제도에 대한 냉소주의를 내비치도록 고안한 질문을 던졌다. 우리는 다음 진술에 동의하는지, 어느 정도로 동의하는지 물었다. "우리는 우리 정치 제도의 문제를 해결할 수 없으므로, 이를 무너뜨리고 처음부터 다시 시작할 필요가 있다." 높은 수준의 불평등을 상기한 사람들은 이 진술에 쉽게 동의하는 편이었고, 미국의 경우 특히 공화당 지지자들에게 불평등을 상기시켰을 때 제도에 대한 허무주의 수준이 높게 나타났다.

요컨대 20세기 말과 21세기 초에 많은 나라에서 심화된 당파적 양극화는 시민들 사이의 소득 불평등 증가와 정치 지도자들 사이에 격화하는 수사에 그 뿌리가 있다. 2장에서 논의했듯이, 양극화는 새로운 미디어 환경과 무관하지 않지만, 미디어는 양극화의 궁극적인 원인이라기보다는 양극화를 강화하는 역할을 더 많이 한다.

양극화의 함정

그럼에도 불구하고 정치 지도자의 입장에서 볼 때 양극화에는 단점도 있다. 그중 주된 위험은 반발(backlash)이다. 과거 브라질 군사정권이 수많은 반대파 민간인을 죽이지 않았다고 아쉬워한 보우소나루를 떠올려보자. 또는 민주당을 "자신들의 앞길을 가로막는 무엇이든, 누구든 파괴하려 드는 성난 폭도"로 묘사하는 트럼프는 어떤가. 이런 비난이 설득력 있다고 생각하는 보우소나루나 트럼프의 지지자들이 자기 지도자의 반민주적 행동에는 왜 눈을 감는지 이해하기는 쉽다. 그러나 브라질의 노동자당 동조자나 미국의 민주당 지지자의 입장이 된다면, 저런 표현은 그 지도자에 맞서 결집하는 계기가 될 수 있다. 군대의 총살형을 마주했어야 했다거나 나라를 파괴하려 드는 범죄 폭도의 일부라는 말을 듣는다면, 그런 주장을 하는 정치인에 맞서 결집할 가능성이 크다. 그리고 퇴행적 지도자의 행동에 불쾌감을 느끼면서도 투표장에 나갈지 망설이던 시민들은 양극화 담론에 대한 반작용으로 더 투표하러 나설지도 모른다. 이미 투표하려 했던 사람들도 선거 자금을 기부하거나 집회에 참가할 채비를 더 갖출지도 모른다.

양극화 전략은 무당파와 중도층 유권자들 사이에서 지도자에게 손해를 끼칠 수도 있다. 양극화를 조장하는 언어는 본질적으로 신랄하고, 그런 언어는 상대적으로 정치에 관심이 적은 사람들을 소외시킬 수 있기 때문이다.[27] 격렬한 당파적 양극화 전략은 무당파 유권자들을 상대 정당으로 내몰 위험이 있다.

따라서 양극화의 단점은 양극화가 지도자 자신의 지지 기반을 활성화하는 만큼, 반대편의 지지 기반도 활성화한다는 점이다. 그리고 중도층 유권자들을 소외시킬 수 있다.

거친 수사가 반대편과 무당파 유권자들의 반발을 불러일으킬 수 있다는 점은 2024년 6월의 브라이트 라인 워치 설문조사에서 확인할 수 있다.[28] 이 조사에서 미국 성인 표본의 절반에게 다음 문장을 제시했다.

> 5월에 뉴욕주 법원이 도널드 트럼프의 사업 기록 위조 혐의에 대해 유죄를 선고한 것에 대응하여, 로니 잭슨(Ronny Jackson) 공화당 하원의원(텍사스주)은 바이든 대통령과 그의 가족에 대한 기소를 촉구하며 다음과 같이 말했다. "하원의원으로서 내가 영향력을 행사할 수 있는 모든 사람과 모든 동료에게 대통령과 그의 가족 전체, 즉 **그의 범죄 가족 전체**를 공격적으로 추적해 당장 이 가족과 관련된 모든 비행을 찾아내라고 독려할 것입니다."[29]

잭슨 의원은 사실상 대통령과 그의 "범죄 가족"을 기소하라고 촉구한 것이었다.[30]

이 설문조사 실험은 민주당 지지자들과 무당파 유권자들의 반발을 불러일으켰다. 설문조사 말미에 잭슨 의원의 발언을 읽은 절반의 응답자와 읽지 않은 절반의 응답자에게 대통령과 그 가족의 기소 가능성에 대한 의견을 물었다. 잭슨의 발언을 읽은 민주당 지지자들은 읽지 않은 민주당 지지자들에 비해 평균적으로 조 바이든 기소에 찬성하는 비율이 낮았다(그림 5.2 참조). 차이는 크지 않아서, 잭슨 의원의

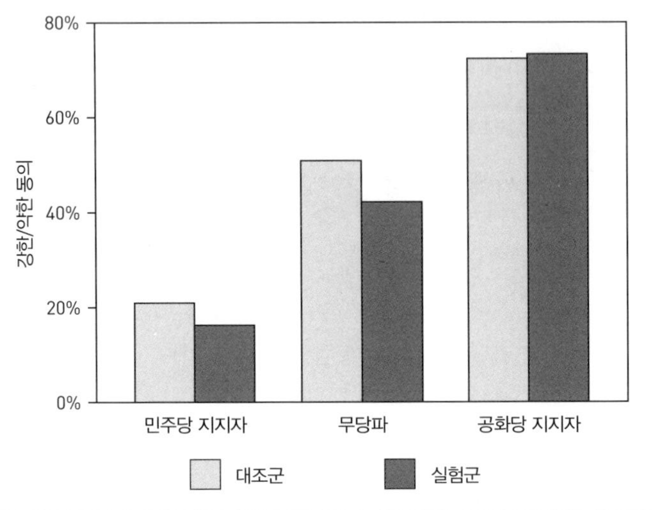

주: 자료 출처는 Bright Line Watch (2024b). 실험군은 "대통령과 그의 가족 전체, 즉 그의 범죄 가족 전체를 공격적으로 추적하라"고 의회에 촉구하는 발언을 읽은 집단이다.

발언을 본 사람들이 기소를 지지하는 비율은 5퍼센트 더 적었다. 그러나 이는 통계적으로 유의미했다. 무당파 유권자들 사이에서는 상당히 강한 반발 조짐이 있었다. 잭슨의 발언을 읽지 않은 사람들 중 51퍼센트가 바이든 가족의 기소에 동의했지만, 읽은 무당파 유권자들 사이에서는 그 수치가 43퍼센트로 떨어졌다.[31]

양극화를 넘어서: 헐뜯기

민주주의를 침식하는 지도자들은 수중에 또 다른 전략이 있는데, 바로 상대 진영의 대항 결집 위험을 줄이는 것이다. 그들은 민주주의를 헐뜯을 수 있는데, 이는 그 나라에서 작동하는 민주주의 제도들의 질과 공정성, 역량에 대한 인식을 훼손하는 것이다. 그들은 통치 체제로서의 민주주의를 비난하는 대신 민주주의의 특정 제도들이 결함투성이라고 색칠한다. 판사들은 부패했고, 선거 관리자들은 편향되었으며, 기자들은 지도자에게 악감정이 있다는 식이다.

양극화를 조장하는 발언과 헐뜯기는 강조점이 다르다. '당신은 규범과 제도에 대한 나의 공격을 좋아하지 않을 수도 있지만, 다른 당이 지배하는 정부는 재앙이 될 것이다'가 양극화를 조장하는 발언의 메시지다. '당신은 규범과 제도에 대한 나의 공격을 좋아하지 않을 수도 있지만, 사실 이 제도는 속이 비고 부패해 있다. 건전한 민주주의를 회복하려면 우리의 제도를 허물어뜨리고 내게 더 많은 통제권을 주는 방식으로 제도를 재구축할 필요가 있다'는 것이 헐뜯기 메시지다.

앞서 나는 보우소나루와 트럼프의 발언에서 양극화를 조장하는 발언이 어떤지 그 사례를 제시했다. 민주주의 헐뜯기의 사례도 많이 인용할 수 있다. 정당 비판은 양극화를 조장하는 발언의 특징인데, 다음 사례들에서는 정당 비판이 없다는 점에 주목하자.

멕시코의 로페스 오브라도르 대통령은 정부의 많은 기관이 부패했고 무능하며 비용이 많이 든다고 묘사했다. 그는 특히 선거 관리 기구인 국가선거위원회를 거칠게 비판했는데, 그 지도부에 대한 인신공격도 있었다. 그의 발언은 이 기관의 자원 관리 부패나 경영 실책을 암시하거나("국가선거위원회는 가장 부담스럽고 비싼 선거 기구 중 하나다")

부정선거에 눈을 감았다는 식이었다("국가선거위원회가 부정을 저지른 증거가 있고, 권력자들 편에 서서 부정선거를 보증하기 때문에 반민주적인 방식으로 작동한다").[32]

트럼프는 미국의 많은 제도, 특히 언론과 법원을 비방한다. 그는 어떤 때는 민주당이 이 제도들을 훼손한다고 비난했지만, 또 어떤 때는 민주당과의 어떤 관련성도 언급하지 않고 비판했다.

연방 법원과 관련해, 트럼프는 판사들이 유권자에게 책임을 지지 않기 때문에 나쁜 결정을 내린다고 자주 말해왔다. 예를 들어, 자신의 이민 정책 사건을 담당하는 판사에 대해 이렇게 말했다. "선출되지 않은 판사가 우리나라의 이민 정책을 일방적으로 다시 쓰면서 오늘 법치는 또 다른 타격을 입었습니다. ……이 사건은 선출되지 않은 단 한 명의 지방법원 판사가 심각하게 권한을 남용한 또 다른 사례일 뿐입니다. 오늘의 판결은 우리 사법 체계에 대한 신뢰를 훼손합니다."[33] 트럼프는 판사들이 개인적으로 자신에게 반대하는 편향이 있다고 주장한 적도 있다. 한 악명 높은 사례에서 그는 법관의 종족성이 반트럼프 편향의 원천이라고 단언했다.[34]

트럼프는 비난을 퍼부으면서도 왜 그 기관이 저조한 성과를 내는지, 또는 자기 생각에 왜 자신을 불공정하게 대하는지 그 이유를 명확히 밝히지 않곤 했다. 그렇지만 그는 언론에 대해 다음과 같이 가차 없이 평가한다.

우리나라 역사상 언론 매체가 이처럼 사기 치며 날조하거나 부패한 적은 없었다! 먼 훗날 '트럼프 시대'를 되돌아볼 때, 내 유산의 중요한 부분이 대대적인 가짜 뉴스의 부정직함을 폭로한 일이기를 바랄 뿐이다![35]

헝가리의 오르반 수상은 자신이 민주주의 체제에 내재하는 약점이라고 표현한 대상에 꾸준히 독설을 퍼부었다. 이런 점에서 민주주의(와 '자유주의')에 대한 오르반의 불만은 퇴행을 조장하는 다른 지도자들보다 체계적이다. 다른 퇴행적 지도자들은 민주주의가 하나의 체제라는 생각을 받아들이면서 자국에서 작동하는 특정 민주주의 제도들에 대한 신뢰를 훼손한다. 오르반은 민주주의 자체를 노골적으로 비난하기 직전이다.

그는 자유주의자와 민주주의자를 "허약"하다고 표현한다. 2015년의 한 연설에서 그는 만일 자신의 집권당이 다가올 보궐선거에서 진다면, "서구의 동지들은 우리가 좋은 민주주의자라고 마침내 안도할지도 모릅니다. 저쪽에서 좋은 민주주의자란 지는 사람이거나 우연히 이기더라도 허약한 사람입니다"라며 빈정댔다.[36]

서구의 자유주의자들이 허약하다는 주제는 민주주의 국가와 독재 국가의 경제에 대한 오르반의 평가에도 등장한다.

서구적이지 않고, 자유주의적이지 않으며, 자유민주주의가 아니고 어쩌면 민주주의도 아닌 체제라도 자국을 성공으로 이끌 수 있습니다. 국제 분석가들에게 오늘날의 스타는 싱가포르, 중국, 인도, 러시아, 튀르키예입니다. ……자유민주주의라는 국가 조직 원리에 기반한 사회들은 아마도 향후 수십 년 안에 세계적인 경쟁력을 유지할 수 없을 것이고, 스스로 크게 변화하지 못한다면 오히려 쪼그라들 것입니다.[37]

민주주의 헐뜯기와 민주주의의 결함에 대한 단순한 진실 전달은 무엇이 다를까? 무엇보다 퇴행적 지도자들의 헐뜯기는 완전히 그리고 항상 틀리지는 않는다. 멕시코의 선거 관리 행정에는 엘리트주의와 낭비가 일부 있고, 미국 판사들에게는 냉담함이 있다. 독재 국가들이 경제적으로 번성할 때도 있다. 헐뜯기의 핵심 특징은 지도자가 무너뜨리려고 하는 제도의 결함을 선별적으로 부각하고, 지도자가 지지하는 제도의 문제점은 무시한다는 것이다. 예를 들면, 멕시코에서 아주 부패하기 쉬운 공공 기관은 주 정부와 지방 정부인데, 여기에는 로페스 오브라도르가 속한 여당이 이끄는 지방 정부도 있다. 대통령은 연설에서 이런 곳들에 대해서는 언급하지 않고 지나간다.[38]

민주주의 헐뜯기의 두 번째 확실한 신호는 퇴행적 지도자들이 제안하는 해결책인데, 대통령이나 수상의 권한을 강화하자는 것이다.

그래서 우고 차베스는 2000년 4월에 수평적 책임성을 가진 기관들을 굴복시킨 다음 새로운 헌정 질서에 대해 청중에게 축하를 건넸다. 그는 이렇게 선언했다. "우리가 의회를 사라지게 만들 때까지 내가 의회와 어떻게 싸웠는지 여러분은 보았습니다. 우리가 대법원을 사라지게 만들 때까지 내가 어떻게 맞서 싸웠는지 여러분은 보았습니다."[39]

멕시코의 로페스 오브라도르는 더 나아가 독립성을 지닌 부처가 민주주의를 유린한다는 이론의 원형을 제시했다. 임기 말에 이 대통령은 일련의 헌법 개정을 제안했다. 핵심 내용은 이전에 독립적이었던 국가 부처와 기구를 약화시켜 멕시코를 더 민주적이고 민심에 더 잘 반응하는 국가로 만드는 것이었다. 그는 "기념비적인 강도짓"(즉 부패)과 "국고를 축내 호화로운 지출과 경박함"에 빠진 "황금 관료 집단"에 비판을 퍼부어 개혁을 정당화했다.[40]

이런 결함을 교정하기 위한 대통령의 해결책은 대통령의 권한 강화였다. 한 학자의 평가에 따르면, "종합해보면 선거제도, 군대, 사법부, 관료제, 그리고 자율적인 기관들에 대한 개혁은 행정부와 다수당에 상당한 기능과 권한을 이전하는 결과를 낳는다".

양극화가 위험을 수반하는 것처럼 제도 헐뜯기도 그렇다. 한 가지 단점은 헐뜯기가 냉소주의라는 무장해제 상태를 만드는 만큼, 그런 분위기가 지도자 자신의 지지자들에게도 확산되어 불편한 상황을 초래할 수 있다는 점이다. 퇴행적 지도자는 자신의 지지자들이 선거에 대해 냉소주의에 빠져 선거일에 집에 머물기를 바라지 않는다. 트럼프는 미국 유권자들에게 코로나19 기간에 확산된 우편 투표가 부정선거 수단이 되기 쉽다고 경고했다. 그러나 이후 선거들에서 트럼프와 그의 정당은 공화당 득표율을 끌어올리는 방법이라며 지지자들에게 우편 투표를 하라고 열심히 설득해야 했다. 그들은 유권자들의 저항에 부딪혔는데, 이전에는 이런 방식의 투표가 본질적으로 믿을 수 없고 조작되기 쉽다고 들었기 때문이다.[41]

양극화를 조장할 때와 민주주의를 헐뜯을 때

민주주의 퇴행을 조장하는 지도자들은 임기 중에 민주주의 제도들을 재편해 선거에서 이기고 싶어 한다. 양극화를 조장하는 언어를 구사할 때 그들은 민주주의를 훼손하기는 해도 자신들 편인 유권자들의 지지를 확보한다. 그러나 양극화를 조장하면 무당파 유권자들과 상대 정당 유권자들의 참여를 끌어올릴 위험이 있다. 민주주의를 헐뜯을 때는 모든 종류의 유권자가 자신들의 제도 개혁에 반발할 위험이 줄어든다. 그러나 그들의 지지층이 민주주의에 냉소적이게 되면, 그들을 결집하지 못할 위험이 있다.

지도자들이 양극화를 조장하도록 부추기는 환경은 핵심 지지층이 낮은 투표율을 보이는 경향이 있을 때, 즉 퇴행적 지도자에게 반대할 가능성이 높은 유권자들보다 핵심 지지층의 투표율이 낮을 때다. 이런 환경에서 양극화 전략은 지도자의 득표율을 높일 가능성이 크다. 이는 트럼프가 2016년에 처음 선거운동을 했을 때 미국에서 맞닥뜨린 바로 그 환경이었다. 저학력의 농촌 거주자들이 트럼프의 핵심 지지 기반이었고, 이들은 대체로 투표율이 낮았다. 고학력의 도시 거주자들은 그의 핵심 반대층이었는데, 이 유권자들은 이미 투표율이 높아서 그들이 반발하더라도 영향은 미미했을 것이다. 트럼프가 낙선한 2020년 재선 선거운동에서 이 전략은 덜 현명해 보였는데, 그때 트럼프의 지지층은 더 견고해져서 이미 고도로 결집해 있었기 때문이다.

민주주의 헐뜯기에 적합한 환경은 정치인이 제도를 새로 만들려는 야심 찬 목표가 있고, 자신의 지지층에 냉소주의가 퍼져도 별로 개의치 않을 때다. 정치인들은 제도 해체를 걱정하는 유권자들을 안심시킬 수 있다는 직감에 따라 민주주의를 헐뜯는다. 이것이 1998년 차베스가 마주한 환경이었다. 그는 베네수엘라의 제도를 철저히 다시 설계하고 싶었는데, 반대 진영은 매우 약해져 있었다. 멕시코의 로페스 오브라도르 역시 제도 개혁이라는 야심 찬 의제가 있었고, 이는 그가 헐뜯기와 양극화 발언을 병행하도록 부추겼다.

양극화와 헐뜯기는 이론적으로 일리가 있다. 그러나 실제 정치인들에게서 그런 말을 들을 수 있을까? 그리고 양극화 발언과 헐뜯기는 어떻게 유권자들에게 영향을 미칠까? 퇴행적 지도자의 지지층은 지도자의 맹비난에 영향을 받을까? 양극화를 조장하는 발언은 반대 진영 유권자와 무당파의 반발을 초래할까? 민주주의 헐뜯기는 어떤 반발도 피해갈까? 이것이 다음 장에서 다룰 문제들이다.

양극화와 민주주의 헐뜯기: 증거

이 장에서는 양극화와 헐뜯기의 이론에서 벗어나 이런 일이 얼마나 실재하며 어떻게 작동하는지에 대한 증거를 살펴본다. 첫 번째 과제는 양극화와 헐뜯기의 구별이 퇴행적 지도자들의 실제 수사와 어떤 관계가 있는지 보는 것이다. 부정적인 지표 하나는 양극화를 조장하는 발언에 비해 헐뜯기의 비율이 아주 낮은 경우일 것이다. 또 다른 부정적인 지표는 대부분의 발언이 혼합되어 있고, 제도 실패를 상대편 탓으로 돌리지 않으면서 제도를 맹비난하는 사례가 거의 없는 경우일 것이다.

지도자가 유권자들을 양극화하고 싶을 때는 상대편이 얼마나 끔찍한지에 대해 말한다. 유권자들의 눈에 비친 민주주의 제도를 퇴색시키고 싶을 때는 민주주의 제도가 얼마나 끔찍한지에 대해 말한다. 때로는 둘 다 하는데, 그때는 국가 기관들의 참담한 상태를 공공연히 비난하면서 그 책임을 상대편에게 돌린다. 예를 들면, 2023년 8월 워싱턴에서 자신의 연방 재판 담당 판사를 "매우 당파적"이라고 비난했을 때처럼, 도널드 트럼프는 미국 **사법부**에 **민주당** 판사들이 잠입했다고 지속적으로 묘사한다.[1] 따라서 퇴행을 조장하는 지도자의 발언에는 세 가지 다른 유형의 표현이 담겨 있을 가능성이 크다. 하나는 제도의 폄훼(헐뜯기)를 노리는 것이고, 다른 하나는 선거에서 당파성을 강조(양극화 진술)하는 것이며, 마지막은 이 두 가지가 섞인(혼합) 것이다.

시카고 대학교 민주주의 연구소의 우리 연구진은 지도자들 발언의 대규모 말뭉치, 즉 코퍼스(corpus)를 수집했다. 연구진은 라우타로 세야, 이페크 치나르, 안드레스 우리베, 그리고 나로 구성되었다.[2] 우리가 발언을 연구한 정치인 한 명은 로페스 오브라도르였는데, 그가 우리에게 작업할 거리를 많이 주었다는 것이 그 이유의 하나였다. 6년의 임기 동안 로페스 오브라도르 대통령은 주중에 거의 매일 아침 기자회견을 했고, 그의 공보팀은 이를 발췌해 전통 매체와 소셜 미디어를 통해 동영상과 게시물을 유포했다. 또한 그들은 매 기자회견마다 전체 내용의 서면 녹취록도 올렸는데, 학술 연구진에게 이는 큰 기쁨이었다. 산더미 같은 양의 대통령 담론에 손쉽게 접근해 분석할 수 있었기 때문이다.

우리 연구진은 로페스 오브라도르의 기자회견 발언에서 멕시코 민주주의에 대한 헐뜯기의 이상적인 사례를 확인했고, 이 헐뜯기는 부패에 대한 비난에 집중되기 일쑤였다.[3] 2021년 5월 7일, 그는 전형적인 언어로 "사법부는 완전히 망가지고 타락했으며, 부패에 지배당했다"고 주장했다. 다른 때에는 양극화 구도를 구사해, 이전 제도혁명당과 국민행동당 정권이 "나라를 약탈하고, 정부를 장악해 볼모로 삼았으며, 정부를 소수에 봉사하는 위원회로 만들었다"고 비난했다 (2020년 11월 5일). 그는 이런 마니교적 이분법 렌즈를 현재의 경쟁 세력에게도 적용해, "국가의 변화에 반대하는 보수 진영이 있으며, 나는 이 보수 진영이 아주 부패했음을 줄곧 말해왔다"고 주장했다.[4]

로페스 오브라도르 대통령은 민주주의 헐뜯기와 당파적 양극화를 결합해서, 표적이 된 기관들이 반대 정당 세력에 빚을 졌다고 표현할 때도 있었는데, 이것이 바로 혼합 진술이다. 대통령은 국가선거위원회가 부패했을 뿐만 아니라 보수 정당에 포획되었다면서, "국가선거위원회 수뇌부는 최고 보수 권력이 되었고, 그들이 누가 후보인지 아닌지 결정한다"고 주장했다.[5]

우리 연구진은 여러 절차를 활용해 로페스 오브라도르의 양극화 진술과 헐뜯기, 그리고 혼합 진술을 확인했다.[6] 그림 6.1은 그 결과를 보여준다. 그림은 2018년 12월부터 2023년 9월까지의 기간에 초점을 맞춰 로페스 오브라도르의 헐뜯기 발언, 양극화 발언, 혼합 발언의 빈도를 나타내는데, 로페스 오브라도르 대통령의 담론에서 헐뜯기와 양극화는 실제로 구분이 가능함을 시사한다. 혼합 발언의 수는 순수한 헐뜯기 및 양극화 발언보다 적다. 가장 많이 사용된 전략은 헐뜯기였다. 연구 대상인 58개월 중 51개월 동안 로페스 오브라도르의 제도 때리기 발언 수는 양극화 발언보다 더 많았다.

우고 차베스도 입담이 센 대통령이었다. 여러 종류의 많은 발언과 더불어 그는 주간 라디오 프로그램 〈안녕하세요, 대통령님〉을 진

그림 6.1 멕시코 로페스 오브라도르 대통령의 헐뜯기 발언, 양극화 발언, 혼합 발언

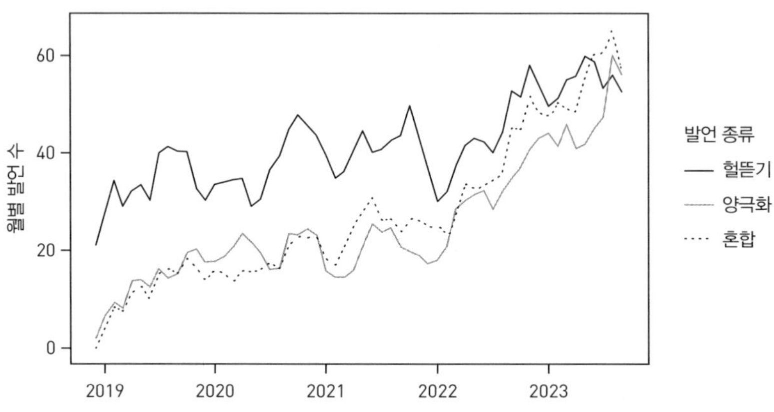

주: 수치는 제도만 폄훼한 순수한 헐뜯기 발언, 정당이나 이념 집단만 폄훼한 순수한 양극화 발언, 그리고 단일 발언에서 제도와 정당을 모두 폄훼한 혼합 발언의 4개월 이동 평균값이다. 발언들의 수집 및 분류 방식에 대한 세부 사항과 문장 단위의 세밀한 분석 결과는 Cella et al. (2025) 참조.

행했는데, 이는 국영 텔레비전과 라디오 채널을 통해 보통 4시간씩 일요일마다 방송되었다. 우리 연구진은 1999년부터 차베스가 사망한 해인 2013년 말까지 그의 발언을 모아둔 웹사이트 '토도 차베스(Todo Chávez)'에서 이 모든 콘텐츠를 긁어모았다.[7] 나는 차베스의 양극화 발언과 민주주의 비난 발언을 확인하기 위해 멕시코 연구와 비슷한 절차를 사용해 정당 조직 및 이념 관련 핵심어들과 제도 관련 핵심어들을 확인했다. 그런 다음 대규모 언어 모델(Large-language model)로 각 발언 집합의 어조를 파악했다.

그림 6.2는 그 결과를 보여준다. 그림을 보면, 차베스의 발언에서 헐뜯기가 양극화보다 우세하게 나타났다. 이는 또한 임기 후반보다 초반에 더 일반적인 현상이었다. 차베스는 베네수엘라를 오랫동안

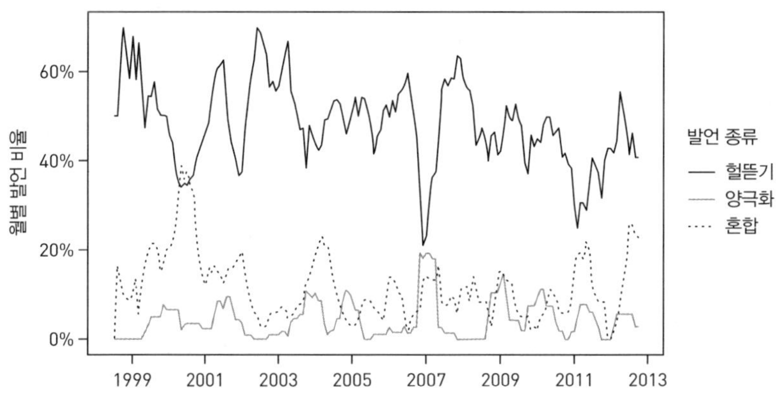

주: 1998~2013년의 월별 발언에서 순수한 헐뜯기 발언, 순수한 양극화 발언, 혼합 발언의 비율(6개월 이동 평균).

지배해온 정당들이 혼란에 빠졌을 때 집권했다. 그는 1999년 첫 선거와 새로운 헌법이 승인된 직후인 2000년 선거에서 손쉽게 이겼다. 차베스는 1999년의 첫 번째 선거를, 새로운 헌법 제정과 베네수엘라 민주주의의 완전한 재편을 위한 권한 창출의 기회로 보았다.

1998년과 1999년 차베스의 유세 연설은 썩어 문드러진 현재의 민주주의와 새로워질 미래의 민주주의를 대비시키면서 새로운 헌법 제정 촉구를 중심으로 전개되었다.

거의 모든 대통령 후보가 …… 똑같은 제안을 합니다. 썩은 것을 화장으로 덮겠다고요. 나는 진실을 제시합니다. 썩은 것은 감출 수 없습니다. 썩은 것은 제거해야 합니다. 그것을 평화적으로, 민주적으로, 국민투표를 통해 제거합시다. 내가 공화국 대통령이 된다면 신의 뜻으로 베네수엘라 국민에게 물을 것입니다. '여러분은 제헌 의회를 원하는가, 원하지 않는가?' ……이것이 우리가 죽어가는 민주주의에서, 공화국이 끝장난 혼돈의 체제에서 새로운 민주주의로, 진정한 사회적·종족적·법적·정치적 내용을 담은 진짜 민주주의로 도약하기 위해 나아가고자 하는 유일하게 평화적이고 민주적인 길입니다.[8]

제도에 대한 야심이 넘치는 대통령은 적어도 집권 초기에는 간헐적으로만 제대로 된 야당의 반대에 직면했고, 베네수엘라의 민주주의를 헐뜯는 데 열중했다.

나는 트럼프의 발언을 연구하기 위해 앞서 설명했던 절차를 반복했다. 퇴행을 조장하는 지도자들의 경우 반대파의 결집보다 자신의 본래 지지층의 투표율 저하가 더 위험하다는 내 예상을 떠올려보자. 이런 정치인들은 양극화 담론으로 기울 것이다. 이 명제는 정치인으로서 트럼프가 최소한 초기에 직면한 상황을 잘 포착한다.

트럼프가 대중과 소통하는 방식은 대개 소셜 미디어를 통해서였다. 2020년까지는 주로 트위터였고, 이곳에서 이 연구를 위해 단어와 문장을 수집했다.[9] 2017년 10월에 올린 전형적인 양극화 조장 트윗에서는 "존재하지도 않는 허위의 트럼프/러시아 '공모'를 살피면서 악의적인 정치를 위해 이런 끔찍한(그리고 우리나라에 나쁜) 마녀사냥을 이용하고 있다"며 민주당을 비방했다.[10] 제도를 때리는 트윗들도 거칠었다. 트럼프가 민주주의 제도를 헐뜯었을 때, 표적은 주로 언론이었다. 2018년 4월에 올린 트윗이 대표적인데, 그는 "망해가는 〈뉴욕 타임스〉 …… 편향된 신문에서 나온 또 하나의 가짜 뉴스일 뿐!"이

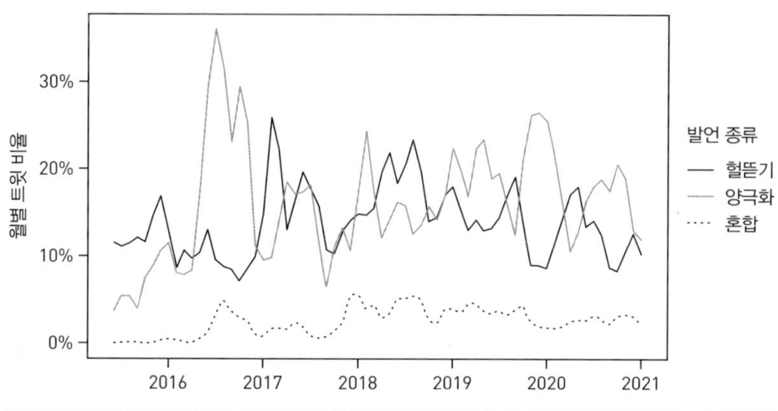

주: 2015~2020년 트럼프의 트윗에서 순수한 헐뜯기 트윗, 순수한 양극화 트윗, 혼합 트윗의 비율(2개월 이동 평균).

라며 권위 있는 이 신문을 비판했다.

2015년부터 2020년까지의 트윗에서 트럼프는 민주주의 제도 헐뜯기보다 양극화를 선호했다. 그림 6.3은 특히 트럼프의 첫 임기 후반에 당파적 비방이 우세했음을 보여준다. 제도 비방과 당파적 공격을 결합한 혼합 범주의 트윗 수가 가장 적었다.

따라서 이런 증거는 헐뜯기와 양극화의 개념적 구분이 순전히 이론에 그치지 않고 퇴행을 조장하는 대통령들의 발언에서 실제로 나타남을 보여준다. 이 대통령들이 단일 발언에서 정당 비판과 제도 비판을 항상 혼합하는 것은 아니었다. 사실 혼합 발언의 수가 세 가지 범주 중에서 가장 적었다. 제도 변화에 특히 야심을 가진 지도자들은 민주주의를 헐뜯는 경향이 있을 것이라는 내 예상도 증거와 일치한다. 상대편의 결집을 자기편의 결집보다 덜 신경써도 되는 상황이라면, 양극화의 단점은 줄어든다.

민주주의 헐뜯기는 유권자에게 어떤 영향을 미칠까

퇴행적 지도자들이 자국의 제도를 헐뜯는다면, 추정컨대 그들은 유권자들에게 영향을 미치기를 기대할 것이다. 내 예상에 헐뜯기는 반대파의 반발을 불러오지 않으면서도 퇴행적 지도자의 핵심 지지층 눈에 비치는 제도의 이미지를 손상시킬 것이다. 심지어 헐뜯기는 반대편 유권자들에게 냉소주의를 유발해 그들이 결집하지 못하게 할 수도 있다. (제도적 냉소주의는 자신의 지지 기반도 집어삼킬 때만 퇴행적 지도자에게 문제가 된다.) 이 절에서는 지도자들이 민주주의 제도를 헐뜯을 때 유권자들의 반응을 연구한다.

튀르키예 설문조사

2022년 시카고 대학교 민주주의 연구소와 코치 대학교는 10년 이상 민주주의 침식을 경험해온 나라인 튀르키예에서 설문조사 실험을 실시했다. 우리는 튀르키예 유권자 1553명을 설문조사했다.[11] 중요한 민주주의 제도인 지방 정부에 대한 대통령의 부정적 발언에 유권자들이 어떻게 반응하는지 평가하는 것이 목적이었다. 대조군은 튀르키예의 어떤 지방 정부는 잘 작동하고, 어떤 지방 정부는 부패했다고 설명하는 진술을 읽었다. 실험군은 에르도안 대통령의 비판적인 진술을 읽었는데, 이는 야당이 지배하는 지방 정부에 대해 대통령이 실제로 한 진술이었다.

대조군이 읽은 진술은 다음과 같았다.

> 지방 정부의 경우, 어떤 곳은 효율적이고 주민의 이익을 최우선시하는 반면, 어떤 곳은 비효율적이고 부패했다.

에르도안 실험군은 다음 진술을 읽었다.

> 지방 정부의 경우, 어떤 곳은 효율적이고 주민의 이익을 최우선시하는 반면, 어떤 곳은 비효율적이고 부패했다.
> 지방 정부에 대한 연설에서, 에르도안 대통령은 이렇게 말했다. "야당이 지배하는 지방 정부는 쓰레기를 의미하고, 대기오염을 의미합니다. 야당의 지방 정부 지배는 부패, 뇌물, 금지, 가난을 의미합니다."

여기서 에르도안은 지방 정부를 폄훼하면서 그 결함을 야당 탓으로 돌린다는 점에 주목하자. 따라서 이것은 민주주의 폄훼 메시지와 양극화 메시지를 결합하는 혼합 진술이다.

설문 참여자들에게는 다음 질문에 답하며 튀르키예 지방 정부를 평가해달라고 요청했다.

> 튀르키예에서 지방 정부를 고려할 때, 지방 정부 공무원들이 주민을 위해 최선을 다한다고 생각하는가, 아니면 자기 이익을 추구한다고 생각하는가?

참여자들에게는 "모든 지방 정부 관리가 자기 이익을 추구한다" 아니면 "모든 지방 정부 관리는 주민을 위해 최선을 다한다"에 얼마나 많이 동의하는지 알려달라고 요청했다.[12]

나는 대통령과 여당인 정의개발당 지지자들과 그 반대자들이 다르게 응답할 것이라고 예상했다. 정의개발당 지지자들은 자신들 지도자의 비방에 더 반응을 보일 것이 분명했다. 그리고 실제로 대통령의 지방 정부 비방은 지방 정부에 대한 대통령 지지자들의 시각을 악화시켰다. 결과는 통계적으로 유의미했는데, 그림 6.4에서 볼 수 있다. 검은색 점은 대조군(위)과 에르도안 실험군(아래)에서 정의개발당 지지자들에 해당한다.[13] 지방 정부에 대한 대통령의 가혹한 평가를 읽은 정의개발당 지지자들은 이를 읽지 않은 같은 당 지지자들보다 튀르키에 지방 정부에 대해 더 회의적이었다.

야당 지지자들은 대통령의 비판에 덜 영향받을 것이라고 예상해 볼 수 있다. 그러나 야당 지지자들이 대통령의 진술에 반대로 반응했을까? 즉 야당 지지 유권자들은 대통령의 비난에 반대로 반응해서 지방 정부를 더 긍정적으로 보았을까? 사실 야당 지지자들은 에르도안의 비판에 긍정적인 방향으로도, 부정적인 방향으로도 움직이지 않았다. 이는 그림 6.4에서 위와 아래의 회색점을 비교해보면 알 수 있다.

이런 결과는 민주주의 헐뜯기가 양극화보다 유리하다는, 즉 헐뜯기가 야당 지지 유권자들의 반발 위험이 적다는 이론과 일치한다.[14] 하지만 앞서 지적했듯이, 이 실험은 유권자들의 인식에 끼친 헐뜯기의 영향을 명확하게 검증하지 못한다. 에르도안은 야당이 주도하는

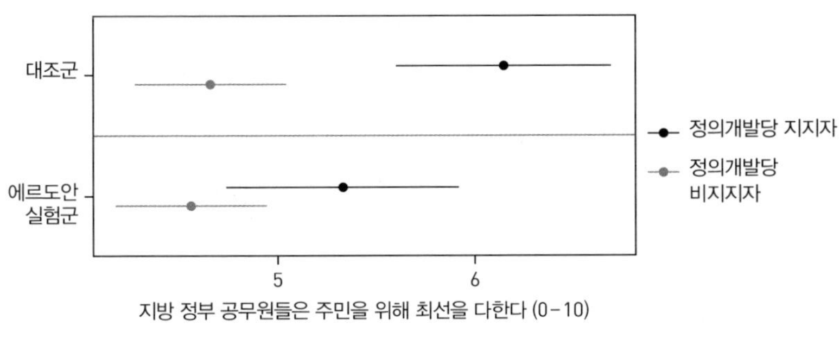

주: 점은 대조군과 실험군에서 "지방 정부가 최선을 다한다"에 동의하는 평균 수준이다. 선은 95퍼센트 신뢰 구간이다.

지방 정부를 헐뜯었다. 실험에서 야당의 이름을 거론하지는 않았지만, 그래도 이는 마땅히 양극화와 제도 때리기의 요소가 모두 있는 혼합 진술로 간주해야 한다.

멕시코 설문조사

민주주의 헐뜯기의 영향을 더 명확하게 검증하기 위해 나는 시카고 대학교 민주주의 연구소에서 나와 세야, 치나르, 우리베로 구성된 우리 연구진이 수행한 설문조사 실험으로 돌아가기로 했다.[15] 우리는 수평적 책임성, 즉 지위가 동등한 부처들이 행정부를 견제할 수 있는 능력의 침식을 사람들이 용인하는 데 대통령의 헐뜯기가 미치는 영향을 탐구하도록 실험을 설계했다. 이번 연구 대상은 행정부의 사법부 공격이었다. 수사적 공격은 사법부가 행정부의 보조적 역할을 해야 한다고 멕시코 대중을 설득할까? 사법부 헐뜯기는 제도적 허무주의를 증가시킬까? 사법부 헐뜯기는 야당 지지자들에게 어떤 영향을 미칠까? 즉 사법부 헐뜯기는 반발을 초래해 야당 지지자들을 결집시켜 공격받는 기관을 지지하도록 할까? 아니면 기관 비방으로 야당 지지자들을 결집하지 못하게 할까?

이를 알아보기 위해 2023년 9월 설문조사를 실시했다. 이 설문조사는 양극화 발언이 아니라 대통령의 사법부 비판이 핵심이어서 '순수한' 헐뜯기의 효과를 검증할 수 있도록 했다. 응답자들은 무작위로 로페스 오브라도르 대통령의 두 가지 발언 중 하나를 읽도록 배정되었다. 두 발언 모두 멕시코 사법부에 대한 것이었으며, 하나는 온건한 발언이고, 다른 하나는 비방하는 발언인데, 비방하는 발언은 다음과 같다.

> 하지만 슬픈 현실은 사법부가 오늘날 비효율과 부패로 만신창이가 되었다는 것입니다. 화이트칼라 범죄와 조직 범죄가 사법부를 접수했습니다. 판사들은 돈에 영향을 받기 일쑤여서 범죄자들에게 보호막을 제공합니다. 그들은 정직한 사람들이 아닙니다. 사법부는 썩었습니다. 우리 사법 체계는 세계에서 제일 값비싸고 제일 비효율적인 사법 체계 중 하나입니다. 우리는 망가진 체계에 시민들의 세금을 낭비하고 있습니다. 사법 권력은 개혁이 필요합니다.[16]

이 진술은 중요한 민주주의 제도 하나를 헐뜯는 사례다. 이는 판사들의 개인적 부패 사례를 과장한다. 로페스 오브라도르는 자신의 정부가 멕시코 사법부의 독립성을 축소하려고 노력하는 가운데 이런 발언을 했다.[17]

실험에서 우리는 반민주적 태도를 조사하기 위해 설계된 질문들에 응답자들이 동의하는지 물었다. 대통령은 자신에게 반대하는 판사를 해임할 수 있고 자신에게 불리한 법원 판결에 불복종해도 되는가? 대통령은 사법부와 여타 기관들보다 더 많은 권력을 가져야 하는가? 그리고 응답자들은 다음 진술에 동의해 제도에 대한 허무주의를 표명하는가? '우리는 우리 정치 제도의 문제를 해결할 수 없으므로, 이를 무너뜨리고 처음부터 다시 시작할 필요가 있다.'

야당 지지자들이 헐뜯기에 어떻게 응답하는지 알아보기 위해 그림 6.5를 살펴보자. 그림에는 반발의 증거가 없다. 적어도 멕시코에서는 법원에 관한 한, 퇴행을 조장하는 지도자의 법원에 반대하는 발언은 야당과 여당 지지자들 모두 같은 방향으로, 즉 법원에 대해 더 냉소적이고 민주주의 제도에 대해 더 회의적인 방향으로 움직이게 했다. 그림 6.5에서 제도혁명당이나 국민행동당, 민주혁명당과 일체감이 있는 '야당' 응답자들은 더 회의적으로 되었는데, 네 가지 사례 중 세 가지에서 통계적으로 유의미했다. 제도에 대한 허무주의를 조사하는 질문에 대한 응답에서 야당 지지자들은 더 냉소적이었지만, 유의미한 정도는 아니었다.

그러나 어떤 경우에도 대통령의 비방이 야당 유권자들의 반발을 유발해 더 민주적인 태도를 갖게 하거나, 사법부를 더 신뢰하게 만들지는 않았다. 그런 결과가 있었다면 야당 지지자들의 신뢰 수준이 0 아래로 떨어져 가로축에서 왼쪽으로 향했을 것이다.

로페스 오브라도르의 법원 헐뜯기는 무당파에게도 제도에 대한 허무주의를 조장했지만, 다른 질문들에서는 강하게 영향을 주지 못했

그림 6.5 민주주의 제도에 대한 헐뜯기와 멕시코인의 인식(응답자의 지지 정당별)

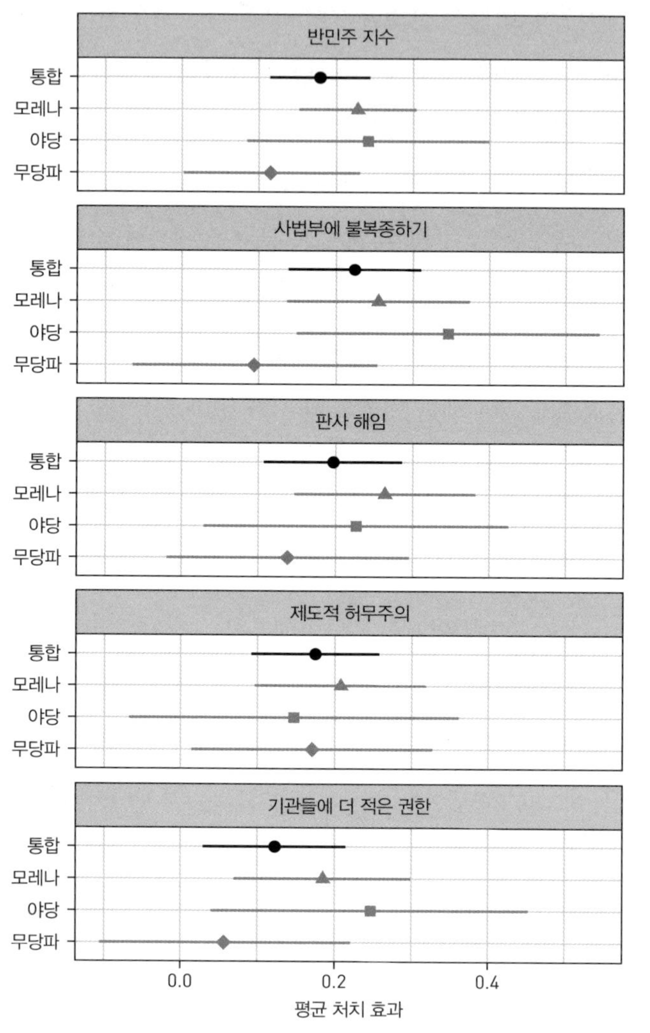

주: 점은 각 정당 지지 집단의 평균 처치 효과(처치를 받은 집단(실험군)과 처치를 받지 않은 집단(대조군) 차이의 평균. 이를 통해 특정 처치가 전체 집단에 미치는 평균 영향을 파악함—옮긴이)를 나타낸다. 선은 95퍼센트 신뢰 구간을 의미한다. '통합'은 모든 응답자를 포함한다. '모레나(MORENA, 국가재생운동당)'는 여당 지지자를 나타낸다. '야당'은 제도혁명당·국민행동당·민주혁명당과 일체감이 있는 응답자들을 포함한다. 무당파는 아무 정당과도 일체감이 없는 응답자들이다. 자료 출처는 Cella et al. (2025).

다. 사법부에 대한 대통령의 거친 발언을 접한 무당파는 대조군보다 '우리는 우리 정치 제도의 문제를 고칠 수 없다'에 동의할 가능성이 더 높았다. 이런 냉소주의는 퇴행을 조장하는 지도자들에게 반드시 문제가 되지는 않는다. 그들은 무당파를 자신들의 진영으로 끌어오고 싶어 할지도 모르겠지만, 냉소적이고 결집력 없는 무당파는 냉소적이고 결집력 없는 야당 지지자들처럼 퇴행적 지도자에게 도움이 된다.

요컨대 튀르키예와 멕시코에서 실시한 실험은 지방 정부나 연방 법원 등 국가 기관에 대한 대통령의 적대적인 언어가 퇴행적 지도자의 지지자들에게는 반민주적 인식을 자극하지만, 반대파에서는 친민주적 반발을 자극하지 않음을 보여준다.

양극화 언어나 헐뜯기는 유권자들의 태도를 형성하는 데 다른 것보다 분명히 더 효과적일까? 마이클 앨버터스와 가이 그로스먼(Guy Grossman)의 연구는 이 문제에 추가적인 통찰을 제공한다. 이들 연구의 요지는 제도에 대한 비판은 정당 양극화 발언만큼이나 유권자들에게 설득력이 있어 보인다는 것이다.

앨버터스와 그로스먼은 브라질·멕시코·미국의 설문조사 응답자들에게 가상의 나라에서 가상의 대통령에 의한 법원 개혁을 지지할지 물었다.[18] 연구자들은 가상의 대통령이 법원 개혁을 위해 제시하는 논거에 변화를 주었다. 두 가지 논거는 야당을 거론했고, 따라서 양극화 발언과 유사했다. 세 번째 논거는 제도 개혁에만 초점을 맞추었고, 따라서 헐뜯기와 유사했다.

정당과 관련된 처치부터 보면, 저자들이 '양극화'라고 부르는 처치는 대통령과 법원의 이념적 불화를 강조한다.

> **양극화:** "대통령은 현재의 판사들이 나라의 핵심 가치를 위태롭게 할 정
> 도로 **이념적으로 편향**되어 있어서 법원 개혁은 **상대 진영의 이념**을 억제하
> 기 위해 필요하다고 주장한다."[19]

저자들이 '절차적 정당성'이라 부르는 두 번째 처치는 판사들의 편향
을 야당 정치인들 탓으로 돌린다.

> **절차적 정당성:** "대통령은 **현재의 야당**이 집권했을 때 여러 우호적인 판
> 사를 임명할 수 있도록 지명 절차를 완화했으므로 현재 대법원 구성은
> 정당하지 않다고 주장한다."

"상대 진영의 이념"과 "야당"이 법원의 편향에 책임이 있다고 강조한
다는 점에서, 이 두 처치는 법원을 험담하기 위한 양극화 또는 혼합
시도를 반영한다.

그러나 세 번째 처치는 야당 언급을 피한다.

> **다수결주의:** "대통령은 자신이 선거에서 승리해 부여받은 권한으로 **다수
> 의 이익과 우선 사항을 증진할** 판사를 임명할 책임이 있다고 주장한다."

이는 분명 순한 비판이어서, 로페스 오브라도르가 국가선거위원회를
"부패"했고 "대통령보다 더 많이 벌어서 헌법을 위반하고 있다"고 표

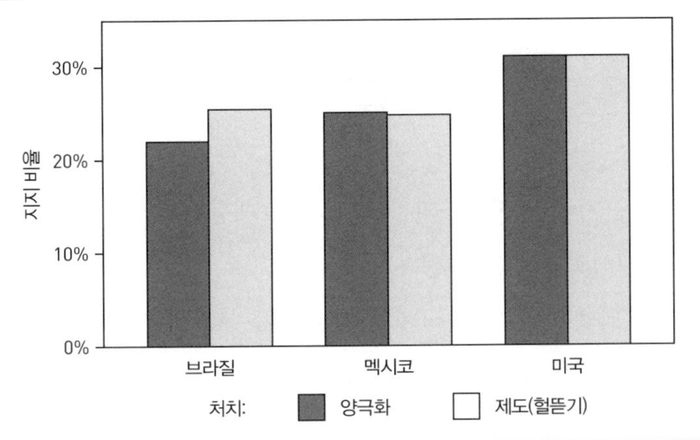

주: 자료 출처는 Albertus and Grossman (2021). '양극화'는 저자들의 양극화와 정당성 처치에, '제도'는 '다수결주의' 처치에 해당한다. 막대는 양극화 정당화 또는 제도적 정당화와 함께 제시되었을 때 정치인의 법원 개혁을 지지한 모든 응답자의 비율을 나타낸다. (이 비율은 앨버터스와 그로스먼의 비가중치 데이터에 기초한다.)

현하거나, 차베스가 베네수엘라 민주주의를 "죽어가는 민주주의여서 공화국이 끝장"났다고 표현할 때의 신랄한 맛이 없다.[20] 그렇지만 앨버터스와 그로스먼의 다수결 처치는 대통령이 법원 구성을 바꾸지 않는다면, "다수의 이익과 우선 사항"이 계속 도외시될 것이라고 암시한다.

그림 6.6에서 볼 수 있듯이, 브라질·멕시코·미국의 응답자들은 법원 개혁을 어느 정도 용인했다. 중요한 것은 양극화 정당화와 헐뜯기 정당화가 똑같이 설득력이 있었다는 점이다. 그림 6.6에서 검은 막대와 회색 막대의 높이가 대체로 비슷하다는 점에서 이 둘의 영향력이

대등함을 알 수 있다.

이 그림은 자국에서 퇴행을 조장하는 지도자에게 투표했다고 말한 사람들과 그렇지 않은 사람들의 응답을 구분해 보고하지는 않는다. 그러나 그렇게 하면, 퇴행적 지도자의 지지자들이 법원 개혁에 특히 관대했다는 점이 드러난다. 앨버터스와 그로스먼이 관찰했듯이, 이 응답자들은 가상의 지도자의 행동과 자국 대통령의 행동이 유사하다는 점을 인식하고 있는 듯했다.

요컨대 퇴행을 조장하는 지도자들은 자국의 민주주의 제도를 훼손하고 싶을 때, 그리고 대중의 지지를 너무 많이 잃지 않으면서 그렇게 하고 싶을 때 의지하는 수사적 도구 세트가 있다. 그들은 유권자들을 양극화할 수도 있고, 분주하게 훼손하고 있는 제도를 폄훼할 수도 있다. 양극화는 그들의 지지 기반을 활성화하지만, 상대편 지지자들이 반발할 위험이 있다. 이런 반발로 그들은 투표장이나 거리로 나서거나 정치 자금을 기부할 것이다. 그리고 양극화는 무당파를 멀어지게 할 위험이 있다. 민주주의 제도를 헐뜯으면 이런 위험은 줄지만, 퇴행적 지도자의 지지층 사이에 의도치 않게 냉소주의가 퍼지면서 결집력 약화 같은 다른 위험이 증가한다. 지도자들은 멕시코와 베네수엘라, 미국 대통령이 시사한 방식으로 절충점을 모색한다.

각 전략은 저마다 효과가 있다. 앞서 보여주었듯이, 양극화는 퇴행적 지도자의 지지층이 지도자에게 반발하지 않도록 막아주고, 헐뜯기는 지도자가 제도를 훼손할 때 반대 목소리를 잠재우는 것 같다. 그리고 헐뜯기는 반대편 지지자들과 무당파의 반발을 비켜가면서 그렇게 한다.

양극화 발언과 민주주의 폄훼 발언은 철두철미한 속임수보다는 과장을 수반할 수 있다. 양극화를 조장하는 대통령들은 야당을 실제보다 더 극단적이고 여당과 갈등을 빚는 모습으로 종종 묘사한다. 헐뜯기는 공공 기관의 부패와 비효율성, 엘리트주의를 과장하지만, 대체로 일부는 진실에 근거한다.[21]

그러나 때로 양극화와 폄훼 전략에는 철저한 조작이 필요하다. 낮을 밤이라 하고, 위를 아래라 하며, 진 선거를 도둑맞았다고 하는 식이다. 퇴행적 지도자들이 과장에서 위선으로 넘어갈 때, 그리고 거짓말이 터무니없는 지경이 될 때, 왜 어떤 사람들은 그것을 믿을까? 지지자들이 그 거짓말을 믿느냐 믿지 않느냐는 퇴행을 조장하는 지도자들이 무대에서 사라질지 아니면 자국의 민주주의를 계속 위협할지의 차이를 만든다. 왜 사람들이 터무니없는 생각, 민주주의를 위협하는 대통령과 수상에게 유리한 그런 생각에 빠져드는지 설명하려면 인간의 인지와 감정의 신비를 더 깊이 파고들어야 하고, 이것이 다음 장의 주제다.

퇴행적 지도자를 지지하는 심리학적 배경

우리가 한 투표를 차베스와 〔현재 베네수엘라 대통령 니콜라스〕 마두로의 계열사가 소유한 회사가 독일과 에스파냐에서 집계합니다. 여러분은 이것이 사실이라고 믿은 적 있습니까?

—루디 줄리아니(Rudy Giuliani), 도널드 트럼프의 변호사이자 고문,

2020년 11월 19일

누구나 때로는 거짓말을 한다. 이는 전형적인 지도자나 퇴행적 지도자나 마찬가지다. 그러나 퇴행을 조장하는 지도자들은 특히 부정직하기 쉽다. 선거운동 기간과 임기 초에 그들은 자신들의 의도를 은밀히 숨긴다.[1] 그리고 임기 내내 시치미를 떼야 할 이유들이 있다. 그들의 전술서를 따른다는 것은 규칙과 법을 어긴다는 의미다. 내부고발자와 검사들의 책임 추궁을 피하기 위해 퇴행적 지도자들은 얼버

무린다. 유권자들을 다루기 위해서도 퇴행적 지도자들은 자신들의 행동과 동기를 거짓말로 둘러댄다.

퇴행적 지도자들이 기자와 팩트체커들을 바쁘게 만드는 것은 놀랄 일이 아니다. 그들은 그냥 거짓말을 하는 데 그치지 않고 진짜 엄청난 거짓말까지 한다. 〈워싱턴 포스트〉의 팩트체크에 따르면, 트럼프는 첫 임기 중에 3294회의 '새빨간 거짓말'('피노키오' 4개)을 기록했다(〈워싱턴 포스트〉는 정치인들의 발언을 팩트체크해서 거짓말의 정도에 따라 피노키오를 1개에서 4개까지 부여한다. 4개는 가장 명백한 거짓말에 해당한다—옮긴이).[2] 최근에 여러 나라에서 빈발하는 부정선거 주장은 이런 허위성을 대놓고 드러낸다. 엘살바도르에서 압승으로 재선되기 전에 나이브 부켈레 대통령은 향후 발생할 부정행위와 자신의 지지자들이 투표소에서 배제될 가능성을 증거도 없이 경고했는데, 이는 "도널드 트럼프의 전술서에서 그대로 가져왔을 법한" 수법이었다.[3]

거짓말을 하는 것보다 더 놀라운 사실은 그 말을 믿는다는 것이다. 시민들은 왜 거짓 정보를 믿을까? 줄리아니의 질문을 바꿔 묻자면, 도대체 왜 어떤 사람들은 그것을 사실이라고 믿을까?

이 장에서는 유권자들의 믿음에 끼치는 영향을 검토한다. 연구에 따르면, 이 영향은 복합적이다. 잘못된 믿음은 비판적 사고 대신 직관에 너무 심하게 의존하거나 자신의 인지 편향을 교정하지 못할 때처럼 개인 내부의 결함으로 인해 강화될 수 있다. 또한 잘못된 믿음은 사람들이 접하는 정보와 그에 대한 반응에 영향을 줄 수 있는 엘리트의 신호와 사회적 강화처럼 개인 외부의 힘에 의해서도 강화될 수 있다.[4] 나는 먼저 유권자들 믿음의 합리적 근거를 탐구해 분별력 있는 시민들이 억지 주장을 믿게 되는 이유를 이해해보려 한다. 합리적인 사람도 세상에 대한 억지스러워 보이는 사실을 실제로 믿을 수 있다는 것이 요지다. 그런 다음, 정치인의 수사와 그에 대한 유권자 반응의 정서적 차원을 파헤쳐본다.

사람들은 왜 정치에 대한 터무니없는 믿음을 받아들일까

많은 사람이 겉보기에 전혀 일어날 법하지 않은 '사실들'을 믿는다. 다음은 그런 예들이다.

- 미국: 2008년 금융 위기는 "연방준비제도의 영향력을 확대하고 더 나아가 세계 경제에 대한 지배력을 강화하기 위해 소수의 월스트리트 은행가들이 비밀리에 획책"했다.[5]
- 영국: 자유민주당 지도자가 새총으로 다람쥐를 쐈는데, 그 수가 너무 많아 동물 권리 단체로부터 비난을 받았다.[6]
- 시리아: 내전 중에 발생한 화학무기 공격의 책임은 아사드 정부가 아니라 반군에게 있었다.[7]
- 미국: 민주당의 한 비밀조직이 (사망한) 베네수엘라 독재자의 도움을 받아 2020년에 트럼프의 승리를 훔쳤다.

여러분은 극소수의 아주 순진한 사람들만이 이런 일들을 '사실'로 받아들인다고 생각할지도 모른다. 그러나 2011년 미국 설문조사 응답자의 4분의 1은 2008년 금융 위기가 연방준비제도와 월스트리트의 세계 지배 시도였다는 주장에 동의했다. 10명 중 1명은 "미국 정부가 소형 형광등으로 교체하도록 의무화한 것은 그런 조명이 사람들을 더 순종적이고 통제하기 쉽게 만들기 때문"이라는 주장에 동의했다.[8]

억지스럽든 바보 같든 이런 주장은 악의적인 정치인들에게 도움이 될 수 있다. 그리고 사람들이 잘 속아 넘어간다고 비웃고 싶을지도 모르겠지만, 사회과학은 우리가 그러기 전에 한 번 더 생각해볼 이유를 제시한다.

베이즈주의와 믿음

먼저, 사실에 대한 우리의 믿음 가운데 아주 일부만 직접 경험에 기초한다는 점을 인정하자.[9] 나는 오늘 아침에 무엇을 먹었는지 알고, 우리 아이들의 생일도 안다(내가 현장에 있었기 때문이다). 지구가 태양 주위를 돌고, 내가 재직 중인 대학교가 1890년에 설립되었으며, 미국과 캐나다의 국경이 표준 지도에 잘 표시되어 있다고 나는 아주 확신한다.

지구 궤도나 캐나다-미국 국경의 위치에 대한 이런 믿음에 대한 확신은 여러 가지 핵심 요소에 근거한다. 하나는 비록 직접 경험한 것은 거의 없지만, 이런 사실에 부합하는 많은 정보를 오랜 세월에 걸쳐 받아왔다는 점이다. (물론 일부는 직접 경험했다. 나는 캐나다와 미국 국경을 차로 많이 건넜고, 국경은 언제나 지도에 표시된 곳에 있었다.) 또한 나는 그런 사실에 반하는 메시지를 받은 바 없다. 태양이 지구 주위를 돈다는 (아주 직관적인) 이론이 수 세기 전에 반증되었다는 것을 나는 알고 있으며, 아무도 나에게 옛날 주장으로 되돌아가야 한다고 말한 적이 없다. 그리고 지도 제작자들이 캐나다와 미국의 국경 위치에 대해 독자를 속이고 싶어 할 이유를 나는 딱히 찾을 수 없다.

하지만 이런 조건들이 들어맞지 않는 상황을 상상해보자. 미국의 노스다코타주와 캐나다의 서스캐처원주 사이의 국경은 지도에 표시된 것보다 남쪽으로 30마일 아래에 있어야 마땅하다고 주장하는 자료를 내가 접했다고 상상해보자. 그 자료가 황당무계해 보일 경우 나는 이를 무시한다. 그러나 그것이 확고한 역사 연구로 보인다면, 국경 위치에 대한 나의 확신은 줄어들지도 모른다. 표준 지도 제작에 사악하고 이기적인 동기가 스며들었다고 내가 설득되었다면, 더욱 그럴 것이다.

이런 시나리오는 억지스럽지만, 우리의 믿음이 변화할 수 있는 방식을 예시한다. 그리고 '우리가 안다고 생각하는 것을 어떻게 아는가?'라는 질문에 답할 때 우리가 마주치는 딜레마를 이 시나리오는 잘 보여준다. 이 질문에 답하는 데 널리 인정받는 틀 하나가 베이즈주의〔Bayesianism: 새로운 증거가 나타날 때마다 기존 믿음을 합리적으로 업데이트하는 방식을 말하며, 19세기 영국 통계학자 토머스 베이즈(Thomas Bayes)의 이론에서 유래한다―옮긴이〕 인식론과 확률론이다. 기본 개념은 이렇다. 사람들은 어떤 사실이 옳을 가능성에 대한 사전 인식이 있고, 관련된 새로운 정보를 받으면 이 정보를 사전 인식과 결합해 사실의 정확성에 대한 새로운 생각에 도달한다는 것이다. 이때 처음 확률은 **사전 추정치**이고 마지막 확률은 **사후 추정치**다.

양극화된 세계에서 베이즈주의 접근법이 사람들이 정치적 사실을 생각하는 방식과 잘 맞는지에 대해서는 의문이 제기되어왔다. 사람들이 자신의 믿음을 업데이트하는 데 사용할 정보를 선별하고 그 정보를 처리할 때, 당파적 편향을 반영한다고 의심할 만한 충분한 이유가 있기 때문이다.[10] 사람들의 믿음은 정보만이 아니라 그 정보의 출처와 그 출처에 대해 느끼는 감정에 의해서도 형성된다. 황당한 정보의 출처가 자신이 정서적으로 애착을 느끼거나 심지어 아주 좋아하는 지도자라면, 사람들은 그 정보가 아무리 황당하더라도 믿을 가능성이 높다.

이 장의 뒷부분에서 심리학에서 익숙한 이런 이론들로 돌아올 것이다. 그렇지만 베이즈주의 실험은 합리적인 사람들이 심리적 영향이나 왜곡 없이도 명백히 거짓으로 보이는 '사실'을 믿게 될 수 있음을 보여주는 데 유용하다.

이런 단점을 염두에 두면서, 베이즈주의 논리를 따르는 사람이 부정선거에 대한 믿음을 어떻게 형성하는지 살펴보자. 예를 들면, 방금 치러진 선거에서 패배한 후보자가 자신이 대규모 부정선거의 희생자라고 불평하는 것을 한 유권자가 들었다고 해보자. 이 유권자는 부정선거 발생률에 대한 자신의 사전 믿음과 부정선거 주장의 빈도에 대한 관찰을 함께 활용해, 실제로 부정이 발생했는지에 대한 새로운 믿음에 도달할 것이다.

유권자의 사전 확률 추정치는 어떠할까? 그 사람은 대규모 부정선거의 전반적인 빈도에 대한 생각이 있어야 할 것이다. 만약 그 사람이 미국 시민이고 전문가 의견에 의존한다면, 그 확률은 아주 낮을 것이다. 후하게 100번의 선거 중 1번(1퍼센트)이라고 치자. 또한 정치인들이 부정선거가 실제로 일어난 때(진짜양성)와 일어나지 않은 때(가짜양성) 얼마나 자주 부정선거를 주장하는지에 대해서도 생각이 있어야 할 것이다. 아마도 이 사람은 광범위한 선거 부정이 일어날 때마다 그 희생자가 항의할 것이라고 믿는다. 그래서 나는 진짜 부정선거의 경우 그 희생자가 정당하게 비난할 확률이 100퍼센트라는 가정을 추가하겠다. 더 나아가 100번의 선거 중 부정선거 주장이 7번 제기된다고 해보자. 이는 그 7번 중 6번은 거짓이라는 의미다. 그럼 99번의 선거 중 6번꼴로 거짓 주장이 나오는 셈인데, 6퍼센트 조금 넘는 비율이다.

베이즈 정리에 따르면, 선거 후 부정선거 주장을 들은 유권자는 그것이 참일 확률이 14퍼센트라고 결론내려야 한다. 그러니까 부정선거 주장을 듣는다면, 100번 중 86번은 그 말을 믿지 않아야 한다.[11]

이 장의 뒷부분에서 인용한 설문조사에 따르면, 미국인 3명 중 1명은 2020년 선거 이후의 부정선거 주장을 믿는 것으로 나타났다. 이는 방금 제시한 분석보다 부정선거를 믿는 비율이 훨씬 높다는 뜻이다. 미국인들이 비합리적인 것일까?

반드시 그렇지는 않다. 베이즈주의 분석의 한 가지 가정은 사전 믿음의 원천인 과거 양상이 미래의 좋은 인도자라는 점이다. 그러나 그렇지 않다면 어떻게 될까? 민주주의가 침식될 때, 시민들은 엉망진창이 된 세계에 들어왔다고 느낄지도 모른다. 세련된 유권자라도 이전에는 거의 들어본 적 없는 부정선거 불평을 갑자기 수없이 듣기 시작할 수도 있다. 유권자는 이 주장이 거짓이라고 결론내리는 대신,

드물었던 부정선거가 이제는 훨씬 더 흔해졌다고 결론내릴지도 모른다.[12]

우리의 가상 시민은 이제 결과가 바뀔 만한 부정이 100번의 선거 중 10번은 일어난다고 믿을 것이다. 가짜양성 확률과 가짜음성 확률을 이전 사례와 같게 유지하면, 베이즈 정리는 이제 부정선거 주장이 옳을 확률이 60퍼센트라는 답을 내놓는다. 10번의 선거 중 6번이라면, 우리의 가상 유권자는 부정선거 주장을 진지하게 받아들여야 한다.

이 실험의 요지는 자기 믿음의 정확성을 검증하려는 사람들이 진짜 난관에 봉착한다는 점이다. 그리고 친숙했던 세계가 이제는 뒤죽박죽된 것 같다면, 예전에는 터무니없어 보였던 일이 이제는 그럴듯하게 보일 수 있다.

미국인의 부정선거 인식

이 분석을 고려하면, 우리는 아마도 미국 유권자들의 믿음에 놀라지 않을 것이다. 미국인 수백만 명이 2020년 대선에서 민주당이 대규모 부정을 획책해 선거를 '훔쳤다'고 하는 '거대한 거짓말(Big Lie)'을 믿었다.[13] 하지만 이런 유권자들의 인식조차도 항상 빈틈이 없지는 않았다. 일부는 시간이 흐르면서 부정선거 주장에 대한 확신이 강했다가 약해지기도 했고, 맹신이 비판적 사고로 무너지기도 했다.

공화당 지지자 대다수는 여론조사에서 바이든 대통령이 정당한 승자가 아니라고 일관되게 말했다.[14] 브라이트 라인 워치는 이런 인식을 입증한 여러 단체 중 하나다. 2020년 11월부터 2022년 11월까지

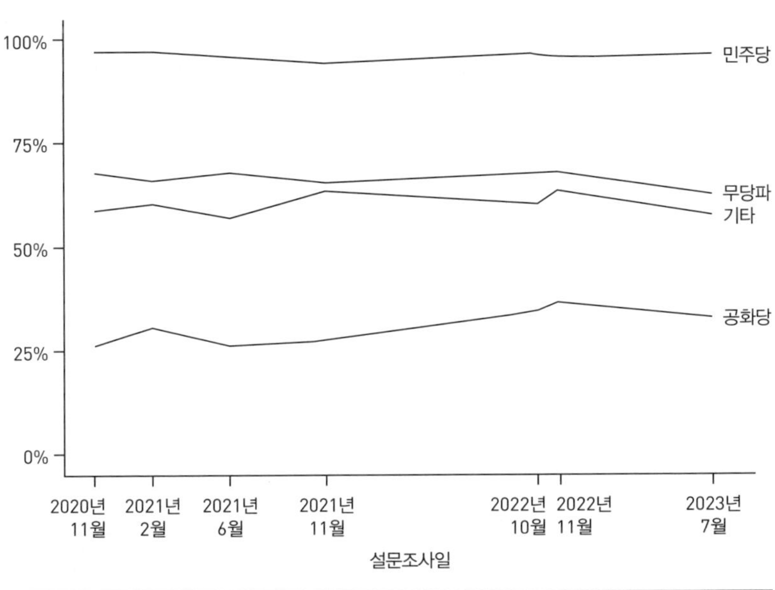

주: 자료 출처는 Bright Line Watch Survey, 2023년 6~7월. "조 바이든은 2020년 선거의 정당한 승자입니까?"라는 질문에 "확실히 그렇다" 또는 "아마 그렇다"라고 응답한 비율.

실시한 여섯 차례의 설문조사에서 우리는 "조 바이든은 2020년 선거의 정당한 승자입니까?"라고 물었다.[15] 그림 7.1은 바이든의 당선에 대한 공화당 지지자들의 지속적인 불신을 보여준다. 2020년 선거에서 바이든이 정당한 승자라고 대답한 공화당 지지자는 서너 명 중 한 명꼴이었고, 응답자의 3분의 2에서 4분의 3은 바이든의 승리가 정당하지 않다고 보았다.

상업적 매체의 여론조사에서도 만연한 불신이 확인된다. CNN은 분기별 설문조사에서 응답자들에게 다음과 같이 반복해서 물었다. "2020년 대통령 선거 결과를 생각하면, 조 바이든이 선거에서 이길 만큼 충분한 표를 정당하게 얻었다고 생각합니까, 아닙니까?"[16] 2021년 1월부터 2023년 7월까지 "아니요"라고 답한 공화당원과 공화당 성향 무당파 유권자의 비중은 63퍼센트에서 72퍼센트 사이를 오갔다.

일부 선거 회의론자는 2020년 선거를 '도둑맞았다'는 것을 실제로는 의심하면서도 설문조사에서는 다른 이유로 그렇다고 말했을지도 모른다. 그런 사람들은 전임 대통령에 대한 지지를 표하고, "응원" 차원에서 자신들의 당파심을 표명할 기회로 설문조사를 활용하고 싶어 했을 수도 있다.[17] 매튜 그레이엄과 오메르 야이르(Omer Yair)는 이런 응답 배후에 있는 그런 동기를 찾아내려고 여러 창의적인 기법을 활용한다.[18] 예를 들면, 응답자가 자신의 대답이 거짓임을 알면서도 당파적 이유에서 그렇게 답한 것이라면, 진실을 말하는 설문 응답자에게 금전적 보상을 제공할 경우 답변이 종종 바뀔 것이라고 지적하는 연구가 있다. 그러나 그레이엄과 야이르의 연구에서는 이런 유인으로 응답 양상을 많이 바꾸지 못했다. '거대한 거짓말'을 지지하는 응답자의 80~90퍼센트가 진지하게 지지한다는 것이 그들의 결론이다.[19]

사람들이 2020년 선거를 도둑맞았다고 말할 때 그것이 진심이었다 하더라도, 여론조사에서는 그 믿음이 시간이 흐르면서 하락하는 것으로 나타난다. 또는 적어도 그 믿음에 대한 확신 정도가 줄어들었다. 2021년에서 2023년 사이에 실시된 CNN 여론조사는 바이든이 정당하게 승리하지 않았다고 답한 응답자들에게 후속 질문을 했다. 그들의 견해가 '확실한 증거'에 근거했는지, 아니면 '단순한 의심'이

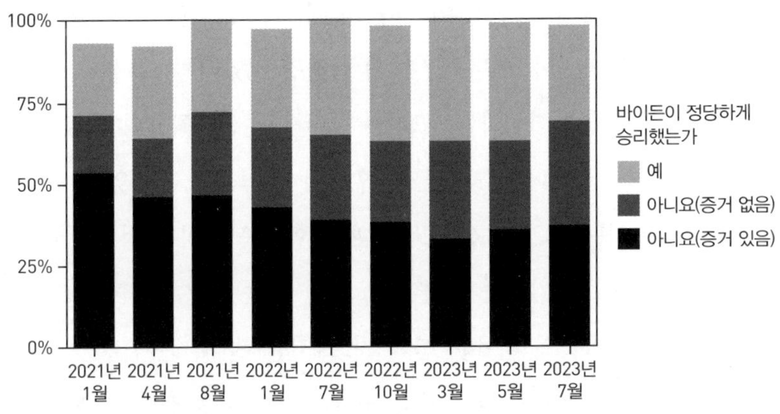

주: 자료 출처는 CNN 여론조사(CNN, 2023). 공화당원과 공화당 성향 무당층 가운데 바이든이 정당하게 이겼다고 믿는 비율('예', 연회색 막대), 그저 의심에 기초해서 바이든이 이겼다고 믿지 않는 비율('아니요', 증거 없음, 진회색 막대), 확실한 증거에 기초해서 믿지 않는 비율('아니요', 증거 있음, 검은색 막대). 바이든이 졌다고 답했으나 그 근거는 언급하지 않은 소수의 응답자는 '단순한 의심' 그룹으로 분류했다. 일부 응답자가 대답하지 않았기 때문에 막대의 합이 항상 100퍼센트인 것은 아니다.

었는지 물었다. 처음에는 절반 이상이 부정선거의 증거가 있다고 답했다. 그러나 그림 7.2가 보여주듯, 이렇게 답한 집단은 시간이 흐르면서 줄어들었다. '확실한 증거' 막대(검은색)는 시간이 흐르면서 줄어든 반면, '의심' 막대(증거 없음, 진회색)는 커졌다.

부정선거의 확실한 증거가 있다는 믿음의 하락은 시간이 흐르면서 잘못된 정보의 '주입량'이 줄었음을 반영하는 것일 수도 있다. 2021년에 트럼프에 대한 언론 보도가 줄어들었고, 그는 여러 소셜 미디어 네트워크에서 퇴출되었다. 이런 상황은 2023년 중반에 변했는데, 당시 그에 대한 기소가 증가했고, 그는 백악관으로 돌아가기 위한 선거운동을 본격적으로 시작했다. 그러나 '확실한 증거'가 있다고 답한 응답자 비율이 단순한 의심이라고 답한 응답자보다 적었던 적이 없다는 점에 주목하자. 이는 부정선거를 믿는 사람들의 절반 이상이 결코 개인적 의심에만 근거해서 답하진 않았다는 의미다.

선거의 공정성을 의심하는 공화당 지지자들에게 최고의 치료제는 2024년 대통령 선거에서 자신들의 후보가 승리하는 것이었다. 브라이트 라인 워치는 2024년 선거 직전과 직후에 선거의 공정성에 대해 사람들이 얼마나 신뢰하는지 물었다. 약간 또는 매우 신뢰한다고 답한 공화당 지지자들의 비율은 선거 전 54퍼센트에서 선거 후 90퍼센트로 급증했다.[20] 자신들의 후보와 당에 만족스러운 선거 결과가 유권자들의 신뢰 회복에 결정적인 역할을 한 것이 분명했다. 또한 그들의 반응은 십중팔구 사회과학자들이 말하는 **결과 호의성**이 강하게 작용한 듯하다. 즉 사람들은 자기편이 이길 때는 결과가 공정하다고 여기는 경향이 커진다. (자기편이 질 때는 그런 경향이 줄어든다.)[21]

사람이 믿음을 연마하려면 비판적 사고가 필요하다. 브렌던 나이언의 표현으로는, "사람들이 접하는 의심스러운 주장에 적절한 인지적 조사나 관심"을 기울일 필요가 있다.[22] 유권자들은 스스로 이렇게 물어볼 수 있다. **이 말을 하는 정치인은 나와 다른 사람들이 그것을 믿음으로써 큰 이익을 얻는다는 점을 고려해야 하지 않을까?** 또한 주장이 너무나 생소하기 때문에 자신의 경험은 아니더라도 최소한 상식이라는 기준에 비추어 그 주장을 의심할 수도 있다. (미국 선거의 **투표지를 독일과 에스파냐에서 집계한다고?**)

우리는 정규 교육을 더 많이 받은 사람일수록 비판적 사고에 더 능숙할 것이라고 예상한다.[23] 실제로 2020년과 2024년 사이에 부정

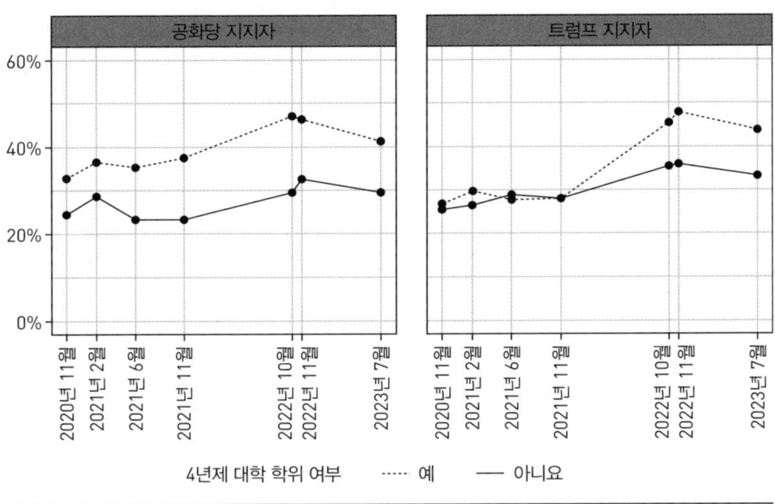

주: 자료 출처는 브라이트 라인 워치 설문조사. 세로축은 바이든이 '아마도' 또는 '확실히' 이겼다고 말한 응답자 비율이다.

선거 주장에 대한 회의론은 공화당 지지자들 사이에서 교육 수준과 관련이 있었다. 그림 7.3의 왼쪽 그림은 브라이트 라인 워치의 설문조사에서 바이든의 승리를 정당하다고 본 공화당 지지자들을 대학 졸업자 이상(점선)과 대학 미졸업자(실선)로 분류해서 얻은 비율을 보여준다. 오른쪽 그림은 트럼프 지지자들을 똑같이 분류해서 얻은 비율이다. 바이든의 승리가 정당하다는 믿음은 대학 졸업 이상의 공화당 지지자들과 트럼프 지지자들에게서 일관되게 더 높다.

따라서 모든 증거는 많은 미국 유권자가 2020년에 선거 결과를 바꿀 만한 대대적인 부정선거가 일어났다고 진지하게 믿고 있음을 가리킨다. 그들은 의심할 근거가 충분한데도 믿었다. 대대적인 부정선거는 불가능하다는 자명한 사실 외에도, 유권자들은 그에 반하는 증거를 고려할 수 있었다. 예를 들면, 트럼프의 수많은 선거 소송을 다룬 법원 어디에서도, 심지어 트럼프가 임명한 판사가 주재한 법정에서도 부정선거 주장을 지지하지 않았다.

그렇지만 나는 부정선거를 믿는 사람들을 비합리적이라고 치부해서는 안 된다고 주장해왔다. 선거가 어떻게 치러지는지에 대한 우리의 생각을 확인하거나 반박하는 데 직접적인 경험에 의존할 수 있는 경우는 극히 드물다. 투표를 어떻게 집계하고 선거 감시가 어떻게 작동하는지, 그리고 광범위한 부정선거 가능성과 관련된 여타 정보를 자신의 경험으로 아는 시민은 어떤 나라에서든 거의 없다.

우리는 자신의 믿음을 발전시키고 검증하기 위해 개인적으로 아는 사람은 물론 언론과 소셜 미디어, 정치 지도자들에게 의존한다. 그러는 가운데 우리는 자신의 인지와 믿음과 관련해 우리 마음이 쳐놓은 속임수에 빠지기 쉽고, 정치인들은 이 속임수를 조장한다.

인지적 편향

베이즈주의 접근법은 사람들이 편향되지 않은 방식으로 새로운 정보를 처리한다고 가정한다. 그러나 우리는 온갖 편향에 빠지기 쉽다. 그 가운데 하나는 **확증편향**인데, 이는 자신의 사전 믿음과 일치하는 정보에 너무 큰 비중을 두는 경향이다. 다른 하나는 **선택편향**인데, 이는 믿음을 형성하고 무엇을 결정할 때 어떤 정보는 포함하고 다른 정보는 포함하지 않는 경향이다. 폭넓은 관점이 필요할 때도 사람들은 선택편향으로 인해 자신의 개인적 경험을 지나치게 중시할 수 있다. 예를 들어, 어떤 유권자가 낙선한 후보를 지지하는 사람들만 개인적으로 알고 있다면, 그 후보가 부정선거로 졌다고 믿는 쪽으로 기울 가능성이 더 커질 수 있다.

이런 맥락에서 가장 중요한 종류의 편향은 **당파성**이다. 당파적 편향이란 "동일한 정보라도 자신의 정치적 신념이나 충성심에 도전할 때보다 정치적 신념이나 충성심을 지지할 때 더 호의적으로 평가하는 경향"이다.[24] 당파적 편향은 많은 민주주의 국가에서 널리 퍼져 있고, 당파적 양극화와 함께 나란히 커진다.[25] 예를 들어, 데이비드 브래디(David Brady), 존 피어존(John Ferejohn), 브렛 파커(Brett Parker)에 따르면, 미국 유권자들이 양극화될수록, 경제 성과를 인식하는 데 당파적 편향이 커졌다.[26] 실제로 매우 양극화된 유권자들은 확증편향, 선택편향, 당파적 편향에 훨씬 더 쉽게 빠질 것이다. 열성 당원들은 자신들의 사전 믿음에 반하는 정보를 무시하려 할 것이다. 그리고 주거지와 정보가 분리된 양극화된 유권자들은 선택편향에 더 쉽게 빠져서, **내가 아는 모두가 그에게 투표했는데 어떻게 질 수가 있지**라는 오류가 더 우세해진다.

그림 7.1은 미국에서 2020년 부정선거에 대한 믿음에서 당파적 분열이 크다는 것을 보여주었다. 이런 믿음이 당파성의 렌즈로 굴절되는 것은 거의 본능에 가깝다. 앞에서 검토한 베이즈주의 실험은 서로 다른 정당 지지자들이 관련 정보를 다르게 선택하고 처리한다는 점을 반영하지 않았다. 그런 현실성을 고려하지 않는다면, 그림 7.1의 선들이 기본적으로 서로 겹칠 것이라고 예상하게 된다. 현실에서는

그 대신 바이든 승리의 정당성에 대한 민주당 지지층의 확신과 공화당 지지층의 확신의 차이가 거의 75퍼센트포인트에 이른다.

유권자들의 개인적인 팩트체크가 빗나가게 하는 요인은 편향된 인식만이 아니다. 당파적 편향의 핵심 원천은 정당 지도자들과 후보들이 내는 메시지다. 정치학자들은 이미 오래전에 정당이 추종자들의 믿음을 강력하게 형성한다는 점을 입증했다. 고전적인 연구에서 존 젤러(John Zaller)는 새롭거나 친숙하지 않은 쟁점에 직면하는 시민들은 준비된 선호가 없어서 자신의 정당 지도자들이 말하는 것을 듣고 정당의 입장을 자기 입장으로 받아들인다는 점을 증명했다.[27] 3장에서 논의한 반이민 정서의 극적인 증가는 자신의 정당 지도자들이 제시하는 신호를 따르는 유권자들을 일부 반영한다. 오르반, 패라지, 트럼프 같은 종족민족주의적 지도자들의 비방에다가 더 자발적인 상실감과 소외감이 여러 나라의 정치에서 급부상한 이민 문제의 배후에 있다.

정치인들은 우리의 인지 과정에 있는 이 모든 편향을 이용한다. 하지만 또한 우리의 감정도 이용한다. 그들은 가령 광범위한 부정선거가 얼마나 잦은지에 대한 정보 또는 잘못된 정보를 단순히 제공하는 데 그치지 않는다. 그들은 (추정된) 사실을 차분히 제공하는 것이 아니라 몰아세우고, 비난하고, 비방한다. 그들은 우리의 믿음만큼이나 우리의 감정을 자주 표적으로 삼는다. 이는 이민자들의 홍수나 유례없이 부패한 엘리트들로 인해 국가가 위험에 처해 있다고 경고하는 위기론자들과 포퓰리스트들에게서 두드러진다. 이제 퇴행적 지도자들이 자국 시민들에게 구사하는 전략의 감정적 차원을 살펴볼 차례다.

감정과 퇴행

자신이 나쁜 상황에 처해 있다고 생각하는 한 여성을 떠올려보자. 그녀는 자신이 불운했다고 생각할지도 모르고, 이 경우 아마도 슬프거나 우울해질 것이다. 또는 어쩌면 자신이 처한 어려움의 원인을 비인격적인 힘이 아니라 사람들에게서 찾을지도 모른다. 심지어 그 사람들이 자기나 자기와 같은 다른 사람들을 고의로 해치려고 어려운 상황을 유발했다고 생각할 수도 있다. 그러면 그녀는 슬프거나 우울해지는 대신 화가 나고 도덕적 모욕감을 느낄 것이다. **인지 평가 이론**에 따르면, 사람들이 부정적인 상황을 (비인격적인 힘이 아니라) 인간 행동 탓으로 돌린다면, 그것을 (의도치 않은 행동의 결과가 아니라) **의도적인** 인간 행동의 결과라고 생각한다면, 그리고 그 의도적인 행동이 (의도치 않게 피해를 입힌 것이 아니라) 자신과 자기와 같은 사람들을 고의로 **해치려** 한 것으로 여긴다면, 그들의 정서는 바뀔 것이다. 그리고 이러한 변화는 정치적 행동에 매우 중요한 영향을 미칠 것이다.[28]

감정은 유권자들의 행동 의지를 형성한다. 심리학자들은 **접근 감정**과 **회피 감정**을 구분한다. 접근 감정은 친사회적이고 활동을 자극해서, 이를 경험한 사람들은 타인과 어울리고 활동적이며 위험을 감수하게 된다. 회피 감정은 반사회적이어서, 이를 경험한 사람들을 부추겨 타인을 피하고 위험을 회피하게 만든다. 핵심 접근 감정은 분노, 도덕적 분개, 열정이다. 핵심 회피 감정은 슬픔, 공포, 혐오다.

정치인들은 정치심리학에 직관적인 감각이 있는 듯하며, 그중 퇴행적 지도자들은 타의 추종을 불허한다. 좌파 포퓰리스트들은 인플레이션을 의도적인 바가지 가격과 기업 탐욕의 결과라고 짜맞춘다.

종족민족주의자들은 이민을 수많은 개인과 가족이 개별적으로 내린 결정의 결과가 아니라 힘 있고 악의적인 행위자들(외국 정부, 인신매매단, 마약 거래상)이 내린 전략적 결정의 결과라고 짜맞춘다. 이런 주장들이 정확한지 부정확한지는 퇴행을 조장하는 지도자들의 주요 관심사가 아니다. 사건의 진실이 무엇이든 간에, 그들의 상투적인 방식은 하나의 현상을 선택해 그것이 부정적인 상황을 대표한다고 사람들을 설득하고, 이를 자기 추종자들을 분쇄하려는 악의적인 행위자들 탓으로 돌려 분노와 도덕적 분개를 불러일으키는 것이다. 이런 감정은 추종자들을 집회와 투표장으로 이끌 것이다.

화자가 나쁜 상황에 주목하게 하고, 그 책임을 청중에게 해를 끼치려는 악의적인 적들 탓으로 돌리는 수사법은 선과 악의 대립이라는 마니교적 이분법 세계관에 부합한다. 많은 학자는 퇴행적 지도자들을 '포퓰리스트'로, 그리고 마니교적 정치관의 조장을 포퓰리즘의 정의적 특징으로 규정한다.[29]

미국에서 정치에 대한 마니교적 선악 구도는 우파 종족민족주의와 민주주의 침식보다 확실히 앞서 존재했다. 음모론에 끌리는 미국의 성향은 역사학자 리처드 호프스태더(Richard Hofstader)가 매카시즘(McCarthyism)[30]에서 영감을 받아 1952년에 쓴 유명한 글의 주제이기도 했다. 2010년대 초에 수행한 연구에서 에릭 올리버(Eric Oliver)와 토머스 우드(Thomas Wood)는 미국 유권자들에게 만연한 마니교적 사고를 밝혀내고, 이를 다음과 같은 진술로 규명했다.

• "오늘날 세계에서 일어나는 일의 상당수는 소규모의 비밀스러운 개인

들의 집단에 의해 결정된다." 그리고

- "정치는 궁극적으로 선과 악의 투쟁이다."[31]

올리버와 우드가 조사한 표본의 절반이 비밀 집단 진술에 동의했고, 3분의 1 이상이 선악 진술에 동의했다. 저자들은 이런 믿음과 일련의 음모론 사이의 연관성을 연구했는데, 이런 음모론에는 출생지 따지기(버락 오바마가 케냐에서 태어났기 때문에 대통령 자격이 없다는 허위 주장)부터 2008년 금융 위기가 월스트리트 자본가들의 의도적인 결과물이라는 생각까지 있었다. 저자들은 마니교적 이분법과 음모론에 대한 믿음 사이의 연관성이 매우 높다는 것을 발견했다.

민주주의를 퇴행시키는 지도자들이 전통적인 정치인들보다 더 높은 수준으로 마니교적 구도 설정을 전개한다는 점은 시카고 대학교 민주주의 연구소의 연구로도 뒷받침된다. 이 연구진에는 나와 치나르, 우리베가 있었다.[32] 우리는 미국 대통령 선거에 출마한 정치인 6명의 발언을 연구했는데, 대상은 프랭클린 루스벨트, 로널드 레이건, 버락 오바마, 힐러리 클린턴, 버니 샌더스, 도널드 트럼프였다. 이 가운데 둘은 선거에서 낙선했다. 그래서 그들이 대통령직을 이용해 미국의 민주주의를 침식했을지 평가하기는 힘들다. (클린턴과 샌더스의 과거 행동을 보면, 그들이 그랬을 리가 거의 없지만.) 레이건의 측근들은 이란-콘트라 사건에서 대중을 기만하고 법을 위반했지만, 법원의 권한을 체계적으로 축소하거나 선거의 신뢰성을 훼손하지는 않았다. 루스벨트의 경우 법원 개혁으로 충돌이 있었지만, 그가 퇴행적 지도자 범주에 해당할 가능성은 없을 것이다. 이 집합에서 트럼프가 유일하게 민주주의를 퇴행시키는 지도자다.

우리는 각 정치인이 핵심 기관이나 사회 집단에 대해 어떻게 말하는지 조사해 그 발언을 평가했다. 그림 7.4는 후보들이 정적, 경제 엘리트, 통치 엘리트, 소수 민족에 대해 얼마나 자주, 어떤 정서를 가지고 논의했는지를 체계적으로 평가한 결과다. 언급 빈도는 그림에서 세로축에 표시했다. 우리는 해당 대상이 언제 언급되었고, 정치인의 어조가 얼마나 긍정적이거나 부정적이었는지도 파악하고자 했다. 이런 정서적 감정가(emotional valence)는 가로축에 나타나며, 왼쪽일수록 부정적 정서를, 오른쪽일수록 긍정적 정서를 의미한다.

세로선으로 표시한 가로축의 0은 중립적 어조를 나타낸다. 이는 클린턴과 레이건이 소수 민족에 대해 논의할 때 사용한 어조였다. 정적에 대해 긍정적으로 말한 사람은 아무도 없었지만, 일부 정치인(레이건, 오바마)은 상대적으로 부드러운 표현을 사용했다.

이전 정치인들 가운데 아무도 미국의 민주주의를 침식하지 않았기 때문에, 우리는 트럼프의 수사에서 마니교적 이분법이 더 많으리라고 기대했다. 그리고 실제로 이런 차별성은 우리 데이터에서 나타난다. 정치인들의 어조에서 정서적 감정가를 합산하면, 트럼프의 어조가 단연 가장 부정적이다. 그 뒤로 약간 떨어져서 샌더스가, 그다음은 루스벨트이고, 클린턴과 오바마가 같은 점수로 뒤따르며, 마지막이 레이건인데, "미국에 아침이 밝았습니다(Morning in America)"라는 선거 구호가 그의 낙관적인 어조를 상징한다.[33] 우파 종족민족주의자인 트럼프는 이 후보들 가운데 소수 민족을 논의할 때 정서적 감정가가 부정적인 유일한 후보라는 점에 주목하자.

그림 7.4　미국 대통령 후보들이 대상 집단에 대해 논의할 때의 정서

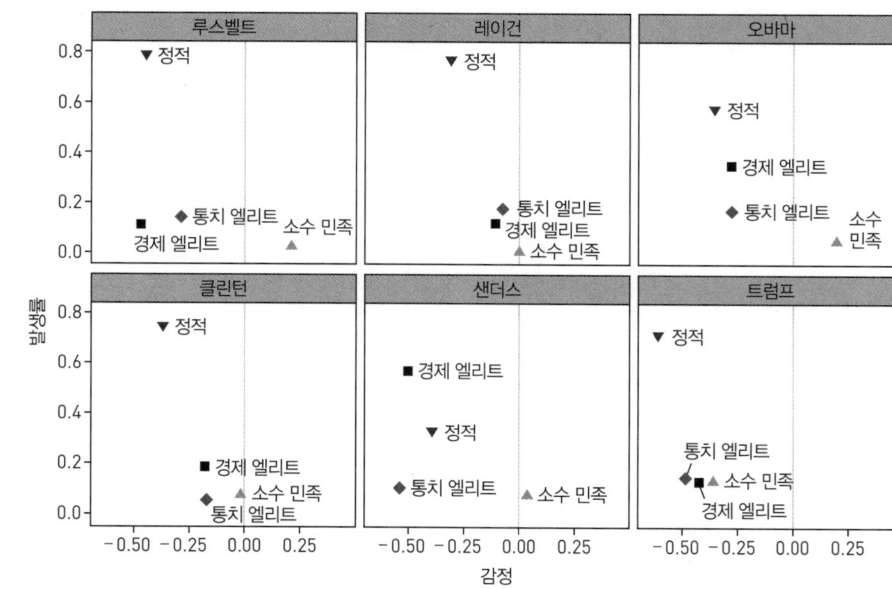

주: 세로축은 각 유형의 대상이나 행위자를 언급한 발언 비율을 나타낸다. 가로축은 각 대상을 언급할 때 정치인의 어조가 평균적으로 얼마나 긍정적인지(오른쪽), 부정적인지(왼쪽) 나타낸다. 예를 들어, 레이건은 샌더스보다 자신의 정적을 두 배나 더 자주 언급하고, 소수 민족을 언급할 때 오바마의 어조는 트럼프보다 훨씬 더 긍정적이다. Çınar, Stokes, and Uribe (2020) 참조.

따라서 미국 대통령 정치에서 민주주의 퇴행은 감정적으로 강렬한 마니교적 수사, 사악하다고 추정되는 타자들을 악의적이고 위험한 존재로 묘사하는 수사와 결부된다.

감정과 민주주의 헐뜯기

나는 퇴행을 조장하는 지도자들이 추종자들의 인식과 믿음만큼이나 감정에도 영향을 많이 미친다고 말했는데, 사실 이런 감정 조작은 유권자들의 믿음을 형성하는 데 한몫한다. 우리의 민주주의 인식이 변하지 않더라도 감정이 바뀌면 민주주의 위반을 더 잘 수용할 수 있다. 앞에서 인용한 로페스 오브라도르와 멕시코 법원에 대한 시카고 대학교 민주주의 연구소의 연구는 이 점에 대해 몇 가지 흥미로운 증거를 제시했다.

멕시코의 표본 집단 가운데 일부에게는 법원에 대한 대통령의 온건한 발언을, 다른 일부에게는 법원이 부패했고 비용이 많이 들며 비효율적이라고 비방한 대통령의 발언을 보여주었다는 점을 상기하자. 비방 발언을 읽은 사람들은 예컨대 '대통령은 법원의 판결이 정부에 반할지라도 그 판결에 따라야 한다'는 데 동의하지 않아서, 반민주 지수에서 높은 점수를 기록했다.

한 가지 흥미로운 점은 이 연구에서 비방하는 발언을 읽고 반민주적 감정을 표출한 모든 집단이 실제로 법원이 더 부패했다고 생각하게 되지는 않았다는 것이다. 우리는 응답자들이 실험 처치에 주목하는지 알아보려고 연구자들이 사용하는 표준 질문인 '조작 점검'을 제시했다. 이 경우 설문조사의 실험 부분 이후, '당신은 멕시코 사법부에서 부패가 얼마나 만연해 있다고 생각합니까?'라고 물었다. 로페스 오브라도르의 지지자들은 우리가 예측한 대로 응답했다. 비방 발언을 읽은 사람들은 대통령의 비방 발언을 읽지 않은 동료 지지자들에 비해 사법부가 더 부패하다고 보았다. 여기까지는 좋다.[34]

그러나 야당 지지자들은 다르게 응답했다. 실험군, 즉 대통령의 비방 발언을 읽은 사람들은 대조군의 야당 지지자들보다 더 높은 비율로 법원이 부패하다고 여기지 않았다.

하지만 6장에서 살펴봤듯이, 그들은 반민주적 감정을 더 높은 비율로 표출했다. 달리 말하자면 로페스 오브라도르 대통령의 비방 발언을 읽은 야당(제도혁명당·국민행동당·민주혁명당) 지지자들은 법원이 부패하다고 설득되지는 않았지만, '대통령은 법원, 국가선거위원회, 멕시코 중앙은행 같은 기관들보다 더 많은 권력을 가져야 한다'에 더 높은 비율로 찬성했다. 그리고 '대통령은 법원의 판결이 정부에 반할지라도 그 판결에 따라야 한다'에 더 높은 비율로 찬성하지 않았다. 사법부 비난 처치에 노출된 야당 지지자들은 사법부가 더 부패했다고 여기지는 않더라도, 반민주 지수에서 유의미하게 더 높은 점수를 기록했다.

우리 연구진은 이 특이한 현상을 어떻게 설명해야 할지 확신할 수 없었다. 그러나 실험 후 참가자들의 감정 상태에서 추가 단서를 얻었다. 우리는 참가자들에게 사법부 비난에 대해 생각해보고 얼마나 화가 났는지 말해달라고 했다.[35]

비방 발언은 야당 지지자들이 자가 진단한 분노 수준을 끌어올렸다. 게다가 그들의 분노는 로페스 오브라도르의 비방 발언을 접한 것과 고조된 반민주적 감정 사이의 연결고리처럼 보였다. 이런 해석을 뒷받침하는 것이 매개 분석으로, 어떤 변수를 다른 변수와 연결하는 경로를 확인하기 위해 고안된 통계 기법이다. 법원에 대한 비방 발언을 읽은 야당 지지자들은 평균적으로 더 분노했고, 이 분노는 그들의 반민주적 입장을 부채질했다.

여기서 정확히 어떤 일이 일어나고 있는지 확신을 갖고 대답하려면 더 많은 연구가 필요할 것이다. 그러나 이는 자극에 대한 비인지적 반응을 암시한다. 이 경우 사람들은 어떤 제도에 대한 비난을 접함으로써 그 제도에 반감을 품었을 수 있고, **그런 반응이 의식적인 인식 변화 수준까지 이르지는 못했어도** 그 제도의 침해를 기꺼이 묵인했을 수 있다. 대통령이 못마땅한 사람들은 사법부의 한심한 상태에 대해 대통령이 내세우는 서사에 저항했을지도 모른다. 그러나 자신들도 모르는 사이에 사실 그들은 법원의 공정성이 의심스럽다고 느꼈을 수 있다. 정치심리학의 두 권위자가 썼듯이, 실제로 "인간은 외부 사건을 인식하기 전에 그에 반응한다"면,[36] 정치인이 우리에게 제시하는 '사실'을 우리가 전부 믿지는 않더라도, 그들의 말은 우리를 자극해 분노하게 할 수 있다.

이 장을 요약하면, 정치 세계가 빠르고 예측할 수 없게 변할 때 일부 시민이 내용상 불가능하거나 터무니없어 보이는 일을 믿는 것은 이해할 만하다. 직접적인 경험이 해당 사실에 대해 알려주는 것이 별로 없을 때 특히 그렇다. 그러나 우리는 인지적 편향, 그중에서도 특히 당파적 편향에 의해 기이한 믿음을 받아들이는 쪽으로 향하게 된다. 감정 조작도 큰 역할을 한다. 인지 평가 이론의 교훈을 본능적으로 숙지한 종족민족주의자들과 좌파 포퓰리스트들은 나쁜 상황이 우리를 의도적으로 해치려는 (당파적·인종적·계급적) 적들의 작품이라는 서사를 구축한다. 이런 서사는 우리의 분노와 도덕적 분개를 유발할 것이고, 그러면 우리는 이에 대해 무언가 하고 싶어질 것이다. 바로 이 마지막 단계에서 정치인들, 특히 낡은 제도를 파괴하라고, "무너뜨리고 처음부터 다시 시작하자"고 사람들을 부추기고 싶은 이들에게 음모론을 만들어내는 일이 아주 매력적으로 다가온다. 또는 곧 해임될 미국 연방 하원의 한 지도자(2023년 10월 해임안이 가결되어 물러난 케빈 매카시—옮긴이)의 말을 빌리자면, 그저 "그곳을 불태워버리고" 싶어하는 사람들을 부추기기 위해서다.

지금까지 이 책에서 나는 민주주의가 퇴행한 나라들과 그렇지 않은 나라들의 일관된 차이를 우선 확인해, 민주주의의 침식을 설명하려고 노력했다. 민주주의가 퇴행한 나라들은 부유층과 중산층, 저소득층 시민 사이의 소득 격차가 특히 큰 경향이 있다. 이런 발견은 세계화와 탈규제, 그리고 소득 불평등 심화의 여파로 나타난 현재의 민주주의 침식 물결의 시점을 설명하는 데 도움이 된다. 자국의 제도를 훼손한 많은 정치인은 우파 종족민족주의자들이었다. 그들은 자국의 정치 체제에서 전통 우파·좌파 정당들이 취한 입장과 그들이 구축한 연합이 변하는 가운데 두각을 나타냈다. 이런 변화로 '뒤처진' 유권자들은 정당 정치에서 버려졌다고 느꼈다. 이 유권자들은 20세기 말 경제 성장의 밀물로 자신들의 배가 떠오르는 것을 보지 못했으며, 성장이 정체되자 한참 더 뒤로 처졌다.

글로벌 사우스의 불평등과 실망감은 더 나은 것을 약속하는 정치 지도자들이 부상하는 계기가 되었다. 그중 일부는 일단 취임하자 자신이 시민의 요구를 적절히 충족시키려면 광범위한 권한이 필요하다고, 때로는 임기 연장도 필요하다고 주장했다. 일부 지역에서 이런 지도자들은 소수자들을 비방한 글로벌 노스의 지도자들을 따라했지만, 더 흔하게는 부자들을 비방했다.

장군들이 군사 쿠데타로 자국의 민주주의를 죽일 때는 탄압을 통해 잠재적인 대중 저항을 처리한다. 민간 정치인들이 자국의 민주주의를 서서히 죽음으로 몰 때는 적어도 한 번은 선거와 유권자, 여론을 상대할 필요가 있다.

나는 퇴행적 지도자들이 유권자들을 상대할 때 사용하는 여러 전략을 제시했다. 그중 하나는 번영과 안전처럼 유권자가 보상으로 받을 결과를 주도하거나, 아니면 반대파는 이런 결과를 제공하지도 못했고 앞으로도 못할 것이라고 유권자들을 설득해서 예전 방식으로 지지를 얻거나 유지하는 것이다. 다른 하나는 자신의 지지층을 결집하려고 유권자들을 양극화하는 것이다. 그리고 또 다른 하나는 자신이 노리는 기관을 헐뜯어서, 야당 지지자들과 무당파 유권자들을 너무 크게 자극하지 않으면서 해당 기관을 공격하는 것이다. 그리고 필요하다면, 그들은 유권자들의 마음과 가슴을 조종해 거짓이 진실이라고 그들을 설득한다.

어떤 저항 전략으로 퇴행적 지도자들에 맞설 수 있을까? 이것이 마지막 장의 주제다.

3부

저항과 회복

민주주의 침식을 막을(그리고 되돌릴) 전략

학자들과 전문가들은 민주주의 침식이 왜 일어나는지 설명하는 데 많은 시간을 보냈는데, 어쩌면 그 때문에 침식이 모든 반대를 제압했다는 인상을 남겼을 수 있다. 하지만 그렇지 않다. 사실 민주주의 퇴행은 광범위한 저항을 불러일으켰다. 시민사회 활동가들은 반대 운동을 조직하고, 정치 지도자들은 맹렬히 비판하며, 시위대는 반대 집회를 열고, 신문은 사설로 반대 입장을 밝히고, 소셜 미디어 사용자들은 퇴행을 전파하는 이들을 비꼬는 밈을 공유한다. 입법자, 판사, 내부 고발자, 군 지도자, 언론인, 활동가, 그리고 유권자들에 의해 저항이 일어났다.[1]

그리고 저항이 효과적일 때도 있었다.

어떤 경우에는 침식이 탄력을 받기 전에 멈추기도 했다. 콜롬비아 의회에서 야당은 모든 의회 규칙과 절차를 활용해 대통령의 제도 침해 시도를 늦춰 법원과 시민사회가 대응할 시간을 벌어주었다. 이념적으로 유사한 정당들은 독재자가 되려는 이들을 저지하기도 했는데, 이는 스웨덴이 민주주의 퇴행을 모면한 이유 중 하나였다. 어떤 나라에서는 야심만만한 독재자의 소속 정당이 그를 권력에서 몰아냈다. 남아프리카공화국의 아프리카국민회의는 제이콥 주마를 축출했고, 영국 보수당은 독재 성향이 있는 보리스 존슨 총리를 압박해 사임하게 했다. 어떤 경우에는 선거로 퇴행적 지도자들의 집권 시간을 멈추게 했다. 민주주의를 침식한 자들이 재선에 실패할 때도 있었다. 2020년 미국, 2022년 브라질, 2023년 폴란드에서는 투표를 통해 퇴행적 지도자들을 공직에서 물러나게 했다. 어떤 퇴행적 지도자들은 임기 제한을 완화한 적이 있건(에콰도르의 코레아)(코레아는 연임 제한을 철폐했으나 차기 대선부터 적용하기로 하고 자신은 물러났다—옮긴이), 아니면 그냥 준수했건(멕시코의 로페스 오브라도르) 이 제한에 따라 물러났다.

2024년 트럼프가 미국 대통령 재선에 성공한 것은 앞 장들에서 논의한 전략들, 즉 양극화 수사, 민주주의 헐뜯기, 허위 정보가 유권자들로 하여금 민주주의를 파괴하는 지도자를 계속 지지하게 하는 힘이 있음을 보여준다. 그러나 이 선거는 퇴행적 지도자들이 가하는 위협을 유권자들이 깨달을 때도 친민주주의 세력이 패배할 수 있다는 점을 환기하기도 했다. 사실 2024년 선거가 이 책에서 논의한 다른 선거들과 달랐던 점은 전임 대통령이고 많은 유권자층에서 민주주의에 대한 위협으로 인식한 후보가 다시 집권하려고 출마했다는 사실이다. 그리고 그는 정상적인 민주적 관행으로의 회귀를 상징하는 상당히 전통적인 행정부에 맞서 출마했다.

따라서 트럼프는 눈에 띄지 않는 "양의 탈을 쓴 늑대"[2]가 아니라 많은 유권자가 지지하기로 선택한 잘 알려진 인물이었다. 유권자들은 그가 맞서 싸운 전통적인 행정부를 전통적인 민주주의 방식으로, 특히 **회고적인 경제 투표**(회고적 투표란 선거 전의 정부 업적이나 경제 상황을 평가해서 투표하는 행위이고, 경제 투표란 다른 요소보다 경제 상황을 기준으로 투표하는 행위다—옮긴이)의 기준에 따라 심판했다.[3] 많은 유권자, 특히 정치 관여도가 낮은 유권자들은 현 정부에 대해 '최근에 나에게 무엇을 해주었나?'라고 물었고, 그 대답에는 가족의 경제적 안정을 위협할 정도로 물가가 오르게 방치했다는 점이 포함되었다. 많은 유권자는 향후의 지속적 개선을 시사하는 미묘한 경제 지표 개선을 무시했다. 도전자가 법치나 기본적 자유에 위협이 될 것이라는 여당의 선거 운동 메시지는 식료품비와 주거비 상승 같은 구체적인 사실에 비하면 상당히 추상적으로 들렸다.

일부 유권자층이 자국의 민주주의를 좋아하지만 경제적 안정과 공공 안전에 더 신경쓸 수 있다고 해서, 그것이 친민주주의 세력이 민주주의 제도에 대한 위협 앞에서 침묵해야 함을 의미하지는 않는다. 유권자들은 혐오하는 타자를 권력에서 배제하고 싶어서 자유와 행정부 견제를 점진적으로 팔아넘길 수도 있다. 또는 적어도 물가 안정은 회복해주길 기대하며 독재자가 될 것 같은 인물에 투표할지도 모른다. 그러나 이런 시민들도 언젠가는 책임성 장치들이 너무 녹슬어 사용할 수 없게 되었음을 발견하고는 독재적인 지도자를 선거로 축출하고 싶을 수도 있다.[4] 따라서 친민주주의 세력은 시민들이 이런 선택을 할 때 정확히 무엇을 잃는지 계속해서 상기시킬 의무가 있다.

퇴행을 조장하는 지도자들이 자리에서 물러난 뒤에도 민주주의는 저절로 회복되지 않는다. 친민주주의 세력은 독재자가 될 인물들을 배제하기 위한 전략뿐만 아니라 그들이 물러간 뒤 피해를 복구하기 위한 전략도 필요하다. 이 장에서는 실천가들과 연구자들이 유망하다고 보는 반침식 전략들을 살펴본다.[5]

민주주의를 **회복**하자는 요청은 단순히 예전 것을 복구하자는 요청일 수 없다. 예전 것은 퇴행적 지도자들이 규범과 제도를 훼손할 수 있게 한 허점, 민주주의에 대한 냉소주의를 부채질한 결함, 그리고 한쪽으로 쏠린 사회적 부의 분배를 포함한다. 이런 문제들을 해결하지 않고 지나간다면, 민주주의가 퇴행한 과거의 일은 마지막이 아닐 것이다.

실천 전략의 사전 검토

- **사회정책과 재정정책에 영향력이 있는 이들에게.** 불평등은 민주적 삶의 악화를 초래할 수 있어 전면적인 독재로 끝나기도 한다. 빈부 격차가 큰 사회는 민주주의에는 힘든 환경이다. 사람들을 가난에서 벗어나게 하고, 세계화된 세계에서 뒤처진 사람들에게 희망을 주고, 상위 계층의 막대한 자원을 활용하는 정책은 민주주의를 떠받치는 정책이다.
- **엘리트 정치 전략가들에게.** 친민주주의 행위자들은 퇴행적 지도자들의 강경책(체제를 와해시킬 수도 있는 규범·규칙 위반)에 자신들도 강경책으로 대응할지 결정해야 한다. 도덕적으로나 전술적으로나 이런 딜

레마에 절대적으로 옳거나 틀린 해결책은 없다. 어떤 선택에도 편익과 비용이 따르고, 친민주주의 세력 사이에서도 이에 대한 의견이 다를 것이다. 전략가들이 강경책에 강경책으로 대응할지 고려할 때, 대중의 입장에서 그 이익과 민주주의가 더 악화할 위험 사이에 균형을 맞추어야 한다.

- **시민단체와 전문직 단체들에게.** 민주주의를 퇴행시키는 정부의 약점은 정부가 고용한 전문가들의 질이 낮다는 점이다. 그 결과 정부는 상대적으로 비효율적이다. 이런 약점을 활용하기 위해 주류 전문직 단체들은 기준과 윤리를 끊임없이 강화해야 하고, 이를 어기는 사람들에게는 창피를 주거나 제재를 가해야 한다.

- **유권자들 그리고 유권자들과 소통하는 모든 이들에게.** 유권자들은 민주주의 침식을 막는 최후의 보루일 수 있다. 그러나 양극화와 제도 헐뜯기는 투표소에서 퇴행적 지도자들에게 힘을 실어준다. 양극화와 냉소주의는 전염되어서 퇴행을 조장하는 지도자들이 물러난 뒤에도 지속된다. 이 장 뒷부분에서 논의하는 여러 조치는 양극화를 완화하고 제도에 대한 신뢰를 높일 수 있다. 이런 조치들은 침식자들이 권력을 잡고 있는 동안에도, 그들이 자리에서 물러난 뒤에도 실행할 필요가 있다.

불평등을 줄이는 정책은 민주주의도 강화한다

민주주의 선진국과 개발도상국의 정책결정자들에게는 자녀 세액 공제부터 최저임금 인상, 조건부 현금 지원 프로그램까지, 가난을 줄이기 위해 사용할 수 있는 아주 다양한 수단이 있다. 이런 프로그램들에는 자원이 필요하고, 이 자원은 일반적으로 고율의 세금으로 거둘 필요가 있다.[6] 부유한 개인과 기업이 더 많은 세금을 내고 그 수입으로 이런 프로그램들의 재원을 충당할 때, 그 순수 효과는 불평등 감소다.

가난과 불평등을 줄이는 정책을 시행하려면 정치적 반대를 극복해야 한다. 일부 반대는 세금을 더 많이 내는 부유층과 기업에서 나온다. 일부 반대는 세금에 거부감이 강한 사람들에게서 나오는데, 그중에는 저소득 및 중간 소득 유권자들도 있다. 이들은 자신들도 언젠가 그런 세금을 내게 될 수도 있다는 아주 낙관적인 근거를 대거나 앞 장들에서 논의한 일종의 상향 동일시에 기반해 반대할 수 있다.[7] 최근에 미국 유권자들은 부유층 증세를 이전보다 더 많이 지지하기 시작했다. 예를 들면, 2024년 3월의 여론조사에서 응답자의 69퍼센트가 40만 달러 이상을 버는 사람들에 대한 증세를 지지했다.[8]

개발도상의 민주주의 국가들에서 이런 종류의 반대는 훨씬 덜 광범위하다. 좌파 지도자들은 퇴행적 지도자건 전통적인 지도자건 모두 불평등을 줄이는 정책을 추진했다. 라틴아메리카의 많은 국가에서 불평등은 금세기 초부터 상당히 줄었다. 볼리비아와 에콰도르 같은 나라에서는 퇴행을 조장하는 지도자들 치하에서 불평등이 현저히 줄었다.[9]

가난과 불평등을 줄이는 조치에 반대하는 이들은 때때로 이런 조치가 경제 성장을 저해하고 일자리 창출을 늦춘다는 생각에 기반해 반대한다. 그러나 이런 주장은 종종 사실과 다르고, 조심스럽게 지출 확대를 지지하는 종족민족주의자들과 더 열성적으로 지출 확대를 지지하는 좌파 지도자들의 등장을 고려하면, 설득력을 잃은 것으로 보인다.

이런 정책들을 두고 찬반양론이 어떠하든, '찬성' 측의 계산 장부에는 민주주의 수호에 큰 비중을 두어야 한다.

강경책이냐 아니냐

친민주주의 선출직 공무원이 권력을 되찾는다면, 이전의 손상을 완화하고 다음 차례의 퇴행에서 일어날 미래의 손상에 대비하는 조치를 취해야 한다. 그들이 착수하고자 하는 핵심 전략은 퇴행적 지도자들에게 걸림돌이 된 단순한 규칙과 규범 위반을 다루는 것이다. 많은 친민주주의 행위자들은 이런 규범과 규칙이 얼마나 허술한지 드러나자 충격을 받았다. 그래서 유용한 전략 하나는 이전의 규범을 공식적인 규칙이나 법률로 전환하는 것이다.

더 논쟁이 되는 지점은 퇴행적 지도자들의 강경책에 강경책으로 대응할지 여부다. 마크 터슈넷(Mark Tushnet)은 **헌법적 강경책**이라는 용어를 만들었는데, 이를 "입헌 민주주의의 형식적 요건에 부합하지만 입헌 민주주의를 불안정하게 만들어 변형시킬 잠재성이 있는 행위"라고 정의했다.[10] 예를 들면, 앞서 언급한 규범의 공식화와 강경책의 차이는 판사 임명에 대한 이전의 규범을 공식화하는 것과 판사

수를 늘리는 것(사법 개혁)의 차이라고 할 수 있다. 퇴행적 지도자들의 강경책에 강경책으로 대응하면 맞대응의 악순환을 촉발할 위험이 있다. 또 다른 해로운 부작용 가운데 하나는 강경책의 악순환으로 반민주적 행위에 대한 대중의 수용성이 커질 수 있다는 점이다. 노엄 루푸와 그의 동료들은 상대 진영의 강경책에 똑같이 맞대응하는 자기편을 본 시민들은 자신들 지도자의 행위를 더 이상 비민주적인 것으로 보지 않는다는 사실을 발견했다.[11]

양측이 모두 강경책에 돌입할 것이라고 확실히 위협할 수 있다면, 이런 위협은 민주주의 제도를 보호하는 일종의 상호억제로 이어질 수 있다.[12] 그러나 헬름키와 그의 동료들은 한 진영이 다른 진영보다 규칙을 파괴할 유인이 더 클 때를 예로 들며 민주주의를 지탱하는 강경책이 어떻게 무너질 수 있는지 설명한다. 가령 A정당 지지자들은 B정당 지지자들보다 전통이나 페어플레이에 관심이 없다고 치자. A정당이 규칙을 위반할 때는 처벌을 받지 않고 지나가는 반면, B정당이 규칙을 위반하면 B정당 지지자들은 투표율이나 기부금을 줄이거나 그냥 불만이라도 표명한다. 미국에서 이런 현상의 증거는 2021년 브라이트 라인 워치의 연구에서 확인할 수 있다. 이 연구에 따르면, 민주당 지지자들은 상대 진영의 투표율을 줄일 수 있는 정책을 승인할 가능성이 공화당 지지자들에 비해 절반 정도였고, 지방 공무원의 선거 인증 거부를 승인할 가능성은 절반 미만이었다.[13]

친민주주의 행위자들은 강경책을 쓸지 여부의 문제를 두고 곤경에 처할 수 있다. 그럴만한 충분한 이유가 있다. 이 딜레마는 까다로워서, 공정한 사람들은 이 문제를 두고 일반적인 차원이나 특수한 경우와 관련해 의견이 다를 것이다. 최소한 친민주주의 행위자들은 강경책을 설득력 있게, 즉 자신들의 결정을 민주주의 수호와 연결하는 방식으로 설명할 준비가 되어 있어야 한다.

학술 연구들은 '온건한' 전략과 '급진적' 전략 중에서 선택해야 하는 친민주주의 행위자들의 딜레마에 초점을 맞춰왔다.[14] 라우라 감보아는 퇴행적 행정부를 임기가 끝나기 전에 물러나게 하려고 노력할 때 이런 야당의 목표를 **급진적**이라고 정의한다. 특정한 반민주적 행위를 중지시키는 것이 목표일 때는 **온건한** 목표라고 정의한다. 감보아는 베네수엘라의 우고 차베스에 반대해 일어난 2002년의 짧은 쿠데타를 야당 지도자들이 수용한 것을 서투른 급진주의의 사례로 지적한다. 감보아는 이 사건을 콜롬비아 야당이 능수능란하게 의회 절차를 활용했던 사례와 대비해 능수능란하게 설명하면서, 급진적 수단은 자멸한다는 자신의 일반적인 주장을 뒷받침한다. 비슷한 맥락에서 매튜 클리어리(Matthew Cleary)와 아이쿠트 외즈튀르크(Aykut Öztürk)는 선거 패배 이후 친민주적인 야당의 변칙적인 행동은 자멸하는 경향이 있으며, 야당에 시간을 벌어주는 온건한 대응과 구별된다고 본다.

이런 연구들은 연구 대상 국가들의 퇴행적 지도자들에 맞선 저항의 성공과 실패에 대해 많은 통찰을 담고 있다. 그러나 친민주주의 행위자들은 야당으로 있든 다시 집권하든, 선출된 지도자를 비헌법적으로 축출하거나 단편적으로 입법을 지연하는 양극단 사이의 선택에 직면한다.

퇴행을 조장하는 지도자를 초헌법적으로 축출하는 것이 민주주의를 복원하는 좋은 전략은 절대 아니지만, 때로는 강경책도 일리가 있다. 강경책을 사용할지 여부는 진정한 딜레마이고, 정책결정자들은 찬반양론을 신중하게 검토해야 한다. 앞의 주장을 반복하자면, 강경책을 강경책으로 대응하는 데 반대하는 일반적인 주장은 그렇게 하면 민주주의 제도나 원칙은 없고, 당파적 이익을 위해 활용하는 장치만 있을 뿐이라는 냉소적인 시각을 심화할 위험이 있다는 것이다. 그런 식의 대처는 독재자가 될 인물들이 민주주의를 헐뜯을 때 그들 손에 놀아날 수도 있다.

앞에서 언급한 상황, 즉 퇴행적 지도자의 당이 사실상 대법관 수를 늘리고, 민주 세력이 어떻게 대응할지 고민하는 상황을 가정해보자. 민주 세력이 입법부를 장악하고 있고 퇴행적 대통령이 대법관을 지명한다면, 민주 세력은 전통적인 규칙으로 돌아가야 할까? 아니면 상대편처럼 강경책을 채택해야 할까?

이 경우에 친민주주의 행위자들이 전통적인 규칙으로 돌아가는 반면, 상대측은 새로운 규칙을 고수한다면 이런 상황은 지속될 수 없을 것이다. 이는 전통적인 대통령의 경우 자기 정당이 입법부를 장악할 때만 자신이 지명한 대법관을 인준받을 수 있는 반면, 상대측은 공석이 생길 때마다 인준받는다는 의미가 되기 때문이다. 이런 식으로 시간이 흐르면 법원은 심각하게 편향되고, 그 정당성은 빠르게 악화될 것이다. 하지만 강경책 규칙을 새로운 체제로 수용하면, 문제를 해결하기는 더욱 힘들 것이다. 이런 상황에서는 오랜 기간 대법원의 공석이 채워지지 않을 수 있고, 법원이 완전히 당파적 기관이라는 대중의 이미지를 회복하지도 못할 것이다.

판사의 임기 단축 같은 다른 변화도 제안되었는데, 이런 변화는 당파적이지 않아서 공명정대하다는 장점이 있다. 물론 제도가 조롱당하고 무시되는 세상에서는 어떤 변화를 제도화해도 불확실성을 피하지 못한다. 미래의 퇴행적 지도자들이 어떤 규칙을 사용할지에 대한 합의를 어기지 않겠는가?

어떤 상황에서 강경책을 옹호하는 강력한 주장은, 민주주의 제도의 영구적 파괴(또는 예측 가능한 미래에 입을 심각한 손상)를 피하기 위해 강경책이 필요하다는 것이다. 이 글을 쓰고 있는 지금, 여러 선진 민주주의 국가는 반민주적인 후보와 정당의 선거 참여를 허용할지를 두고 딜레마에 처해 있다. 독일이 그런 나라 가운데 하나다. 독일은 민주주의를 위협하는 정당을 배제하는 헌법 조항이 있고, 어떤 정당을 배제할지 결정하는 법적 절차가 있다. 그러나 배제 가능성이 있는 정당이 선거에서 광범위한 지지를 받을 때 이런 조항을 적용하기는 어려워진다. 〔독일의 경우 이 정당은 '독일을 위한 대안(Alternative für Deutschland, AfD)'이다.〕 미국도 이런 종류의 딜레마와 싸웠다. 미국의 일부 주는 도널드 트럼프를 예비 후보 명부에서 제외하려고 했는데, 그 근거는 남북전쟁 이후 반란에 가담한 사람을 공직에서 배제하는 수정헌법이었다. 미국 연방 대법원은 양대 정당 중 한 정당에서 대통령 후보가 될 가능성이 있는 후보를 배제할 수도 있는 상황에 직면하자 해당 주의 투표 명부에서 그를 배제한 주 대법원의 결정에 반대하는 판결을 내렸다. 독일과 미국의 두 사례는 강력한 조치가 설령 합헌이라 해도 유권자들의 광범위한 지지를 받는 민주주의 침식자들에게 적용하기는 어렵다는 것을 보여준다.

민주주의를 훼손할 가능성이 있는 정당들을 어떻게 처리할지의 딜레마는 여러 세대에 걸쳐 민주주의 이론가들을 난처하게 만들었다. 민주적 행위자들은 내부의 반민주적 행위자들에 맞서 방어할 권리, 사실상 책임이 있다는 생각에는 오랜 전통이 있다. 카를 뢰벤슈타인(Karl Loewenstein)은 1930년대 나치 집권 과정을 지켜봤던 독일 태생 학자다. 뢰벤슈타인의 **전투적 민주주의**(militant democracy) 이론은 체제를 반민주적 정당으로부터 지켜내기 위한 여러 방안을 제시했다. 그는 절차적 보장을 전제로 한 비상 권한의 확대와 반민주적 정당을 배제하는 장치를 옹호했다. 그는 또한 시민 교육을 옹호했다.[15] 똑같은 딜레마와 싸우는 현대 민주주의 국가들은 민주주의에 대한 신뢰가 입을 잠재적 손상을 민주주의 침식과 비교하며 평가해야 한다. 때로는 온건함이 필요할 것이고, 때로는 '전투적' 수단으로 저울추가 기울 것이다.

충성파와 전문가

> 현명하다는 명성을 누리고 싶은 군주에게는 유능하**고도** 충직한 신하가 필요하다.
>
> —니콜로 마키아벨리[16]

마키아벨리가 말한 16세기의 군주처럼, 오늘날의 지도자들에게도 유능하면서 충성하는 장관들이 필요하다. 기관장, 정책 고문, 홍보 담

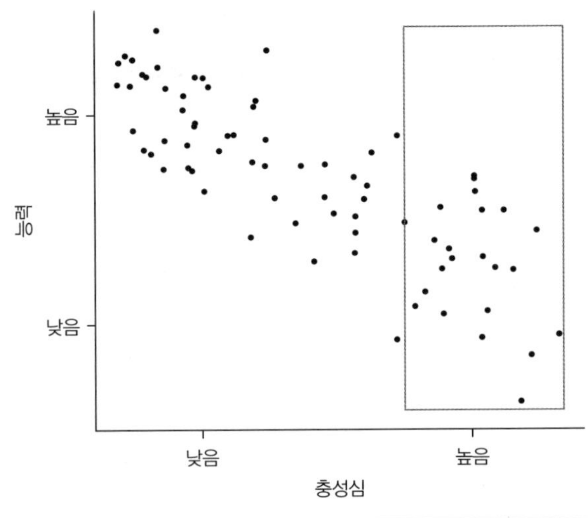

주: 이 그림은 공공 부문에서 전문 인력의 능력 특성과 충성심 특성 사이의 상충 관계를 보여준다. 오른쪽의 사각형은 충성심이 높은 사람들을 나타낸다. 이 그림은 충성파 가운데 능력이 낮은 사람들의 수가 능력이 높은 사람들의 수보다 훨씬 많음을 의미한다.

당자, 법률가는 말할 것도 없다. 오늘날의 '군주'가 자신이 활동하는 민주주의를 근본적으로 재편하고자 한다면 더욱 그렇다. 퇴행적 지도자들은 충성스러우면서도 일을 잘하는 사람들로 채워진 체제의 정점에 서고 싶을 것이다. 그러나 그들은 그림 8.1처럼 둘 중 하나를 선택해야 한다.[17] 전통적인 지도자들도 똑같은 선택에 직면한다. 그러나 이 문제는 퇴행적 지도자들에게 더 절실하다. 그들의 목표는 특히 급진적인데, 전문화된 공무원들은 그 목표를 실행에 옮기기를 특히 꺼릴 것이기 때문이다.

마이클 바우어(Michael Bauer)와 그의 동료들은 퇴행적 정부가 미숙한 관료들을 승진시킨 결과를 설명한다. "통치는 쉽게 이루어지지 않는다. 특히 의제가 예전에 했던 것을 상당 부분 하지 않는 쪽이고, **변화를 시도하는 사람들이 절차는 물론 내용에 대해서도 지식이 부족하고 미숙할 때 그렇다.**"[18]

이런 관찰에서 두 가지 실질적인 함의가 도출된다. 하나는 퇴행적 지도자에게 협력하는 공직자는 직업상의 제재에 직면하리라는 점이다. 판사가 헌법상의 원칙을 무시하고, 검사가 야당 정치인을 기소하며, 공중보건 관리자가 잘못된 정보를 퍼트릴 수도 있다. 그럴 때는 독재자가 되려는 사람을 위해 부정한 짓을 한 변호사를 변호사 협회가 제재하듯, 가능하면 같은 직종의 동료들이 대응해야 한다. 제재는 퇴행적 지도자의 협력자들에게서 전문가라는 존중받는 외피를 벗겨내고, 반민주적 행태가 정상적인 일로 여겨지는 상황을 방지할 수 있다.

두 번째로, 퇴행적 정부가 민주주의를 위태롭게 할 때뿐만 아니라 경제 관리에 실패하고 공중보건 위기를 초래할 때도 친민주주의 세력은 퇴행적 정부의 빈약한 성과를 대중이 깨닫게 해야 한다. 유권자들이 전통적인 정부에 하듯이, 퇴행적 지도자들에게도 빈약한 성과의 책임을 묻도록 장려해야 한다.

이런 관찰을 구체화한 뒤, 이 절의 뒷부분에서 실질적인 함의를 다시 다룰 것이다.

민주주의를 퇴행시키는 정부들은 착수한 것을 거의 완수하지 못해서 관찰자들을 놀라게 할 때가 있다. 그런데 앞의 논의가 시사하듯, 이런 비효율성에는 구조적인 이유가 있다. 비효율성과 무능은 퇴행적 행정부에서 예측할 수 있는 단점이고, 친민주주의 세력은 이를

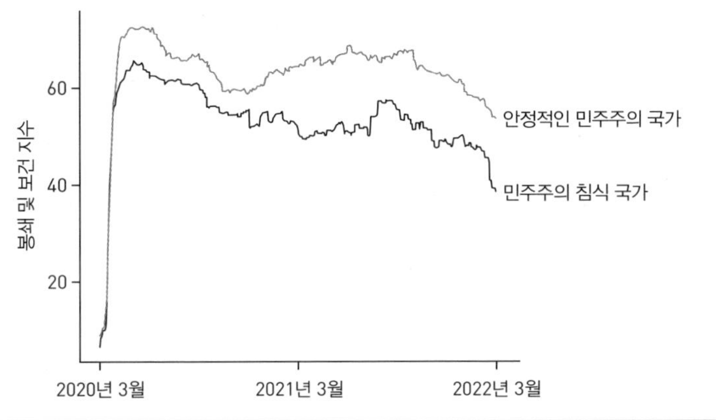

주: 자료 출처는 옥스퍼드 대학교 봉쇄 및 보건 지수, Hale et al. (2021). 이 분석에서 코로나19 시작 전에 민주주의가 중단된 베네수엘라는 제외했다.

이용해야 한다.

능력보다 충성심을 우선시하는 증거는 코로나19에 대한 퇴행적 지도자들의 대응에서 찾아볼 수 있다.[19] 그림 8.2는 2020년 3월 셧다운 시작부터 이후 2년 동안 미주 지역(북미·중미·남미) 국가들의 평균 성과를 보여준다. 서반구에서 민주주의가 침식된 나라들의 평균 성과는 민주주의가 침식되지 않은 나라들보다 저조했다.[20]

코로나19 기간의 빈약한 성과는 능력보다 충성심을 우선시한 지도자들에게서 나타나는, 그리고 능력 있는 전문가들이 요구받은 일에 요지부동한 상황에서 나타나는 전형적인 증상이었다.

빈약한 성과는 브라질에서 보우소나루 정부를 괴롭혔는데, 코로나19 기간에만 그런 것은 아니었다. 이 부진한 성과는 보우소나루가 내각을 구성할 때 내린 선택으로 인해 사실상 정해진 일이었다. 브라질 정치학자들의 표현을 빌리면, 대통령은 "정치적 직책을 맡은 적이 없거나 공직에 선출된 적이 없어서 행정이나 정책 현안에 대한 경험이 전혀 없는 인물들을 직접 골라 우파 극단주의 아마추어들의 정부"를 만들었다.[21] 보우소나루가 등용한 인재들의 수준이 낮았고, 대통령 자신도 국정에 뚜렷한 관심이 없어서 그의 정부는 한 일이 거의 없었다.

미국에서 트럼프 1기 행정부도 여러 측면에서 현저히 성과가 나빴다. 보우소나루와 달리 트럼프는 이념가가 아니었다. 그렇지만 그는 자신이 인상적이고 중요하다고 여긴 사람들에게 마음을 빼앗겨 그들을 고위직에 임명했다. 그러나 그들의 이전 경력과 업적은 새로운 역할에 잘 어울리지 않았다. 그리고 이런 산업계와 군부의 지도자들은 트럼프의 지도력에 안달이 난 반면, 트럼프는 무엇을 명령해도 그들이 이행하기를 꺼려서 안달했다. 그래서 고위직에 임명된 많은 이들이 해임되거나 사퇴했다.

트럼프 1기 행정부의 들쑥날쑥한 성과를 보여주는 한 사례는 행정 법원에서의 저조한 기록이다. 미국 행정부는 규제 변경안에 대해 당연히 법적 방어력을 갖추어야 한다. 가령 행정부가 수질에 대한 규제 완화를 꾀한다면, 이는 통상 환경 단체들의 소송 대상이 된다.

트럼프 1기 행정부는 이런 소송에서 유독 성과가 나빠, 패소했거나 질 것 같아서 철회한 경우가 78퍼센트에 달했다.[22] 다른 행정부들은 패소나 철회 비율이 20~40퍼센트였다. 트럼프에 불리하게 내려진 많은 판결은, 그것이 공화당 지명 판사의 판결이건 민주당 지명 판사의 판결이건, 정부 부처의 조치들이 '자의적이고 예측할 수 없다'고 보았다. 이는 행정부가 행정절차법에 부합하는 조치였는지에 대해 판사들을 설득하지 못했다는 의미다. 행정절차법이 1940년대부터 시행되었음을 고려하면, 행정부가 이 법을 준수하는 데 그토록 어려움을 겪었다는 사실이 놀라울 뿐이다.

행정부는 탈규제 측면에서 분명히 좋은 성과를 내고 싶었을 텐데, 이런 저조한 소송 기록은 의아해 보일 수 있다. 그 핵심 원인은 행정 부처 지도부와 법무팀의 경험 부족과 무능이다.

백악관에 입성하려고 세 번째 출마한 트럼프는 공공 정책 전문성을 갖춘 보수파, 특히 싱크탱크인 헤리티지 재단(Heritage Foundation)과 연계된 '2025 프로젝트' 입안자들의 지원을 받았다. 따라서 트럼프 2기 행정부는 더 높은 역량을 보여줄 것이라는 기대가 컸다. 이 책을 쓰는 시점에서 트럼프 2기 행정부가 충성심과 능력의 균형을 잘 맞출지 말하기에는 너무 이르다. 그러나 핵심 부처에 대한 초기 인선을 보면 신임 대통령이 첫 임기 때보다 훨씬 더 충성심에 가치를 둔다고 여겨진다. 대통령은 첫 임기 때보다 더 예스맨(yes-man)과 예스우먼(yes-woman)에 둘러싸여 있는 것으로 보인다.

미국과 세계 도처에서 법원은 퇴행적 지도자 전술서에 나오는 핵심 표적이다. 일부 판사·검사·변호사가 동조하기를 꺼리는 것은 퇴행적 지도자의 계획에 걸림돌이 된다. 판사들이 직업적 규범을 위반하고 법과 헌법을 무시하라는 요청에 제동을 건 사례는 적지 않았다. 주목할 만한 사례는 다음과 같다.

- 헝가리에서 오르반 정부는 2010년에 언론사의 광고 수입에 대한 세금을 도입했다. 이 조치는 정부에 비판적인 언론사를 표적으로 삼은 것이라는 시각이 많았다. 2014년 헌법재판소는 이 조치를 위헌으로 보았다.[23]

- 2015년 이후 폴란드에서 법과정의당 정부는 사법부의 독립성을 저해하는 공격적인 조치를 취했다. 그러나 법원은 정부의 사법 개혁, 언론의 독립성 위축 시도, 많은 정책 쟁점에 대해 반대 판결을 내려 정부에 맞섰다. 정부로부터 처벌받은 개별 판사들은 유럽연합으로부터 어느 정도 보호를 받았다.

- 멕시코에서는 대법원이 2022년과 2023년에 거듭해서 선거 관리 기구의 독립성과 자원을 줄이려고 의회 내 친정부 다수파가 통과시킨 법안을 뒤집었다.

- 브라질에서는 법원이 원주민과 성소수자 권리부터 환경 문제와 정부의 코로나19 대응까지 여러 사건에서 보우소나루 정부에 불리한 판결을 내렸다. 보우소나루가 2022년 선거에서 지고 그의 지지자들이 권력 이양을 막는 대중 봉기를 일으키자, 2023년 최고선거법원은 전임 대통령이 권력을 남용하고 공공 미디어를 오용해 유죄라고 보고, 8년간 공직에 출마하지 못하게 했다.

- 미국에서 트럼프의 선거운동 본부는 2020년에 선거 결과 확정을 연기하거나 그 결과를 뒤집으려고 주 법원과 연방 법원에 수십 건의 소송을 제기했다. 법원들이 거의 예외 없이 이 소송 당사자의 주장을 기각하지 않았다면, 패배한 후보가 대통령으로 남아 있었을지도 모른다.

예비 독재자들 밑에서 복무하는 많은 군 간부도 공직자와 판사처럼 자신들의 직업적 명성을 지키는 쪽을 선호했다. 퇴행을 조장하는 지도자들은 실제로 군대의 환심을 사려고 했지만, 항상 성공하지는 못했다. 멕시코의 로페스 오브라도르 대통령은 군부를 정치에서 분리해온 백 년 전통을 거스르며 군부에 관심과 자원을 쏟아부었고, 군부는 그의 통렬한 수사적 공격에서 면제되었다.[24] 대위 출신인 보우소나루는 브라질의 독재 시절로 되돌아가고 싶어 하는 열망을 공개적으로 드러냈다. 2022년 대선 패배 후, 추종자들은 그가 권력을 유지하도록 군이 개입해주기를 바라며 회유했으나, 군은 중립을 지켰다.

미국에는 브라질 같은 군사 쿠데타의 역사가 없다. 하지만 첫 번째 임기 말과 두 번째 임기 초에 트럼프는 군부 내 헌법 수호파를 충성파로 대체하려고 시도했다. 그는 2020년 대선 패배를 뒤집으려고 노력하는 가운데 군에 지지를 요청하려 했지만, 합참의장인 마크 밀리(Mark Milley) 장군이 저항하면서 그 시도는 좌절되었다. 앞서 지적했듯이, 트럼프는 1기 행정부 때보다 2기 행정부에서 각료와 주요 보직 지명자로 경험 많은 인물보다 충성파를 훨씬 더 선호하는 경우가 많았다.

이런 사례들에서 군부가 퇴행적 지도자의 권력 연장을 지원할 정도로 지도자에게 부응하는 경우는 없었다. 이런 직업 정신이 시간이 지나며 사라질 수 있다고 경고하는 이들도 있지만, "애국자들과 전문가들"은 "괴짜들과 아첨꾼들"보다 수적으로 우위에 있었다.[25]

공직사회나 법원, 군대에서건, 또는 퇴행적 지도자가 속한 정당에서건 용감한 친민주주의 행위자들은 침식을 막는 효과적인 제동 장치 역할을 할 수 있다. 하지만 이 제동 장치는 닳아 없어질 수 있다. 친민주주의 세력에게 주어진 과제 하나는 시간이 갈수록 퇴행적 정부가 국가를 '통제하고 재편'하는 분명한 전략을 개발한다는 점이다. 퇴행적 정부는 시민사회 단체나 싱크탱크와 동맹을 맺을 수도 있는데, 이런 단체들은 이를 자신들의 의제를 실현할 기회로 본다. 그 대가로 퇴행적 지도자들은 주류의 직업 기준이나 윤리로부터 덜 제약받는 능숙한 조력자들을 확보한다. 양극화된 유권자들이 혐오하는 반대편의 집권을 막기 위해 자기편 지도자의 부적절한 행위를 기꺼이 묵인하듯, 변호사와 판사, 정책 전문가, 군 간부도 반대편의 집권을 생각조차 하기 싫은 끔찍한 결과로 여길 수 있다. 그렇게 되면 이런 생각은 굉장히 비민주적인 행동 방침을 정당화할 수도 있다.

이 논의의 첫 번째 실질적 교훈으로 돌아가면, 친민주주의 행위자들은 퇴행적 지도자가 유능한 행정부를 구성하는 데 따르는 어려움을 이용할 수 있다. 앞서 언급했듯이, 그렇게 할 수 있는 한 가지 방법은 공직자들에게 직업 기준에 충실하라고 압박하는 것이다. 변호사들이 민주주의를 침식하는 계획에 가담하면, 변호사 협회는 그들을 제재해야 한다. 판사들이 퇴행적 지도자에게 법 위반의 책임을 추궁하지 못하면, 그들 역시 가능하다면 직업상의 징계를 받아야 한다. 보상도 도움이 될 수 있다. 건전한 절차를 위반하라는 압력에 저항하는 공직자는 자신이 속한 직능 단체로부터 인정받아야 한다. 강경책을 신중하게 사용할 때처럼, 직업상의 보상이나 제재에서도 당파성을 피하는 것이 중요하다. 물론 퇴행을 조장하는 지도자들은 이런 조치를 당파성으로 덧칠하겠지만, 반드시 그럴 필요는 없다. 퇴행적 지도자가 속한 정당의 지도부 내에서 퇴행에 저항하는 용감한 행동을 선택한다면 특히 도움이 된다.

앞서 언급한 두 번째 교훈으로 돌아가면, 퇴행적 지도자들의 저조한 정부 성과는 선거에서 친민주주의 정당들에게 기회를 열어준다. 이전 장들에서 지적했듯이, 퇴행을 조장하는 지도자들은 재선시 유권자들을 상대한다는 점에서 군부 독재자들과 다르다. 물론 독재화가 아주 충분히 진행되면 이런 재선 출마는 의미가 없어진다. 이런 일이 2024년 베네수엘라에서 일어났다. 니콜라스 마두로 대통령은 약 30퍼센트포인트 차이로 패배한 것 같은 선거에서 승리했다고 주장했다. 그러나 대개 퇴행을 조장하는 대통령이나 수상, 그리고 그들의 정당은 더 의미 있는 경쟁에 직면한다.

친민주주의 세력은 퇴행적 지도자들에 맞서 어떤 방식으로 선거를 치를지 결정해야 한다. 민주주의 쟁점을 내세워야 할까? 아니면 현직인 퇴행적 지도자의 저조한 경제 관리처럼 전통적인 쟁점을 바탕으로 선거를 치러야 할까?

민주주의를 공격한 과거 전력을 무시하면 그 중요성을 최소화하는 것처럼 보일 위험이 있다. 하지만 이 절의 논의 요지는 퇴행적 지도자들이 단순히 운이 나빠서가 아니라 예측 가능할 만큼 국정에 미숙하기 때문에 성과가 나쁠 수 있다는 점이다. 그리고 물론 유권자들도 성과에 신경쓴다. 폴란드 유권자들은 극단적인 사회정책 때문에 법과정의당 정부를 거부했다. 2024년에 베네수엘라 유권자들은 경제 파탄은 물론 민주주의 파괴에 대한 분노를 표출하고자 투표권을 행사했다. 아마도 더 심층적인 교훈은 이 두 가지가 서로 연결되어 있다는 점일 것이다. 친민주주의 세력은 퇴행적 지도자의 민주주의 공격과 저조한 성과를 동시에 부각하는 선거운동을 할 수 있다.

유권자의 저항

퇴행을 조장하는 지도자들은 선거운동 기간과 재임 중에 대중을 양극화하고 민주주의에 대한 냉소주의를 퍼트려 지지를 확보한다. 친민주주의 세력은 이 두 경향 모두에 대항해 양극화를 완화하고 민주주의 제도에 대한 신뢰를 회복하도록 조치해야 한다. 퇴행적 지도자들은 공직에서 물러난 뒤에도 양극화되고 냉소적인 대중을 남겨놓는다. 그러므로 양극화에서 벗어나고 신뢰를 복원하려는 노력은 민주주의 침식 시기 이후에도 계속되어야 한다.

양극화에서 벗어나기

사회과학자들은 유권자들을 양극화에서 벗어나게 하는 전략을 찾아내는 데 많은 진전을 이루었다. 하지만 후보자, 선거운동 본부, 활동가, 자원봉사자 같은 친민주주의 활동 주체들이 양극화에서 벗어나기를 **원해야** 한다. 그렇지만 수년간 비방을 당하다보면 상대편을 향한 강력한 언어 표현을 거두고 싶어 하지 않을 수도 있다. 게다가 **상대편은 악**이라는 마니교적 이분법 구도를 채택하라는 그럴듯한 주장도 존재한다. 앞서 보았듯이, 이런 구도는 분노와 도덕적 분개 같은 감정을 자극해 유권자들을 투표소로 이끌 수 있다. 하지만 선악 구도는 부작용이 있어, 퇴행을 조장하는 지도자의 손에서 놀아날 수도 있다.

하나의 해결책은 퇴행적 정당의 지도부를 언급할 때는 마니교적 이분법을 받아들이되, 그들을 지지하는 유권자들에 대해서는 덜 양극화하고 더 포용하는 것이다. 사실 혐오와 분열을 퍼뜨려 자신의 권력을 확대하려는 지도자들은 도덕적으로 비열해서 마니교식 담론이 실제로 정확할 수 있다. 그리고 정확성이 핵심이다. 퇴행적 지도자를 흉내내 거짓말을 쏟아내면 민주주의에 대한 사람들의 신뢰만 더 흔들어놓을 뿐이기 때문이다.

그러나 퇴행적 지도자를 지지하는 시민들은 더 많이 존중받아야 한다. 지도자의 발언은 지지자들의 정치 신념 체계에 많은 책임이 있다. 7장에서 보았듯이, 터무니없는 주장을 믿는 시민들조차도 비판적 사고 능력을 더 기를 필요는 있을지언정 나름의 합리적인 이유로 그렇게 믿을 수 있다. 내가 인용한 여러 학자는 퇴행적 지도자를 지지하는 사람들에게 공감하는 설명을 제시한다. 알리 러셀 혹실드(Arlie Russell Hochschild)는 루이지애나주 레이크찰스를 찾아가 '암 골목(cancer alley)' 주민들이 환경 보호에 반대하는 정치인들을 왜 지지하는지 밝혀내려고 했다. 그녀가 발견한 것은 무지하고 편협한 사람들이 아니라, 삶의 방식과 (종종) 건강이 무너져 내리는데도, 환경 위협으로부터 자신들을 보호해줄 정부의 긍정적 모델을 한 번도 경험해보지 못한 사람들이었다. 포드와 굿윈은 영국의 반이민 정서를 탐구해, 외국인 혐오자로 추정되는 이들에게서도 긍정적 가치를 확인했다. 그들은 교육 수준이 낮은 고령의 유권자들에게 "국민 정체성은 단순히 제도와 시민적 소속감이 아니라 선조 및 출생지와 연결되어 있고, 영국인다움은 진보적인 대학 졸업자들보다 그들에게 훨씬 더 중요하다"고 설명했다.[26]

정치인, 활동가, 자원봉사자가 마니교적 이분법을 멀리한다고 해도, 정치는 감정적 호소에서 절대 자유로울 수 없다. 다행히 성공한 감정적 호소가 모두 분열적이거나 혐오와 공포를 조장하지는 않는다. 7장에서 언급했듯이, 낙관주의와 열정은 접근 감정이고 분노나 도덕적 분개만큼 강력할 수 있다. 역사상 가장 성공한 일부 정치인은 낙관주의를 불어넣고 유권자들의 기분을 북돋우는 능력이 돋보였다. 윈스턴 처칠이나 로널드 레이건, 버락 오바마를 떠올려보라. 그들이 펼친 담론 세계에도 적은 등장한다. 그러나 강조점은 동맹 구축과 영감, 더 나은 미래에 있었다. 해변에서의 전투나 밝아오는 새 아침, 또는 정의를 향해 굽이치는 역사의 궤적 등이다. 밝은 정치인도 선거에서 이길 수 있다.

정치 행위자들이 양극화를 줄이기로 작정한다면, 어떤 전략이 필요할까? 연구자들은 정적에 대한 증오를 줄이는 일련의 메시지와 개입 방식을 찾아냈다. 이런 개입은 사람들을 탈양극화할 수 있다는 근거가 된다. 실제 현실에 이런 종류의 메시지를 적용하는 일은 친민주주의 세력의 당면 과제다.

5장에서 설명했듯이, 정치인들은 정체성의 다양한 측면을 단 하나의 차원으로 정렬해서 추종자들을 양극화한다. 우리는 스스로를 부모이거나 자녀 없는 성인, 노동자이거나 경영자, 특정 지역 주민, 특정 종교의 신자, 특정 스포츠팀의 팬, 특정 정당의 당원 등의 복잡한 혼합체로 볼 수 있다. 또는 우리는 이 많은 차원이 당파성과 중첩되고, 더 나아가 당파성이 정말 중요하다고 생각할 수도 있다. 이런 시각은 자기충족적일 수 있어서, 당파성이 사람들 마음속에 크게 자리잡으면 다른 차원의 차이들을 밀어낸다. 사람들을 양극화에서 벗어나도록 하는 데 성공한 개입 방식은 이렇게 중첩된 차원들을 떼어놓는다. 그런 방식은 우리가 양극화 세력이 믿게 하려는 것보다 더 복잡하다는 사실을 일깨운다.[27]

이는 스탠퍼드 대학교의 연구자들이 계획한 대규모 '메가 연구'에서 나온 교훈이다. 이 연구는 당파적 양극화를 줄이는(또한 민주주의 지지를 강화하는) 광범위한 메시지와 개입 방식의 효과를 검증하는 25건의 서로 다른 실험을 비교할 수 있도록 설계되었다.[28] 연구자들은 총 3만 2000명 이상의 미국인을 포함한 표본에서 이런 개입 방식을 실험으로 검증했다. 다수의 실험에서는 양극화와 관련된 상황을 담은 영상을 사람들에게 보여주었다. 매번 실험이 끝나면 참가자들에게 양대 정당에 대한 느낌을 물었다.[29] 실험 전에 참가자들에게 정당 성향을 물어봤기 때문에, 연구자들은 실험 처치로 상대 정당에 대한 시각이 얼마나 많이 바뀌었는지 평가할 수 있었다.

양극화를 줄이는 데 가장 효과적인 개입 방식은 사람들이 일차원적이지 않고 놀랄 정도로 복잡할 수 있다는 점을 설득하는 것이었다. '긍정적 접촉 영상'에서 참가자들은 여러 쌍의 낯선 사람들 사이에서 일어나는 일련의 상호작용을 관찰했다. (영상은 사실 맥주 광고였는데, 거기에 출연한 사람들은 배우가 아니었고 자신들의 실제 경험을 이야기했다.) 각 쌍은 불쾌감을 주는 대화 상대방의 발언을 듣는 것으로 시작했다.

예를 들면, 한 남성은 "오늘날의 페미니즘은 남성 혐오"라고 선언한다. 그 사람과 짝이 된 여성은 "나는 나 자신을 100퍼센트 페미니스트로 규정한다"고 선언한다. 이들은 기후변화와 트랜스젠더 정체성에 대해서도 상반된 견해를 표명한다. 이후 각 쌍은 자신들의 복잡성을 드러내는 대화를 나누었다. 상남자로 보였던 남성은 전직 군인이 아니었고, 반면 그의 대화 상대인 여성은 전직 군인이면서 트랜스젠더였다.[30]

사람들의 당파적 반감을 줄이는 다른 실험은 '공통의 지친 다수'라고 불렸다. 이 실험에서는 참가자들에게 시청률을 올리려는 방법으로 양극화를 부추기는 뉴스 매체에 대한 메시지를 읽게 했다. 이 연구 논문 저자들의 설명에 따르면, "참가자들은 민주당 지지자와 공화당 지지자 대부분이 양극화를 거부하는 지친 다수의 일부라는 글을 읽었다".[31] '긍정적 접촉 영상'과 '공통의 지친 다수'라는 두 가지 개입은 모두 상당한 정도로, 그러니까 100점 만점 척도에서 10점가량 당파적 반감을 줄였다.

그러므로 효과적인 메시지는 우리의 놀라운 다양성을 찬양하고, 분열적인 당파적 정치 발언을 거부하는 태도를 찬양하는 메시지다.

이런 연구들이 양극화를 줄이는 효과적인 전략을 안내하는 데 유용하기는 하지만, 현실성 있다고 내세우기는 어렵다. 연구자들이 말하는 '외적 타당성'이 부족하기 때문이다. 예를 들면, 현실에서는 당파적 정렬과 상호 회피로 인해 반대당 사람들과 지속적으로 상호작용할 기회가 줄어든다.

그렇지만 이 교훈들은 중요하다. 양극화를 줄이려는 목표를 가진 시민사회 단체들의 미디어 활동에 활용될 수 있기 때문이다. 그리고 우리가 대부분 자신과 비슷한 사람들에게 둘러싸여 있다고 하더라도 항상 그런 것은 아니며, 자신과 비슷하지 않은 사람들과 어울리는 것을 피해서는 안 된다. 러셀 혹실드의 표현을 빌리자면, 고정관념 너머를 보는 것은 "공감의 벽"을 허무는 데 도움이 된다.

> 공감의 벽은 타인에 대한 깊은 이해를 가로막는 장애물이어서, 신념이 다르고 어린 시절을 다른 환경에서 보낸 사람들에게 무관심하거나 심지어 적대감을 갖게 만든다. 정치적 혼란기에 우리는 즉각적인 확실성에 매달린다. 우리는 새로운 정보를 기존 사고 방식에 끼워맞춘다. …… 그러나 우리의 신념을 바꾸지 않고도 타인의 내면을 알고, 타인의 눈을 통해 현실을 보며, 삶과 감정과 정치의 연결고리를 이해하는 것, 즉 공감의 벽을 넘는 것이 가능할까?[32]

민주주의 헐뜯기에 반박하고 허무주의에 대항하기

대부분의 관심이 양극화 문제에 쏠려 있어서, 우리는 민주주의 헐뜯기에 어떻게 대응해야 하는지 잘 모른다.[33] 하지만 우리가 아는 것을 통해 몇 가지 요점을 도출할 수 있다. 긍정적이고 정확한 메시지는 효과적일 수 있다. 그런 메시지는 심지어 퇴행적 정당의 지지자들에게도 효과적일 수 있다. 모든 메시지가 똑같이 설득력이 있지는 않지만, 메시지의 출처가 중요하다. 그리고 하나의 메시지를 단 한 번 접해서는 오래 지속되는 차이를 만들어낼 수 없다. 민주주의 제도에 대한 잘못된 인상을 교정하려고 나선 사람들은 인내심을 갖고 메시지를 계속 반복할 준비가 되어 있어야 한다.

첫 번째로 살펴볼 연구는 정확하고 구체적인 정보가 핵심 제도인 선거에 대한 신뢰를 회복시키는 힘을 보여준다. 2021년 6월 브라이트 라인 워치 연구는 2020년 선거 이후 애리조나주에서 발생한 논란과 뒤이은 여러 차례 선거 감사를 활용했다. 애리조나주에서 조 바이든은 아주 근소한 차이인 약 1만 표, 즉 약 0.3퍼센트포인트 차이로 승리했다. 이 연구의 목적은 공식 감사에 대한 정보를 접하면 사람들, 특히 공화당 지지자들이 공식 선거 결과의 정확성을 신뢰할지 확인하는 것이었다.[34]

미국 성인 표본의 3분의 1은 대조군에 할당되었다. 대조군 참가자들은 마리코파 카운티에 대한 일반적인 정보를 읽었다. "마리코파 카운티는 피닉스가 위치한 애리조나주에서 큰 카운티다. 2020년 선거에서 조 바이든은 마리코파 카운티에서 49.81퍼센트 득표했고, 트럼프는 47.65퍼센트 득표했다." 표본의 다른 3분의 1은 같은 정보와 함께 선거 후의 공식 감사 2건에 대한 추가 사실을 전달받아 읽었다. "마리코파 카운티는 2020년 선거에 대해 이미 여러 번 감사를 실시했다." 이 텍스트는 해당 감사에 선거 장비 검증과 투표용지 표본의 수작업 개표도 포함되었다고 설명했다. 실험 처치용 텍스트는 이런 검증 결과, 개표가 "100퍼센트 정확"했다고 정확하게 알렸다.[35]

공식 감사에 대한 추가 정보는 선거 결과를 신뢰하게 했는데, 특히 공화당 지지자들에게 그랬다. 공식 결과의 정확성에 대해 '매우 신뢰한다'와 '약간 신뢰한다'고 답한 비율은 대조군의 공화당 지지자들 사이에서 22퍼센트였는데, 감사 내용을 읽은 실험군의 공화당 지

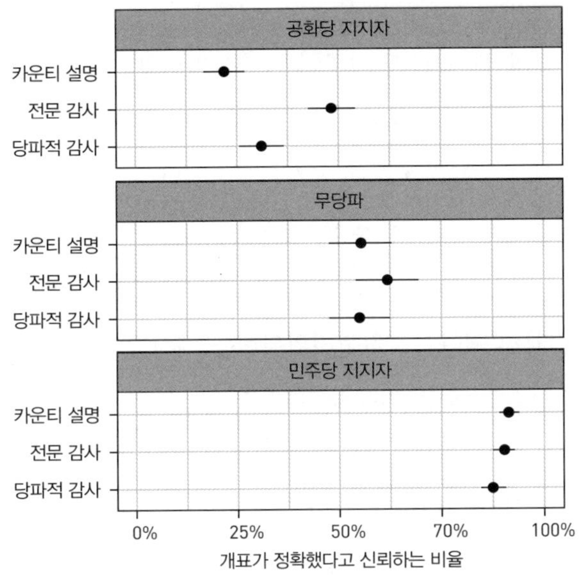

주: 자료 출처는 Bright Line Watch Survey, 2021년 6월. 수치는 마리코파 카운티의 개표 정확성에 대해 '매우 신뢰한다' 또는 '약간 신뢰한다'고 답한 응답자의 정당별, 실험 처치 상태별 비율이다. 표본은 미국 성인의 전국 단위 표본이다. 집단별 평균값은 95퍼센트 신뢰 구간으로 제시되었다.

지자들 사이에서는 48퍼센트로 두 배 이상 높았다(그림 8.3 참조). 이 실험이 이런 신뢰 상승의 지속성이나 선거 부정론자들의 필연적인 반격에 대한 신뢰의 민감성을 규명하지는 못하지만, 그래도 간략하고 정확한 보고서 하나가 공화당 지지자들에게 미친 강력한 신뢰 구축 효과는 주목할 만했다.

두 번째 연구는 민주주의를 침식하는 지도자의 당파적 지지자들조차도 그 지도자의 민주주의 비하 메시지를 반박하는 반론에 마음이 바뀔 수 있음을 다시 한번 보여준다.

이 연구는 2023년 말에 멕시코 몬테레이 공과대학교의 브렛 베센이 시카고 대학교 민주주의 연구소(우리베와 나)와 함께 수행했다.[36] 우리는 멕시코의 선거 관리 기구인 국가선거위원회에 대한 당시 로페스 오브라도르 대통령의 메시지에 초점을 맞췄다. 우리는 일부 참가자에게 로페스 오브라도르가 국가선거위원회를 비방하는 발언("국민에 반해서 행동"하고, "부패"와 "특권", "마약 국가"와 관련되어 있다는 발언)을 보여주었다.[37] 그런 다음 일부 참가자에게는 대통령의 발언을 반박하는 다음 글을 읽게 했다. "국가선거위원회는 멕시코에서 깨끗한 선거를 보장한다고 국제적으로 인정받았다."

마지막에 우리는 모든 참가자에게 국가선거위원회에 대한 신뢰도를 물었다. 로페스 오브라도르의 공격은 기관에 대한 신뢰를 떨어뜨렸다. 그러나 반박 글은 신뢰를 회복시켰고, 심지어 대통령의 지지자들에게도 그랬다.[38] 국제적 반박은 집권당(MORENA) 지지자들과 무당파 모두에서 신뢰를 끌어올렸다. 국제적 반박은 야당 지지자들의 신뢰는 유의미하게 끌어올리지 못했는데, 이들은 기관에 대한 신뢰가 이미 높았기 때문이다.[39]

애리조나주와 멕시코의 반박 사례 연구는 모두 믿음이 변할 수 있음을 보여준다. 이 연구들은 **독재화하는 지도자의 당파적 지지자들 사이에서도** 민주주의에 대한 신뢰를 회복하는 데 정확한 정보가 가진 놀라운 힘을 드러낸다. 이는 고무적인 소식이다.

물론 현실 세계는 더 어렵다. 우리 연구에서 퇴행적 지도자의 지지자들은 포획된 청중이었다. 양극화된 사회에서 친민주주의 행위자들은 자신들의 메시지가 이런 유권자들의 눈과 귀에 가닿게 하는 데

만도 고된 노력을 기울여야 한다. 만약 정확한 정보와 반박이 그들에게 가닿으면, 메시지는 효과적일 수 있다는 사실을 이 연구들은 알려준다. 그러나 그것은 커다란 '가정'일 뿐이다. 게다가 현실 세계에서는 반박이 그들에게 가닿는다 해도 퇴행적 지도자의 지지자들은 오도하는 허위의 반대 담론에도 계속해서 노출될 것이다. 미국인들은 선거를 '도둑맞았다'는 주장을 계속해서 들을 것이다. 멕시코인들은 자국의 가장 효율적인 기관에 대한 비방을 계속 들을 것이다. 이를 바로잡는다고 해서 이런 유권자들의 눈에 덮인 비늘을 영원히 제거하지는 못한다. 그래서 반박도 계속 반복할 필요가 있다.

퇴행적 지도자의 지지자들이 정확한 정보에 면역되어 있다는 생각은 우리 연구 결과로 볼 때 너무 비관적이다. 선거 관리 기구와 같은 제도를 옹호하는 메시지를 다듬어서 대중에게 제공하는 것은 허무맹랑한 일이 아니다. 그렇게 하면 민주주의가 제대로 작동할 수 있다는 믿음을 회복시킬 수도 있다.

나는 민주주의가 훼손될 때 시민의 권리가 어떻게 나빠지는지의 사례들로 이 책을 시작했다. 앞서 논의했듯이, 스탠퍼드 대학교의 메가 연구에 따르면 그런 훼손의 증거는 민주주의에 대한 사람들의 지지도를 끌어올린다.

민주주의 붕괴 위협이라는 개입 실험에서 참가자들은 소리 없이 빈 배경에 글자만 나오는 영상을 보았다.[40] 텍스트는 이렇게 물었다. "민주주의가 실패하면 어떻게 될까요?" 이어 영상은 짐바브웨에서 일어난 선거 관련 사건들을 설명한 뒤, 짐바브웨 시위대가 정부군에게 잔인하게 공격당하는 혼란스러운 장면을 보여주었다. 비슷한 시나리

오가 반복되어서 러시아·베네수엘라·튀르키예 순으로 이어졌고, 각 사례마다 상황 정보를 제공한 다음 경찰과 치안대의 공격을 받는 시민들의 영상을 제시했다.

마지막 부분은 미국에 대한 것이었다. 화면에 다음 문구가 나타났다. "이런 일이 여기서 일어날 수 있을까요?" 미국의 민주주의가 실패할 수 있음을 시사하는 여러 신문의 헤드라인이 등장하고, 2021년 1월 6일 미국 의회의사당 폭동 장면이 이어졌다.

이 실험에서 주목할 점은 민주주의에 대한 지지를 끌어올렸다는 것만이 아니었다. 영상에서 보여준 시위대 탄압과 무관한 사안에서도 지지가 올랐다. 예를 들면, 영상을 본 사람들은 대조군에 비해 자동 유권자 등록에 더 우호적이었고, 2020년 대통령 선거 결과를 부정할 가능성도 더 낮았다. 반면, 영상이 반발 효과를 초래해 폭력 사용에 대한 지지도 끌어올렸다. 연구자들에 따르면, 반발은 보수적인 공화당 지지자들이 주도했는데, 아마도 1월 6일 폭동이 반민주적이라는 함의에 대한 반작용이었을 것이다. 연구자들이 지적했듯이, 이 연구 당시에 많은 공화당 지지자는 1월 6일 사건을 "정당한 항의"로 보았다.[41] 따라서 영상을 본 참가자들은 다음과 같은 질문에 더 우호적인 답변을 내놓았다. "만일 다음 선거에서 〔민주당/공화당〕이 이긴다면, 〔민주당/공화당〕 지지자들의 폭력 사용이 얼마나 정당하다고 느낍니까?"

그렇지만 이 개입 실험의 전반적인 성공은 민주주의가 완전히 무너지고 있는 체제와 독재 치하에서 사는 것이 어떤지에 대한 경고의 힘을 충분히 보여준다.

민주주의 침식에 맞서는 또 다른 방법은 '왜 민주주의인가'라는 질문에 비교 관점에서 대답하는 것이다. 서론에서 인용했던 아르헨티나 정치인의 말을 떠올려보자. 민주주의 체제에서 우리는 투표만 하는 것이 아니라 먹고, 치료받고, 교육도 받는다고 그는 단언했다. 그의 말은 틀리지 않았다. 적어도 민주주의는 독재 체제보다 이런 결과에 이를 수 있는 더 나은 기회를 제공한다. 민주주의 체제에서의 생활이 언제나 좋을 수는 없고, 심지어 독재 체제에서의 생활보다 항상 더 나은 것도 아니다. 그러나 자의적인 구금과 기소, 인신보호 제도의 부재, 언론과 표현의 심각한 제한, 그리고 지도자를 선택하지 못하는 선거 같은 두려운 상황을 피하고 싶은 사람들은 민주주의 체제에서 더 잘해나갈 것이다.

이런 메시지 전달과는 별개로, 민주주의에 대한 냉소주의의 분명한 해독제는 민주주의가 더 잘 작동하게 하는 것이다. 민주주의 퇴행의 경험은 민주주의 개혁을 위한 수많은 제안을 쏟아내게 했다. 미국에서는 선거 참여를 높이고(예: 의무 투표제), 대표성을 개선하면서 유권자에게 더 많은 선택지를 부여하며(예: 중·대선거구제와 순위 투표제), 소수의 거부권을 방지하는(예: 선거인단 제도 및 상원의 필리버스터 폐지) 개혁들이 있다.[42]

많은 개인과 조직이 민주주의 침식에 저항하며 용감하게 행동한다. 앞서 논의한 저항 사례들 외에도 세계 곳곳에서 시민들은 민주적 통

치를 강화하려는 노력 속에서 놀랄 만한 창의성을 보여주었다.

단 하나의 사례를 제시하며 마무리하자면, 2016년 브라운 대학교 정치학과의 한 젊은 조교수는 주위를 둘러보다가 자신의 대학교 학생들에게 민주주의가 어떻게 작동하는지, 언제 작동하지 않는지, 무엇이 민주주의를 위협하는지 등 민주주의를 공부할 기회가 거의 없다는 점에 주목했다. 거의 10년 후, 롭 블레어 교수의 노력으로 탄생한 컨소시엄은 올버니 주립대학교에서 예일 대학교까지 수십 개 대학에서 강좌를 총괄하고 있다. 여러 버전의 강좌가 아일랜드·필리핀·루마니아·튀르키예·태국·영국에서도 진행된다. 미국 공군사관학교와 워싱턴 D.C.의 한 감옥에서도 강의가 이루어졌다.[43] 이 강좌는 민주주의 찬가가 아니다. 민주주의 체제의 온갖 복잡성과 약점을 탐구한다. 학생들은 동료 시민들처럼 어렵지만 중요한 교훈을 배우고 있다. 우리 모두는 민주주의를 싸워 지킬 만한 가치가 있는 체제로 구축하는 동시에, 이를 어떻게 지켜야 하는지 배우고 있다.

군사 쿠데타가 민주주의를 죽일 때는 모든 저항 공간이 즉시 닫힌다. 권력을 확장하려는 대통령과 수상이 민주주의를 약화시킬 때는 저항과 치유의 공간이 적어도 한동안은 남아 있다. 이 공간을 용감하게 창의적으로 활용하는 일은 민주주의를 소중히 여기고 독재를 두려워하는 우리 모두에게 달려 있다.

주

서론

1. Levitsky and Ziblatt (2018) 참조.

2. Rodrik (2018), p. 13. 로드릭은 내가 이 책에서 사용하는 것과는 다른 의미로 '포퓰리즘'이라는 용어를 사용한다. 그는 포퓰리즘을 정치인의 일반적인 범주를 설명하는 데 사용하고, 계급과 정체성에 따라 포퓰리스트의 하위 변종을 제시한다. 나는 우파 퇴행적 지도자를 '종족민족주의자'로 부르며, '포퓰리스트'는 좌파 지도자에 한정한다. 2장에서 더 자세히 설명하겠지만, 좌파 내에서도 포퓰리스트와 비포퓰리스트를 구분한다.

3. Rodrik (2021), p. 134.

4. 이 점을 강조하는 주요 일반 저술은 다음과 같다. Bermeo (2016); Levitsky and Ziblatt (2018); Waldner and Lust (2018); Haggard and Kaufman (2021).

5. Dafoe, Oneal, and Russett (2013).

6. Acemoglu et al. (2019). 또한 Rodrik and Wacziarg (2005); Przeworski et al. (2000)도 참조.

7. Oyèkolá (2023) p. 23. 문헌 검토는 Acemoglu et al. (2015) 참조.

8. 1973년 이후 처음으로 아르헨티나에서 1983년에 민주적으로 선출된 라울 알폰신 (Raúl Alfonsín) 대통령이 한 말. 이를 알려준 루이스 슈메리니에게 감사를 표한다.

9. 내가 나열한 기준 대부분은 Dahl (1998)에서 확인할 수 있다. 집권당이 선거에서 패배하고 물러날 수 있다는 요건은 쉐보르스키〔Przeworski (1991)〕가 강조한 바 있다.

10. 민주 정권이 독재 정권보다 인권을 더 많이 보호한다는 것은 많은 사회과학 연구
    의 초점이었으며, 이에 대한 검토는 Davenport (2007) 참조.

11. 인민민주당 소속의 셀라하틴 데미르타슈(Selahattin Demirtaş)를 일컫는다.

12. Dahl (1998).

13. Carrigan and Webb (2003) 참조.

14. 흑인들은 (공개적인 구경거리였던 린치 외에도) 폭행·강간·살해 같은 갖가지 폭
    력의 표적이 되기도 했다. Wood (2018) 참조.

1 민주주의 침식이란 무엇인가

1. Laebens (2022).

2. 오도넬〔O'Donnell (1998)〕은 수평적 책임성의 한 형태로 부문 간 견제와 균형
   이라는 개념을 발전시켰다. 스물로비츠와 페루소티〔Smulovitz and Peruzzotti
   (2000)〕는 유권자의 선거 책임성과 함께 사회 운동, 시민사회 단체, 그리고 언론
   이 정부에 행사할 수 있는 영향력까지 모두 포괄하는 사회적 책임성 개념을 개발
   했다.

3. Laebens (2022), p. 5.

4. 예외는 민주주의로 시작했다가 완전한 독재로 간주될 만큼 침식된 체제다. 차베스
   대통령과 마두로 대통령 치하의 베네수엘라와 최근 다니엘 오르테가 대통령 치하
   의 니카라과가 그런 사례다.

5. Little and Meng (2024). 또한 Treisman (2023)도 참조.

6. 이것이 다수 의견이라는 점은 이 주제에 관한 많은 책과 논문에서 확인할 수 있고,
   이 책 곳곳에서 인용했다. 추가 증거는 뒤에서 논의할 브라이트 라인 워치의 설문
   조사인데, 이 조사에 따르면 많은 정치학자가 이런 지도자들의 많은 말과 행동을
   비정상적이고 중요한 것으로 규정한다.

7. 라에벤스와 나의 차이는 그녀가 콜롬비아와 아르헨티나를 추가했다는 점이다. 이
   나라들은 일반적인 방법에서 명시한 수준만큼 민주주의 다양성 연구소의 책임성
   측도가 하락하지 않았다.

8. 튀르키예의 에르도안 대통령은 처음에 수상으로 2003년에 집권했지만 2010년까
   지는 민주주의를 침식하지 않았다. 헝가리의 빅토르 오르반 수상은 전통적인 지
   도자로 첫 임기(1998~2002)를 마쳤다. 그러다가 야당 시기를 거쳐 권좌에 복귀한

2010년부터 그의 주도로 헝가리 민주주의가 권위주의로 퇴락하기 시작했다.

9. Haggard and Kaufman (2021).

10. 이 책 전체에서 '대통령'과 '수상'이라는 용어는 각각 대통령제와 의원내각제의 정부 수반을 지칭한다.

11. 폴란드는 예외적인 경우여서, 국가 원수인 대통령도 정부 수반인 수상도 아닌 집권당인 법과정의당의 강력한 지도자 야로스와프 카친스키(Jaroslaw Kaczynski)가 퇴행을 주도했다.

12. Przeworski (2019), pp. 20-21.

13. Simões (2018).

14. Gidron et al. (2024), p. 2.

15. García Holgado and Mainwaring (2023).

16. 1998년 7월 30일, 차베스의 선거 유세 연설.

17. 야당 정치인도 민주주의를 훼손하는 방식으로 행동할 수 있다. 2006년과 2012년 멕시코 대선 이후 로페스 오브라도르의 행보가 좋은 사례다. 이런 의견을 제시해준 데이비드 루에다에게 감사를 표한다.

18. "〔오르반과 카친스키는〕 당선되기 전에는 자신들의 혁명적 야심에 대해 거짓말을 했다. 이 지도자들이 자신들의 독재 계획을 정직하게 밝혔다면, 둘 중 누구라도 승리할 수 있었을지 불분명하다." Kovács and Scheppele (2018), p. 190.

19. Haggard and Kaufman (2021), p. 3.

20. 이 공격 이후 비우호적인 기자들을 침묵시키기 위해 선별적 입법을 활용했다. Weise (2018) 참조.

21. Pomerantsev (2015) 참조.

22. Sanchez-Sibony (2017) 참조.

23. Higgins (2023).

24. Duchiade (2023) 참조.

25. Committee to Protect Journalists (2022b); Agence France-Presse (2016).

26. Committee to Protect Journalists (2022a); Garcia (2020).

27. Human Rights Watch (2022b).

28. 로페스 오브라도르 집권기의 멕시코에서 이런 예산 삭감과 그 동기에 대해서는 Ríos Figueroa (2022) 참조. 수평적 책임성을 줄이려는 로페스 오브라도르의 활

동 개요는 Brewer (2023) 참조.

29. Kovács and Scheppele (2018) 참조. 저자들은 헝가리 법원의 구성 변화뿐만 아니라 본격적인 정치화에 대해서도 알려준다.

30. Ríos Figueroa (2023) 참조.

31. Dada (2023) 참조.

32. Eligon and Chutel (2021).

33. Corasaniti (2021); Wilder (2021).

34. Gjuzelov and Hadjievska (2020).

35. Co-Equal (2024).

36. BBC News (2020). 부켈레 시대의 엘살바도르는 그림 1.1에 제시된 민주주의 퇴행 국가 목록에 포함되지 않았다. 그 이유는 라에벤스가 코딩 작업을 할 때 나이브 부켈레의 임기가 끝나지 않아 분석 대상에서 누락되었기 때문이다. 이 책 2장의 통계 분석에서는 엘살바도르 관련 데이터(지니 계수, GDP 등)를 추가했으며, 이 시기의 엘살바도르를 민주주의가 침식 중인 국가로 분류했다. 엘살바도르를 포함하더라도 우리 모델의 결과는 달라지지 않는다.

37. Romo (2017).

38. Freedom House (2023).

39. '황금 관료 집단'은 로페스 오브라도르 대통령이 멕시코 행정부를 비하하기 위해 사용한 용어다.

40. Mazur (2021), p. 107. 마주르는 폴란드의 공산주의 시절 행정부가 집권당에 종속되고 통합되었다고 지적한다. 공산주의 몰락 이후 행정부가 재편되었지만, 시민연단당 행정부에서도 후견과 국가-정당 통합의 일부 특성은 여전히 존속했다.

41. 베네수엘라에 대해서는 Muno and Briceño (2021), 튀르키예에 대해서는 Reuters (2017) 참조.

42. Moynihan (2022) 참조.

43. Freedom House (2020).

44. Human Rights Watch (2022a).

45. Freedom House (2017).

46. Achtenberg (2015).

47. Bhattacharya (2018) 참조.

48. Foer (2019) 참조.

49. Miller (2021) 참조.

2 민주주의 침식의 물결 배후에는 무엇이 있는가

1. 이 사례들은 2016년 트럼프의 첫 대통령 선거 유세에서 가져온 것이다. 당시 그는 멕시코 이민자들을 강간범이자 범법자라고 주장했고, 자신의 유세장에 모인 참가 자들에게 야유하는 군중을 물리적으로 공격하라고 부추겼으며, 러시아 정부를 향해 상대 후보인 힐러리 클린턴이 국무장관 시절 저질렀을지도 모를 범죄 행위와 관련된 이메일 증거를 공개하라고 촉구했다.

2. Levitsky and Ziblatt (2018) and (2023); Snyder (2017).

3. 브라이트 라인 워치는 다트머스 대학교와 로체스터 대학교, 시카고 대학교 연구자 들이 협력해 만든 결실로, 존 캐리, 그레첸 헬름키, 브렌던 나이언, 미첼 샌더스와 내가 함께 설립했다. https://brightlinewatch.org/.

4. Bright Line Watch (2018).

5. Bright Line Watch (2021a).

6. Lipset (1959).

7. 사회과학자들과 역사학자들은 비교역사분석, 비교 질적 연구, 형식이론 등 다양한 연구 방법을 활용해 독재와 민주주의에 관한 질문에 답하고자 노력해왔다. 각 연구 방법의 중요한 사례는 다음과 같다. Moore (1966); O'Donnell (1973); Acemoglu and Robinson (2006).

8. 립셋의 논문은 우리가 원하는 만큼 명확하게 대답하지 못하는 문제가 많다. 그의 방법으로는 그가 계산한 다양한 평균들이 우연에 기인하는 것이 아니라 체제들의 실제 차이를 반영한다고 확신할 수 없다. 불확실성의 수준을 계산하고, 평균이 '실제' 차이라고 상당히 확신하기 위해서는 얼마나 큰 차이를 관찰할 필요가 있는지 계산하면 이런 문제는 해결된다. 또한 그의 연구로는 많은 요인 중 민주주의에 더 중요한 필수 요소가 무엇이고, 덜 중요한 것이 무엇인지 알 수 없다. 게다가 립셋은 '이변량', 즉 두 변수 분석을 고수해 각 잠재적 인과 요인과 결과인 체제 유형의 연관성을 한 번에 하나씩만 관찰했다. 그래서 그는 자신이 찾아낸 연관성이 허위가 아니라고 확신할 수 없었다. 부자 나라들은 민주주의 국가가 될 가능성이 더 높지만 도시화된 나라들은 그렇지 않다고 가정해보자. 그리고 부자 나라일수록 더

도시화되는 경향이 있다고 가정해보자. 그렇다면 도시화와 민주주의의 외견상 상 관관계는 허위이지 실제가 아닐 것이다.

9. 이 표현은 새뮤얼 헌팅턴(Samuel Huntington)이 고안한 것으로, 독재에서 민주주 의로의 이행을 경험한 나라들을 지칭한다. 이는 1970년대 초 남유럽에서 처음 시 작해, 1980년대 초부터 라틴아메리카에서, 1989년 베를린 장벽 붕괴 후에는 중동 부 유럽으로 이어졌다. Huntington (1991) 참조.

10. Treisman (2023); Przeworski (2019).

11. Boix (2003); Acemoglu and Robinson (2006). 또한 Lipset (1959)도 참조. 경 제적으로 소외되지 않은 신흥 상인 집단이 역사적으로 민주화를 압박해왔다는 주장에 대해서는 Ansell and Samuels (2014) 참조.

12. 자세한 기법은 Rau and Stokes (2025) 참조. 사용한 통계 모델은 로지스틱 회귀 모델이고, 분석 단위는 국가-연도였다. 우리는 대안적 분석 단위로 국가-선거- 연도를 사용했는데, 이는 재임 기간 중 자국의 민주주의를 침식할 지도자가 해당 연도에 치러진 선거에서 승리할 가능성을 연구했다는 의미다. (우리가 연구한 기 간에서 68회의 전국 단위 선거가 있었다.) 관측치의 국가 내 상관관계를 설명하 기 위해 우리는 국가 수준에서 군집화된 군집-강건 표준 오차를 모든 모델에서 사용한다. 우리 논문에서는 다수의 강건성 검증도 논의한다.

13. 지니 계수는 경제적 불평등이나 부의 측도로 널리 쓰인다. 지니 계수가 클수록 불평등 수준이 높다.

14. 우리는 표준화된 세계 소득 불평등 데이터베이스〔Standardized World Income Inequality Database, SWIID, Solt (2020)〕, 유엔 세계 소득 불평등 데이터베이 스(United Nations' World Income Inequality Database, WIID), 세계 불평등 데이터베이스(World Inequality Database, WID), 세계은행의 세계 개발 지표 (World Development Indicators, WDI) 등 여러 출처의 지니 데이터로 우리 모 델을 검증했다. 우리는 또한 부와 소득 공유라는 대안 측도도 사용한다.

15. 감보아(Gamboa, 2022)는 알바로 우리베 대통령 집권기(2002~2012년)의 콜롬 비아를 침식 사례로 논의한다. 하지만 민주주의 다양성 연구소의 자료를 계산한 멜리스 라에벤스에 따르면, 이 기간은 수직적·수평적 책임성 하락의 기준에 부 합하지 못한다. 나는 이를 침식 사례로 간주하지는 않지만, 대신 그 일보 직전이 라고 본다.

16. 특히 Londregan and Poole (1996); Przeworski et al. (2000) 참조.

17. Londregan and Poole (1996).

18. 지니 계수가 중간값(34)이고, 1인당 GDP가 중간값(1만 6000달러)인 나라를 생각해보자. 불평등이 백분위수 50에서 75로 커지면 GDP가 백분위수 50에서 25로 줄어드는 것보다 침식 가능성에 미치는 영향은 두 배 이상 커진다.

19. 불평등에 대한 국민 소득의 잠재적 매개 효과를 알아내기 위해 우리는 둘 사이의 상호작용 항을 포함하는 모델을 측정했다. 지니 계수와 1인당 GDP를 상호작용시키는 항들의 계수는 정적(+)이고 유의미했다.

20. Mainwaring and Pérez-Liñán (2007) 참조. 새뮤얼스(Samuels, 2023)는 민주주의 침식의 물결이 일어난 시점에 대해 독특한 관점을 제시하는데, 탈냉전기에 민주주의 국가들이 민주주의를 수호하려는 유인의 감소와 침식의 물결을 연결한다.

21. Corrales (2018). 단번에 새로운 헌법을 입안하는 선택은 다른 라틴아메리카 지도자인 콜롬비아의 우리베에게는 불가능했는데, 자국의 민주주의를 훼손하려는 그의 시도가 제지당했기 때문이다.

22. 국가들은 각기 다른 민주주의 나이에서 표본에 편입되기 때문에, 이 측도는 민주주의 나이와 상관관계가 높지 않다.

23. 처음 세 나라는 베네수엘라·몰도바·필리핀이었고, 볼리비아의 민주주의를 침식하는 정부는 2005년에 집권했다. 2015년에 생긴 추가 사례는 에콰도르·마케도니아·니카라과·베냉·보츠와나·세르비아·남아프리카공화국·우크라이나·헝가리·튀르키예·세네갈·인도·잠비아·도미니카공화국이다.

24. 지니 계수 정보만으로는 우리 모델의 예측 정확도가 78퍼센트다. 지니 계수, 연도, GDP를 포함하는 완전 모델의 예측 정확도는 80퍼센트까지 올라간다.

25. Statista (2023).

26. 최근 문헌 검토는 Tucker et al. (2018); Kubin and von Sikorski (2021) 참조.

27. Boxell, Gentzkow, and Shapiro (2017) 참조.

28. Munger et al. (2022).

3 우파 종족민족주의

1. 이 분야 관련 연구 검토는 Carnes and Lupu (2023) 참조.

2. 사회 보장에 있어서 사업가들은 노동계 및 좌파의 이익과 자신들의 이익이 겹치기

도 한다는 점을 깨닫기도 했다. Mares (2003).

3. Gingrich and Häusermann (2015). 또한 Kitschelt (1994); Kriesi (1998); Oesch (2008)도 참조.

4. 그림 3.2의 위쪽 도표에서 불평등은 세후 소득으로 측정되었다. 즉 세금, 이전 및 사회 지출을 고려한 결과다. 그러나 세 나라의 세전 또는 시장 불평등 추세도 비슷한 경로를 따랐다.

5. Piketty (2017).

6. Lupu et al. (2023).

7. 종족민족주의 정당에는 스웨덴민주당, 오스트리아자유당, 프랑스의 국민전선과 국민연합, 영국독립당과 개혁영국당 등이 있다〔더 상세한 목록과 논의는 Davis and Deole (2017) 참조〕. 최근 유럽의 정당 체계 변화에 대한 광범위하고 예리한 연구는 De Vries and Hobolt (2020) 참조.

8. 여러 학자와 연구 프로젝트는 추가적인 차원을 파악해 선진 민주주의 국가의 정당 정치를 좌우의 경제적 차원을 넘어서 설명하려고 노력해왔다. 이런 연구는 잉글하트(Inglehart, 1977)와 키첼트(Kitschelt, 1993), 그리고 1980년대에 다른 이들이 개척한 탈물질주의 정치 연구뿐만 아니라, 내가 이 장의 후반부에서 인용할 채플힐 전문가 설문조사〔Jolly et al. (2022)〕까지 거슬러올라간다. 내 연구와 밀접한 관련이 있는 2차원의 미국 정치 연구는 Uscinski et al. (2021) 참조.

9. Kotwas and Kubik (2022) 참조.

10. Kovács and Scheppele (2018); Laebens and Ślarzyński (2023) 참조.

11. Thachil (2014) 참조.

12. Jaffrelot (2019) 참조.

13. 브라질의 소득 분배는 다수의 남미 국가처럼 2000년대 초에 좀 평등해졌지만, 보우소나루가 집권했을 때 불평등은 여전히 아주 높은 수준이었다.

14. Samuels and Zucco (2018); Areal (2022) 참조.

15. 마지막 차원에서는 국내 시장 규모와 핵심 산업의 성격 같은 요인들도 중요한 역할을 했다.

16. 일부 사업 부문은 노동 수요 때문에 이민에 우호적이었다.

17. "Remarks at a Rally at Canton Memorial Civic Center in Canton, Ohio." https://www.presidency.ucsb.edu/documents/remarks-rally-canton-memorial-civic-

center-canton-ohio (February 22, 2020).

18. Hopkins (2010) 참조.

19. Munger et al. (2022) 참조.

20. Cremaschi et al. (2023), p. 1.

21. 보수당과는 무관한 종족민족주의 정당인 영국독립당과 개혁영국당은 결국 정당 체계 안에서 거점을 확보했다.

22. 자료 출처는 민주주의 다양성 연구소에서 실시한 전문가 설문조사다.

23. *Crises of Democracy*, p. 26.

24. 2021년 1월 6일 미국 의회의사당 공격 사건 조사 하원 특별위원회 부위원장.

25. Saez and Zucman (2020), p. 16.

26. Brady and Kent (2022), p. 43. 이런 신뢰 상실에 대한 심층 분석은 King and Le Galès (2017) 참조.

27. 분석과 문헌 검토는 Pierson and Schickler (2020); Lieberman and Mettler (2020) 참조.

28. 미국에서 소득 불평등 증가에 기여한 것은 고소득 납세자들이 부담하는 세율 인하와 함께 노동운동을 약화시킨 정치적 조치들이었다. 관련 논의는 Hacker and Pierson (2010); McAdam and Kloos (2016) 참조.

29. 더그 맥애덤(Doug McAdam)과 카리나 클루스(Karina Kloos)가 설명하듯이, 레이건은 캘리포니아 주지사 시절에 생긴 우파 이념가 이미지에서 벗어나려고 1980년 선거에서 발언 수위를 낮추었다. McAdam and Kloos (2016).

30. https://www.youtube.com/watch?v=inP4mEU4LVs.

31. 레이건이 활용한 '복지 여왕' 캐릭터는 린다 테일러(Linda Taylor) 사례에서 따왔다. 린다 테일러는 복지 사기를 포함해 오랜 범죄 경력을 가진 여성이었다. 테일러의 전기에서 조시 레빈(Josh Levin)은 "테일러의 존재만으로도 가난한 사람들과 흑인 여성에 대한 많은 악의적인 고정관념에 신빙성을 부여했다"고 지적했다. Levin (2019), p. 152.

32. Zelizer (2020) 참조.

33. 샌더스는 무소속이지만 민주당 측에서 활동했고, 2016년과 2020년 민주당 대통령 후보 경선에 출마했다.

34. Sanders (2015).

35. 2016년 7월 16일, 트럼프의 선거 유세 연설. 이는 후보자일 때나 대통령일 때나 자주 내세운 주제로, 때로는 청중에게 상당히 자세히 설명하기도 했다. 2015년 6월 16일 연설에서 그는 이렇게 말했다. "그래서 내 총 순자산은 지금도 불어나고 있어서 100억 달러가 훨씬 넘을 겁니다. 그런데 여기, 총 순자산, 순자산 말입니다. 그냥 자산이 아니고, 순자산, 그러니까 빚을 다 제하고, 비용도 다 뺀 거죠. 최고의 자산은 트럼프 타워, 아메리카가(街) 1290번지, 샌프란시스코의 뱅크 오브 아메리카 빌딩, 뉴욕 저 건너편의 트럼프 빌딩으로 불리는 월스트리트 40번지, 그리고 세계 도처에 많이 있어요."

36. 2016년 9월 9일 연설.

37. Dalton and Berning (2022).

38. 종족민족주의에서 '종족적' 요소는 종종 강력한 종교적 내용을 포함하며, 퇴행적 지도자들은 특정 종교 집단을 민족 정체성의 정의적 요소로 강조한다. 그지말라 부세(Grzymala-Busse (2019), p. 1)는 "종교적 정체성과 신화가 민족과 그 목표를 정의한다"면서 종교 민족주의를 일종의 융합으로 정의한다. 따라서 인도의 인도인민당은 힌두교와 민족주의를 융합하고, 헝가리의 피데스당은 기독교를 마자르 민족 정체성의 핵심 요소로 내세우며, 미국의 기독교 민족주의자들은 마가 (MAGA: Make America Great Again) 연합의 핵심 지지층이다.

39. Trip (2023).

40. 트럼프의 2016년 선거 운동이 인종 정체성을 어떻게 자극했는지에 대해서는 Sides, Tesler, and Vavreck (2019) 참조.

41. Çınar, Stokes, and Uribe (2020).

42. Carnes and Lupu (2021).

43. 리노(RINO)는 '이름만 공화당원(Republican in Name Only)'의 약자다. 2020년 10월 28일.

44. 2018년 트럼프의 발언.

45. 보수당의 우경화에 대해서는 Evans and Tilley (2017) 참조. 피어슨(Pierson, 1994)이 증명하듯이, 긴축 노력은 일부 분야에서 더 성공적이었다. 대처 정부는 공공 주택과 실업 수당, 공적 연금을 삭감하는 데 성공했다.

46. 세로축과 가로축의 수치는 채플힐 전문가 설문조사의 유럽 프로젝트에서 수집한 자료를 바탕으로 정당들의 위치를 평가한 결과를 반영한 것이다. Jolly et al.

(2022) 참조.

47. 블레어 시대 이후 노동당은 다시 왼쪽으로 이동했다. Whiteley et al. (2013) 참조.

48. Ford and Goodwin (2017), p. 19.

49. Evans and Tilley (2017), p. 183.

50. 예를 들면, 트러스(Truss) 내각과 수낵 내각에서 내무장관을 지낸 수엘라 브레이버먼(Suella Braverman)이 이 분파를 대표했다.

51. UK Electoral Commission (2023).

52. 2023년의 공공질서법은 환경 활동가들에 대한 대응으로 보였는데, 실제로 그런 단체들의 이름이 법안에 명시되었기 때문이다.

53. Gayle (2024) 참조.

54. 2023년, 법원은 르완다 난민 계획도 불법이라고 판결했다. 이 계획은 불법 이민자나 난민 신청자를 르완다로 보내 심사를 받게 해 다시 돌아오지 못하게 하려는 것이었다. 그 대가로 영국은 르완다에서 매우 취약한 난민들을 다수 받아들이기로 했다. 리시 수낵 정부도 이 정책을 지지했다.

55. Cameron (2019), p. 235.

56. Notermans (2000), p. 195.

57. Adema (2000) 참조. 이런 차이는 (세금 혜택과 함께 고용주가 지급하는) 민간 사회 수당과 이전 지출 세금을 고려하면 덜 뚜렷하다.

58. Oskarson and Demker (2015) 참조.

59. Mathisen et al. (2023) 참조.

60. Rydgren (2006), p. 42.

61. Eger (2010) 참조.

62. Odmalm (2011).

63. 선구자는 반이민 정당인 신민주당이었다.

64. Demker and Odmalm (2022) 참조.

65. Rothstein (2023), p. 38.

66. Aylott and Bolin (2019), p. 1505.

67. 2022년 선거 한 달 뒤, 스웨덴민주당을 포함한 우파와 중도 우파 4개 정당은 티되(Tidö) 성에서 권력 분점 원칙에 합의했다. 온건당의 울프 크리스테르손(Ulf Kristersson)은 소수 정부의 수상이 되었는데, 이 정부는 스웨덴민주당의 지지에

의존했다.

68. 스웨덴의 두 주요 조간지인 〈오늘의 뉴스〉와 〈스웨덴 일보〉, 두 주요 석간지인 〈석간〉과 〈익스프레스〉는 조직 범죄를 많이 보도했지만, 강한 반이민 서사를 밀어붙이지는 않았다. 이 사실을 알려준 칼 베네틀린드에게 감사를 표한다.

69. Rothstein (2023), p. 39.

70. 이에 대해 알려준 보 로트스테인에게 감사를 표한다. 책임은 지지 않고 영향력을 행사하는 이 상황이 스웨덴민주당에게는 몇 가지 이점이 있다. 이 덕분에 공공 정책에 결정적인 영향력을 행사하면서도 외부자 지위를 유지할 수 있기 때문이다.

71. 티되 합의에서 스웨덴민주당은 현 정부를 지지하는 대가로 보건·기후·에너지·범죄·이민·학교·성장 등에서 결정적인 영향력을 확보했다.

72. Levitsky and Ziblatt (2018).

4 좌파 포퓰리즘

1. Rodrik (2017), p. 24.

2. Tudor (2023) 참조.

3. Bharti et al. (2024) 참조.

4. Swilling (2017), p. 10.

5. 정보기관 스캔들에 대해서는 Joubert and Basson (2015) 참조. 재무장관 스캔들에 대해서는 Onishi (2015) 참조.

6. Gallup (2018).

7. Limongi et al. (2022), p. 30.

8. 각각 Bauer, Lotta, and de Holanda Schmidt (2024); Peci (2021); Peters and Pierre (2022) 참조. 앞서 지적했듯이, 나이브 부켈레는 법과 질서를 중시하는 퇴행적 지도자였고, 이런 이유로 좌파 포퓰리즘 범주에 잘 들어맞지 않는다.

9. 이 점은 7장에서 더 자세히 설명한다. Çınar, Stokes, and Uribe (2020); Mudde and Kaltwasser (2017); Hawkins et al. (2019) 참조.

10. Castorena and Zechmeister (2017) 참조.

11. 채플힐 전문가 설문조사의 라틴아메리카 프로젝트는 라틴아메리카 12개국에서 정당들의 정책 입장에 대한 전문가 설문조사를 실시했다. Martínez-Gallardo et al. (2023) 참조.

12. 2019년 설문조사에 초점을 맞춰 개별 정당별로 두 쟁점의 상관관계를 계산한 다음, 이 상관관계의 평균을 계산했다. 채플힐 전문가 설문조사의 라틴아메리카 프로젝트가 다루는 라틴아메리카 12개국에서 경제와 범죄에 대한 정당들 입장의 평균 상관관계는 0.77로 꽤 높은 수치다. 다른 쟁점인 젠더 평등과 성소수자 권리 같은 사회적 권리를 추가해도 같은 양상이 도출된다. 경제적 권리와 사회적 권리의 상관 계수는 0.71이다. 범죄와 사회적 권리의 상관 계수는 0.91이다. 채플힐 전문가 설문조사 데이터는 유럽과 라틴아메리카에서 광범위한 쟁점에 대한 정당들의 입장을 지역 전문가들로부터 수집한다.

13. 물론 에콰도르의 라파엘 코레아와 원주민 정치 조직들 간 관계처럼 때로는 갈등이 있다. 니카라과 혁명 정부와 미스키토 원주민의 갈등에 대해서는 Hale (1994) 참조. 새로 민주화된 라틴아메리카에서 더 넓은 맥락의 원주민 정치에 대해서는 Yashar (2005) 참조.

14. 채플힐 전문가 설문조사의 유럽 데이터로 계산을 반복했을 때, 경제적 쟁점과 사회적 쟁점의 상관관계는 0.38이어서, 라틴아메리카 정당들의 해당 상관관계보다 많이 낮았다.

15. Stokes (2001).

16. Roberts (1995); Weyland (1996).

17. Levitsky and Roberts (2011), 서론 참조.

18. Bermeo (2009).

19. Gamboa (2022) 참조.

20. 이런 일이 일어난 조건에 대해서는 Lupu (2016) 참조.

21. Coppedge (1994) 참조.

22. Lupu (2016) 참조.

23. 1998년 7월 30일, 차베스의 발언.

24. 민족민주행동당 출신의 대통령은 우고 반세르(Hugo Banzer)였으며, 그는 혁명좌파운동당을 비롯한 여러 정당과 연합했다. 동상이몽 동맹은 당시 볼리비아 대통령 선출 방식에서 기인했다. 대통령 후보 중 아무도 50퍼센트 이상 득표하지 못하면, 의회가 상위 득표자 세 명 가운데 한 명을 대통령으로 선출했다.

25. 혁명좌파운동당의 하이메 파스 사모라(Jaime Paz Zamora)는 1989년 대통령직을 맡은 후 그런 정책 전환을 실행했다.

26. 중도 성향인 제도혁명당의 일당 지배 시기부터 등장한 정당 체계에는 보수적인 친민주주의 정당인 국민행동당과 몇몇 중요한 좌파 정당이 포함되었다. 좌파 정당에는 민주혁명당과 이후 국가재생운동당(MORENA)이 있었다. 멕시코의 정당 체계와 민주주의 퇴행에 대한 연구는 Aguilar-Rivera (2022); Sanchez-Talanquer and Greene (2021) 참조.

27. 로페스 오브라도르는 멕시코시티의 중앙광장에서 대안 '취임식'을 열었고, 그의 지지자들이 의회 출입구를 봉쇄해 실제 취임식은 비공개로 열렸다.

28. Castro Cornejo (2023) 참조.

29. 브라질민주운동당의 지도자인 미셰우 테메르(Michel Temer)는 호세프의 부통령이었다. 그는 국영 석유회사인 페트로브라스(Petrobras)와 관련된 부패와 부당한 영향력 행사로 기소되었다.

30. Limongi et al. (2022) 참조.

31. Samuels and Zucco (2018) 참조.

32. Areal (2022) 참조.

33. García Holgado and Mainwaring (2023), p. 526.

34. 카를로스 메넴(Carlos Menem) 대통령 재임기(1989~1999)에 신자유주의로 돌아섰다. 페론주의당은 초기부터 빈곤층과 노동계급 편에 서는 태도를 취했지만, 그 정당 역사 내내 명확한 이념적·정책적 지향점이 없었다. Calvo and Murillo (2012) 참조.

35. 아르헨티나의 지니 계수는 2005년에 44였고, 2015년에는 36이었다.

36. 2017년에 볼리비아는 민주주의 국가 중 96퍼센트보다, 에콰도르는 87퍼센트보다 더 불평등했다.

37. Cella (2023) 참조.

5 양극화와 민주주의 헐뜯기: 이론

1. 학자들은 "다른 체제와 비교하면, 민주주의가 가장 좋은 통치 형태라는 점에 당신은 동의합니까?"와 같은 질문은 **사회적 바람직성 편향** 때문에 왜곡될 수 있다고 지적해왔다. 이는 응답자가 질문자나 일반 사람이 마땅히 그래야 한다고 생각하는 방식으로 대답하는 경향을 말한다. 이 장의 뒷부분에서 살펴볼 연구들은 이 문제를 살짝 비껴간다. Svolik, 2019; Graham and Svolik, 2020 참조.

2. 노리스와 잉글하트의 **문화적 반발 이론**(cultural backlash theory)은 부유한 서구 국가들에서 반발이 탈물질주의 가치에 반대하는 오늘날의 고령층 시민들 사이에서 시작되었다고 상정한다. (그들이 말하는 **탈물질주의**란 협소한 경제적 쟁점보다는 환경 보호와 젠더 평등처럼 정체성이나 생활방식과 관련된 것이다.) Norris and Inglehart (2019).

3. Foa and Mounk (2016), p. 7. 부턴의 대응은 Erik Voeten (2017) 참조.

4. Voeten (2017), p. 1

5. Bartels (2023), p. 116.

6. Bartels (2023), p. 199.

7. Lupu et al. (2023), p. 10.

8. 정서적이든 이념적이든 당파적 양극화와 시민들의 반민주적 행태 용인 사이의 연관성은 정치학자들의 논쟁 주제였다. 한쪽의 관점은 아무 연관성이 없다는 것이다〔특히 Broockman, Kalla, and Westwood (2022) 참조〕. 다른 관점은 "동기 부여 추론", 즉 사람들이 정보를 수집하고 처리하는 방식에서 나타나는 목적 지향적 편향을 통해 연관성이 생긴다는 것이다. 드러크먼 등의 관점에 따르면, 유권자들이 양극화되면 "초당적 타협에 반대하면서 공공 정책에 대해 극단적인 입장을 지지하고, 공직자의 성과를 그들의 행동보다는 소속 정당에 기초해 평가하게 된다". Druckman et al., 2024, p. 24. 또한 Druckman (2024)도 참조.

9. Luker (1984) 참조.

10. Green, Palmquist, and Schickler (2002); Huddy, Mason, and Aarøe (2015) 참조.

11. Druckman and Levy (2022) 참조.

12. 정서적 양극화의 정책적 기초에 대해서는 Orr, Fowler, and Huber (2023) 참조. 정당 중심으로 양극화된 미국의 부족적 성격에 대해서는 Mason (2018) 참조.

13. Iyengar, Sood, and Lelkes (2012) 참조. 양극화와 포퓰리즘의 연결을 다룬 중요한 관점들에 대해서는 Roberts (2021) 참조.

14. Huber and Malhotra (2017).

15. Somer, McCoy, and Luke (2021), p. 10.

16. Somer, McCoy, and Luke (2021), pp. 9-10.

17. 2018년 1월 10일, 자이르 보우소나루의 발언.

18. Batista Pereira et al. (2022).

19. 2018년 10월 18일.

20. Graham and Svolik (2020), p. 392.

21. 유권자들이 양극화된 환경에서 퇴행적 지도자들의 재선 가능성이 높아진다는 증거에 대해서는 Çınar (2024) 참조.

22. Alesina and Angeletos (2005); Roemer (1998) 참조.

23. McCoy, Rahman, and Somer (2018). 또한 Gidron, Adams, and Horne (2020); Gu and Wang (2022)도 참조.

24. Gidron, Adams, and Horne (2020); Voorheis, McCarty, and Shor (2015) 참조.

25. Rau and Stokes (2025).

26. 우리는 매우 불평등한 민주주의 국가들에서 양극화가 정체기에 접어든다는 사실을 발견했다.

27. 연구자들은 '부정성 편향'이 이점을 가져다준다 해도, '부정적인 선거 운동'은 유권자의 일부 계층을 소외시킬 위험이 있다고 오래전부터 인정해왔다. Garramone (1984); Soroka (2014) 참조. 문헌 검토는 Haselmayer (2019) 참조.

28. Bright Line Watch (2024a).

29. Bright Line Watch (2024a). 강조는 인용자 추가.

30. 바이든 대통령의 아들인 헌터는 총기 구매 및 탈세와 관련된 중범죄로 결국 유죄 선고를 받았지만, 대통령이 범죄에 연루되었다는 증거는 전혀 없었다.

31. 브라이트 라인 워치 실험의 흥미로운 결과 중 하나는 공화당 지지자들의 견해를 바꾸는 데 실패했다는 점이다. 잭슨 하원의원의 불같은 발언을 접한 공화당 유권자들은 이를 읽지 않은 공화당 유권자들보다 평균적으로 바이든 기소를 더 지지하지 않았다. 양극화를 조장하는 잭슨의 발언을 보지 않은 이 대조군의 73퍼센트가 바이든 기소에 찬성했다는 점에 주목하자. 잭슨 의원의 발언이 효과가 없었던 것은 천장 효과, 즉 찬성 수준이 더 늘어날 여지가 많지 않았다는 점을 반영했을 수도 있다.

32. 2023년 2월 21일 아침 기자회견에서 인용.

33. 2017년 4월 25일 연설.

34. 곤잘로 쿠리엘(Gonzalo Curiel) 판사가 트럼프 대학교 관련 청문회를 주재했을 때, 트럼프는 이렇게 불평했다. "나는 장벽을 세우고 있습니다. 나는 장벽을 세우고 있

어요. 그런데 여기 멕시코계 판사가 있습니다. 그는 멕시코 혈통입니다. 이뿐만 아니라 다른 일들로도 그는 스스로 기피 신청을 했어야 합니다."(2016년 6월 2일)

35. 2019년 8월 29일에 올린 트윗.

36. 2015년 2월 27일 연설에서 나온 발언. 실제로 피데스당은 그달 말 보궐선거에서 패해 의회의 압도적 다수 의석도 잃었다.

37. 2014년 7월 26일, 오르반 수상의 연설.

38. 여러 사례가 부패 연감(Anuario de la Corrupción)에 보고되어 있다. https://contralacorrupcion.mx/anuario-de-la-corrupcion-2022/.

39. 그런 정당화의 근거는 2024년 2월 멕시코 하원 다수당 지도자인 마르셀라 게라 카스티요(Marcela Guerra Castillo)가 발표한 개혁안에 자세히 나와 있다〔Guerra Castillo (2024) 참조〕. 개혁안에 따라 국가선거위원회의 독립적인 이사회는 선출직 이사회로 교체될 것이다. 사법부의 독립성도 마찬가지로 축소되어서, 지방 법원과 순회 법원을 합쳐 약 1600명의 연방 판사가 모두 퇴임하고 선출직 판사들로 대체될 것이다. 판사 후보들은 의회 다수당이 선호하는 절차를 거쳐 선발될 것이다.

40. Todo Chávez (2000년 4월).

41. CNN Politics (2023).

6 양극화와 민주주의 헐뜯기: 증거

1. Axelrod (2023).

2. 유능한 연구 조교 관쿤 리도 있었다.

3. 이 연구에 관한 전체 보고서는 Cella et al. (2025) 참조.

4. 2023년 8월 4일.

5. 2021년 3월 26일.

6. 더 자세한 절차는 Cella et al. (2025) 참조. 여기에는 정파적 반대파 및 제도적 표적과 연관된 핵심어를 확인하고, 핵심어 주변의 부정적 어조를 띤 발언을 찾아내는 대규모 언어 모델 훈련이 포함되었다. 로페스 오브라도르 대통령 발언의 어조와 내용은 전략 이상을 반영한다는 점에 주목할 만하다. 정치인들에게는 성격과 호불호, 특유의 어조가 있다. 여기서 연구하는 세 명의 지도자 가운데 로페스 오브라도르와 트럼프는 좀 어두운 성격이다. 로페스 오브라도르는 완고하고, 트럼프는

신랄하고 비꼬기 좋아한다. 차베스의 경우 낙천적인 기질이어서, 그는 행복한 전사였다. 우리 연구진이 뒤에 설명하는 방법으로 세 대통령의 발언을 평가했을 때, 트럼프는 81퍼센트, 로페스 오브라도르는 45퍼센트가 부정적인 어조였지만, 차베스는 13퍼센트에 불과했다.

7. Todo Chávez (2015).

8. 1998년 7월 30일 선거 유세 연설.

9. 이 연구에서 나는 다른 종류의 진술보다 트윗에 초점을 맞췄는데, 다른 진술들은 종종 다른 사람들이 써준 것으로 보였기 때문이다. 리트윗은 배제했고, '진짜' 트럼프가 작성했다고 여겨지는 트윗에만 초점을 맞췄다.

10. The American Presidency Project (2017).

11. 설문조사는 튀르키예 투표 인구의 대표 표본(N=1553)을 대상으로 실시했다. 튀르키예 통계청은 각 지역에서 무작위로 선정한 가구 주소를 제공했다. 가구 내 개인 선정은 추첨으로 했다. 선정된 사람과 인터뷰가 잘 이루어질 때까지 같은 가구를 최대 3회 방문했고, 응답자 대체는 없도록 했다. 인터뷰는 2022년 8월과 9월에 걸쳐 프레칸스 리서치(Frekans Research)가 응답자의 가구에서 대면으로 실시했다. 이 설문조사에서 협력해준 에르뎀 아이타치와 이페크 치나르에게 감사를 표한다.

12. 참여자들은 0에서 10까지의 척도로 응답했다. 0은 회의적 평가에 대한 최고 수준의 동의를, 10은 긍정적 평가에 대한 최고 수준의 동의를 나타낸다.

13. 점은 응답자들이 지방 정부에 준 평균 점수다. 선은 95퍼센트 신뢰 구간을 나타낸다.

14. 야당 지지자들이 정의개발당 지지자들보다 지방 정부에 대해 일관되게 더 비판적이라는 점도 흥미롭다. 통제 조건과 결과 관련 질문에서 참여자들은 야당이 장악한 지방 정부가 아니라 지방 정부 전반에 대해 생각하도록 유도되었다. 그래서 지방 정부에 대한 야당 지지자들의 회의론은 정의개발당이 튀르키예의 지방 정부 대다수를 장악하고 있는 현실을 반영하는 것일 수 있다.

15. 더 자세한 내용은 다음 참조. Cella et al. (2025).

16. 이 실험 처치는 로페스 오브라도르의 아침 기자회견(2022년 8월 30일, 2023년 2월 2일, 4월 13일, 5월 25일) 발언에서 나온 것이다.

17. Ríos Figueroa (2023) 참조.

18. Albertus and Grossman (2021). 앨버터스와 그로스먼은 아르헨티나에서도 연구를 수행했지만, 아르헨티나는 이 연구에서 사용한 기준으로는 민주주의 퇴행 국가로 분류되지 않기 때문에, 아르헨티나에 대한 연구 결과는 여기에 옮기지 않는다.

19. 세 가지 처치 각각에 사용한 문장은 다음에서 인용했다. Albertus and Grossman (2021), p. 124. 강조는 인용자 추가.

20. 로페스 오브라도르의 발언은 2023년 5월 9일 아침 기자회견에서 나온 것이고, 차베스의 발언은 1998년 7월 30일의 선거 유세 내용이다.

21. 연구자들은 미국인들이 반대편의 입장을 실제보다 더 극단적이라고 인식한다는 사실을 자주 발견한다. 그 예로는 Bright Line Watch (2021c) 참조.

7 퇴행적 지도자를 지지하는 심리학적 배경

1. 숨기는 이유와 그 함의는 여러 논문에서 탐구되었다. Chiopris, Nalepa, and Vanberg (n.d.); Varol (2015); Luo and Przeworski (2023).

2. 〈워싱턴 포스트〉는 피노키오 4개에 대해 '새빨간 거짓말(whopper)'이라는 단어 외에 별도로 정의하지 않는다. 피노키오 4개는 '심각한 사실 오류 그리고/또는 명백한 모순'을 나타내는 3개보다 한 단계 더 심각하다. Kessler (2019).

3. Lopez (2021).

4. Ecker et al. (2022) 참조.

5. Oliver and Wood (2014), p. 956.

6. LBC: Leading Britain's Conversation (2019).

7. Wedeen (2019) pp. 87ff.

8. Oliver and Wood (2014), p. 956.

9. 목격자 증언의 불완전성이 시사하는 것처럼, '직접 경험'조차도 우리가 확신하지 말아야 할 믿음의 원천일 수 있다. 모리스〔Morris (2014)〕는 우리의 시각적 지각이 편향에 의해 영향받는 사례들을 제시한다.

10. 이 점에 대한 최근의 검토 내용과 추가 증거는 Tappin, Pennycook, and Rand (2020) 참조.

11. 이 예에서 부정선거의 실제 발생 빈도는 $P(A) = 0.01$이다. 정치인이 부정선거가 일어났다고 주장할 때 실제로 일어났을 조건부 확률은 $P(A|B) = 1.0$이다. 부정선

거 주장이 있을 때 부정선거가 일어나지 않았을 조건부 확률은 $P(\neg A|B) \approx 0.06$이다. 베이즈 정리에 따라 부정선거의 사후 확률을 다음 공식으로 계산할 수 있다. $P(A|B) = \frac{P(B|A)*P(A)}{P(B)}$. 부정행위가 실제로 일어났다고 유권자가 추정할 확률은 0.143으로 14.3퍼센트다.

12. 이를 달리 해석하는 방법은 유권자가 더 많은 부정선거 주장으로부터 가짜양성 비율이 올라갔다고 추론하는 대신 진짜양성 비율이 올라갔다고 추론하는 것이다. 이는 부정선거의 숨겨진 비율이 증가했다고 판단한다는 의미다.

13. 실제로, 2016년 대선 당시에도 약 300만 명의 비시민권자가 투표에 참여해 전국 득표 결과를 바꾸어놓았다는 주장에 많은 이들이 의심의 여지 없이 설득당한 바 있다.

14. Arceneaux and Truex (2023); Jacobson (2021) 참조.

15. Bright Line Watch(2023) 참조. 이 질문이 부정선거에 대한 믿음을 직접 조사하지 않는다는 점에 주목하자. 일부 응답자는 바이든을 사악하다고 보기 때문에 '아니요'라고 대답했을 수 있다. 마찬가지로 2016년 대선 이후 많은 진보주의자는 트럼프는 '나의 대통령이 아니다'라고 밝혔다.

16. CNN (2023).

17. Peterson and Iyengar (2021) 참조.

18. Graham and Yair (2023).

19. 클레이튼 등〔Clayton et al. (2021)〕은 2020년 대선에 대한 트럼프의 오도하는 메시지에 반복적으로 노출된 사람들이 실제로 견해가 바뀌었다는 추가적인 실험 증거를 제시한다. 저자들은 "정치 엘리트들의 발언이 그 지지자들에게서 핵심적인 민주주의 규범에 대한 존중을 훼손할 수 있다"고 결론짓는다(p. 118). 또한 Arceneaux and Truex (2023); Hall and Druckman (2023)도 참조.

20. Bright Line Watch (2024b).

21. 최근의 논의는 Arnesen et al. (2019) 참조.

22. Nyhan (2020), p. 225.

23. Evens, Verburgh, and Elen (2013); Liu, Frankel, and Roohr (2014) 참조. 하지만 높은 교육 수준은 강력한 분석 기술과 관련이 있고, 미국에서 이런 능력이 있는 당파적 지지자들은 정치 정보를 처리할 때 **더** 편향되며, 따라서 사실을 잘못 이해할 가능성이 더 높다는 점에 주목해야 한다. 벤 태핀(Ben Tappin)과 그의

동료들의 설명처럼, "인지적으로 가장 세련된 반대 진영 지지자들은 다양한 '사실적' 정치 문제에 가장 강하게 동의하지 않는 경향이 있다". 이런 정치 문제로는 미국의 이라크 침공 당시 대량살상무기의 존재 여부나 기후변화가 사회에 끼치는 위협의 정도 같은 것이 있다. Tappin, Pennycook, and Rand (2020), p. 1.

24. Ditto et al. (2019), p. 273. 당파적 편향은 **동기화된 추론**의 동력이다. Taber and Lodge (2006) 참조.

25. Druckman, Peterson, and Slothuus (2013) 참조.

26. Brady, Ferejohn, and Parker (2022).

27. Zaller (1992).

28. 인지 평가 이론에 대해서는 Lazarus (1991) 참조. 인지 평가 이론과 정치심리학의 관계는 Valentino et al. (2011); Brader and Marcus (2013) 참조.

29. Mudde and Kaltwasser (2017); Hawkins et al. (2019); Müller (2016) 참조.

30. 조지프 매카시(Joseph McCarthy)는 위스콘신주 상원의원으로, 1950년대에 배신과 전복 혐의를 다루며 널리 보도된 일련의 청문회에 관여했다. 이런 혐의는 특히 동료 정치인과 정부 공무원들을 대상으로 제기되었다.

31. Oliver and Wood (2014).

32. Çınar, Stokes, and Uribe (2020) 참조.

33. 언급 빈도는 계산에 넣지 않았는데, 이를 포함한다면 트럼프의 부정적 감정가 점수는 훨씬 더 올라갔을 것이다. 각 정치인의 점수는 레이건 -0.053, 클린턴과 오바마 -0.65, 루스벨트 -0.97, 샌더스 -1.38, 트럼프 -2.01이다.

34. 우리는 참가자들에게 사후 설명을 제공해 멕시코 법원의 부패 수준과 비용 문제에 대한 잘못된 정보를 바로잡았다.

35. 우리는 심리학의 표준 절차를 사용해 대조군과 실험군 참가자들이 읽은 진술에 대한 감정적 반응을 물었다. 실험군 참가자들에게는 "'사법부는 정의가 실현되도록 할 책임이 있다'는 안드레스 마누엘 로페스 오브라도르의 발언을 생각할 때, 당신이 느끼는 두려움과 분노의 정도를 알려달라"고 요청했다. 또한 그들의 열의, 긴장감, 기대감 수준에 대해서도 물었다.

36. Brader and Marcus (2013), p. 172에서 인용.

8 민주주의 침식을 막을(그리고 되돌릴) 전략

1. 바일란트〔Weyland (2024)〕는 독재자들이 엄청난 성공을 거둘 것이라는 두려움을 교정하는 시각을 제공한다. 그는 독재자들이 제한된 환경에서만 득세했다고 주장한다.

2. 이는 키오프리스 등〔Chiopris et al. (n.d.)〕이 퇴행을 조장하는 많은 지도자의 은밀함을 나타내려고 사용한 표현이다.

3. 이에 대한 검토는 Lewis-Beck and Martini (2020) 참조.

4. Luo and Przeworski (2023) 참조.

5. 여기서의 성찰은 다른 저자들이 제시한 유익한 성찰에 보탬이 되려는 것이며, 특히 스나이더〔Snyder (2017)〕의 영향이 가장 컸다.

6. 상황은 개발도상의 민주주의 국가들에서 더 복잡한데, 어떤 경우 이런 나라들은 사회정책 자금을 조달하기 위해 외부 자금 조달이나 소득세 외 수입(예: 수출 부문)에 의존한다.

7. Bartels (2008) 참조.

8. Morning Consult (2025).

9. Rau and Stokes (2025) 참조.

10. Tushnet (2023), p. 143. 이와 관련된 중요한 주장은 다음에서 찾을 수 있다. Ginsburg and Huq (2020); Fishkin and Pozen (2018).

11. Lupu, Rau, and Zechmeister (2024). 저자들은 이런 효과를 미국·페루·콜롬비아의 설문조사 응답자들에게서 발견했다.

12. Helmke, Kroeger, and Paine (2022) 참조.

13. Bright Line Watch (2021b).

14. Gamboa (2022); Cleary and Öztürk (2022) 참조.

15. Loewenstein (1937). 뢰벤슈타인의 논의를 다룬 최근 단행본은 Kirshner (2014) 참조.

16. Machiavelli (1979), 22장. 강조는 인용자 추가.

17. 이상적인 각료는 지도자의 의제를 자신의 것으로 삼으면서도, 대안적 행동 방안이 가져올 법한 결과에 대해 설령 지도자가 듣기 싫어하는 말이라 해도 솔직하게 조언하는 사람이라고 생각할 수 있을 것이다. 나는 여기서 충성심을 더 단순한 개념으로 사용한다. 즉 부하가 지도자의 명령에 항상 복종한다는 의미다.

18. Bauer et al. (2021), p. 11. 강조는 인용자 추가.

19. 코로나19 상황에서 갖가지 정치 체제의 상대적인 효율성은 학자들 사이에서 논쟁거리였다. 체이붑 등[Cheibub, Hong, and Przeworski (2020)]은 권위주의 정권이 더 신속하고 효율적으로 대응했다고 말하지만, 체팔루니 등[Cepaluni, Dorsch, and Dzebo (2021)]은 독재화하는 민주주의 국가들이 안정적인 민주주의 국가들보다 성과가 나빴다고 말한다. 또한 Laebens (2022); Banerjee and Duflo (2021)도 참조.

20. 이 측정 지표는 공공 보건 정책의 질을 반영하기 위해 옥스퍼드 대학교 연구진이 개발했다. 이 지수는 학교·직장·대중교통 폐쇄부터 여행 통제, 백신 정책 등까지 12가지 요소로 이루어져 있다.

21. Limongi et al. (2022), p. 31.

22. Institute for Policy Integrity (2022).

23. Scheppele (2014).

24. 세야 등[Cella et al. (2025)]은 로페스 오브라도르의 군대 발언 중 3분의 1 이하만 정서적 감정가가 부정적이었던 반면, 다른 기관들에 대해 논의할 때는 그 비율이 50퍼센트에 가까웠다는 사실을 확인했다.

25. Nichols (2023).

26. Hochschild (2016); Ford and Goodwin (2017).

27. 이런 주장과 함께 다른 강력한 주장들을 다룬 최근 저서는 Klein (2020)이다.

28. Voelkel et al. (2024).

29. 정당에 대한 느낌 온도계 질문 외에, 실험 처치가 행동에 미치는 영향을 측정하기 위해 영상을 다른 사람들과 공유하는 것 같은 간단한 행동을 취해달라고 참가자들에게 요청했다.

30. 영상은 메가 연구를 위한 보충 자료에서 찾아볼 수 있다. https://www.strengtheningdemocracychallenge.org/paper.

31. Voelkel et al. (2024), p. 23.

32. Hochschild (2016), p. 2.

33. 이에 대한 최근 연구는 Nyhan (2020); Blair et al. (2023) 참조.

34. Bright Line Watch (2021a).

35. 한 차례 시위 물결 후, 두 번의 추가 감사에서는 전문 업체의 작업을 자세히 기술

했다. 이 감사 보고서는 다음과 같이 결론내렸다. 감사에는 "악성 소프트웨어와 하드웨어, 소스 코드, 네트워크와 인터넷의 연결성, 그리고 표 조작 탐지의 정확성에 대한 검증이 포함되었다. 양당 참관인들을 초청했고, 감사는 실시간으로 스트리밍되었다".

36. Bessen, Stokes, and Uribe (2024).

37. 우리의 다른 실험들과 마찬가지로 이번에도 로페스 오브라도르의 실제 발언을 사용했다.

38. 신뢰도는 대통령 소속 정당의 지지층에서 가장 많이 떨어졌다. 그리고 반발의 기미는 거의 없었다. 로페스 오브라도르가 기관에 대한 신뢰를 흔드는 데 성공했고 야당 지지층의 반발이 없었다는 이 결과는 6장에서 살펴본 법원에 대한 신뢰도 연구 결과와 비슷하다. 유일하게 효과적이었던 반박은 국제 전문가들이 제기한 경우뿐이었다. 멕시코 싱크탱크와 야당 지도자가 제기한 반박은 효과가 없었다.

39. 야당 지도자가 제기한 반박은 야당 지지층에게만 영향을 주었지, 무당파나 여당(MORENA) 지지층에게는 영향이 없었다. 2024년 초에 수행한 후속 연구는 국내 전문가가 어느 당파에도 속하지 않는 싱크탱크 소속이라고 설명해도, 멕시코인들이 국내 전문가보다는 국제 전문가에게 설득된다는 것을 보여주었다.

40. 이 실험은 캐서린 클레이튼과 마이클 톰즈(Michael Tomz)가 설계했다. 영상 링크는 다음 문헌의 보충 자료에서 찾아볼 수 있다. Voelkel et al. (2024). 가장 효과적인 두 영상은 모두 민주당과 공화당이 정책 선호에서 아주 비슷함을 보여주는 내용이다.

41. Voelkel et al. (2024), p. 14.

42. 일련의 중요한 제안에 대해서는 American Academy of Arts and Sciences (2020) 참조.

43. https://www.democratic-erosion.com/.

참고문헌

Acemoglu, Daron and James A. Robinson. 2006. *Economic Origins of Dictatorship and Democracy*. New York: Cambridge University Press.

Acemoglu, Daron, Suresh Naidu, Pascual Restrepo, and James A. Robinson. 2015. Democracy, Redistribution, and Inequality. In *Handbook of Income Inequality*. Oxford University Press, pp. 1186-1966.

Acemoglu, Daron, Suresh Naidu, Pascual Restrepo, and James A. Robinson. 2019. "Democracy does cause growth." *Journal of Political Economy* 127(1):47-100. The University of Chicago Press.

Achtenberg, Emily. 2015. "What's behind the Bolivian government's attack on NGOs?" NACLA Report on the Americas, September 3, 2015, https://nacla.org/blog/2015/09/03/what%27s-behind-bolivian-government%27s-attack-ngos.

Adema, Willem. 2000. "Revisiting real social spending across countries: A brief note." *OECD Economic Studies*, pp. 191-197.

Agence France-Presse. 2016. "Philippine president-elect says 'corrupt' journalists will be killed." *The Guardian*. May 31, 2016.

Aguilar-Rivera, José Antonio. 2022. "Dinámicas de la autocratización: México 2021." *Revista de Ciencia Política* 42(2):355-382.

Albertus, Michael and Guy Grossman. 2021. "The Americas: When do voters support power grabs?" *Journal of Democracy* 32(2):116-131. Johns Hopkins

University Press.

Alesina, Alberto and George-Marios Angeletos. 2005. "Fairness and redistribution." *American Economic Review* 95(4):960-980.

American Academy of Arts and Sciences. 2020. *Our Common Purpose: Reinventing American Democracy for the 21st Century*. Cambridge, MA: American Academy of Arts and Sciences.

Ansell, Ben W. and David J. Samuels. 2014. *Inequality and Democratization: An Elite-competition Approach*. Cambridge University Press.

Arceneaux, Kevin and Rory Truex. 2023. "Donald Trump and the lie." *Perspectives on Politics* 21(3):863-879.

Areal, João. 2022. "'Them' without 'us': Negative identities and affective polarization in Brazil." *Political Research Exchange* 4(1). 10.1080/2474736X.2022. 2117635.

Arnesen, Sveinung, Troy S. Broderstad, Mikael P. Johannesson and Jonas Linde. 2019. "Conditional legitimacy: How turnout, majority size, and outcome affect perceptions of legitimacy in European Union membership referendums." *European Union Politics* 20(2):176-197.

Axelrod, Tal. 2023. "Trump lashes out at judge who warned him about 'inflammatory' remarks, and more campaign trail takeaways." ABC News Report, August 14, 2023.

Aylott, Nicholas and Niklas Bolin. 2019. "A party system in flux: The Swedish parliamentary election of September 2018." *West European Politics* 42(7): 1504-1515.

Banerjee, Abhijit and Esther Duflo. 2021. "India's problem is now the world's problem." *The New York Times* . May 6, 2021.

Bartels, Larry M. 2008. *Unequal Democracy: The Political Economy of the New Gilded Age*. First ed. Princeton University Press. 〔래리 바텔스, 위선주 옮김, 《불평등 민주주의─자유에 가려진 진실》(2012, 21세기북스).〕

Bartels, Larry M. 2023. *Democracy Erodes from the Top: Leaders, Citizens, and the Challenge of Populism in Europe*. Princeton University Press.

Batista Pereira, Frederico, Natália S. Bueno, Felipe Nunes, and Nara Pavão. 2022. "Fake News, Fact Checking, and Partisanship: The Resilience of Rumors in the 2018 Brazilian Elections." *The Journal of Politics* 84(4):2188-2201.

Bauer, Michael W., B. Guy Peters, Jon Pierre, Kutsal Yesilkagit, and Stefan Becker. 2021. *Democratic Backsliding and Public Administration: How Populists in Government Transform State Bureaucracies*. Cambridge University Press.

Bauer, Michael W., Gabriela Lotta and Flávia de Holanda Schmidt. 2024. "Bureaucratic militarization as a mode of democratic backsliding: Lessons from Brazil." *Democratization* 0(0):1-19. https://doi.org/10.1080/13510347.2024.2382355.

BBC News. 2020. "Heavily-armed police and soldiers enter El Salvador parliament." BBC News, February 10, 2020.

Bermeo, Nancy. 2009. "Does electoral democracy boost economic equality?" *Journal of Democracy* 20(4):21-35.

Bermeo, Nancy. 2016. "On democratic backsliding." *Journal of Democracy* 27(1):5-19.

Bessen, Brett, Susan Stokes, and Andres Uribe. 2024. "Can rebuttals restore confidence in eroding democracies?" Paper prepared for presentation at the annual meeting of the American Political Science Association, Philadelphia, Pennsylvania, September 5-8, 2024.

Bharti, Nitin Kumar, Lucas Chancel, Thomas Piketty, and Anmol Somanchi. 2024. *Income and Wealth Inequality in India, 1922-2023: The Rise of the Billionaire Raj*. World Inequality Lab Working Paper number 9.

Bhattacharya, Deya. 2018. "FCRA licences of 20,000 NGOs cancelled: Act being used as weapon to silence organisations." *Firstpost*. Section: India.

Blair, Robert A., Jessica Gottlieb, Brendan Nyhan, Laura Paler, Pablo Argote, and Charlene J. Stainfield. 2023. "Interventions to counter misinformation: Lessons from the Global North and applications to the Global South." *Current Opinion in Psychology* 55(101732):1-10.

Bloomberg-Morning Consult. 2025. "Swing States Tracking Poll 2403038."

Boix, Carles. 2003. *Democracy and Redistribution*. Cambridge University Press.

Boxell, Levi, Matthew Gentzkow, and Jesse M. Shapiro. 2017. "Greater Internet use is not associated with faster growth in political polarization among US demographic groups." *Proceedings of the National Academy of Sciences* 114(40):10612-10617. National Academy of Sciences.

Brader, Ted and George E. Marcus. 2013. "Emotion and Political Psychology." In *The Oxford Handbook of Political Psychology*, ed. Leonie Huddy, David O. Sears, and Jack S. Levy. 2nd ed. Oxford University Press pp. 165-204.

Brady, David W., John A. Ferejohn, and Brett Parker. 2022. "Cognitive political economy: A growing partisan divide in economic perceptions." *American Politics Research* 50(1):3-16.

Brady, Henry E. and Thomas B. Kent. 2022. "Fifty years of declining confidence & increasing polarization in trust in American institutions." *Daedalus* 151(4): 43-66.

Brewer, Stephanie. 2023. "Beyond plan B: Democracy and checks and balances in Mexico." Washington Office on Latin America, March 6, 2023.

Bright Line Watch. 2018. "Erosion, Polarization, and Norm Violation." August 2018 Report.

Bright Line Watch. 2021*a*. "American democracy at the start of the Biden presidency." February 2021 Report.

Bright Line Watch. 2021*b*. "Still miles apart: Americans and the state of U.S. democracy half a year into the Biden presidency." June 2021.

Bright Line Watch. 2021*c*. "Tempered expectations and hardened divisions a year into the Biden presidency." November 2021 Report.

Bright Line Watch. 2023. "Unchartered territory: The aftermath of presidential indictments." June-July 2023 Report.

Bright Line Watch. 2024*a*. "Courts, campaigns, and confidence in American democracy." June 2024 Report.

Bright Line Watch 2024*b*. "America looks ahead to a second Trump term."

December 2024 Report.

Broockman, David E., Joshua L. Kalla, and Sean J. Westwood. 2022. "Does affective polarization undermine democratic norms or accountability? Maybe not." *American Journal of Political Science* 67(3):808-828.

Calvo, Ernesto and Maria Victoria Murillo. 2012. "When parties meet voters: Assessing political linkages through partisan networks and distributive expectations in Argentina and Chile." *Comparative Political Studies* 46(7): 851-882.

Cameron, David. 2019. *For the Record*. HarperCollins.

Carnes, Nicholas and Noam Lupu. 2021. "The White working class and the 2016 election." *Perspectives on Politics* 19(1):55-72.

Carnes, Nicholas and Noam Lupu. 2023. "The economic backgrounds of politicians." *Annual Review of Political Science* 26:253-270.

Carrigan, William D. and Clive Webb. 2003. "The lynching of persons of Mexican origin or descent in the United States, 1848 to 1928." *Journal of Social History* 37(2):411-438.

Castorena, Oscar and Elizabeth J. Zechmeister. 2017. "Representing the national economic agenda in Latin America: Variation by fat and lean times and party brands." *Electoral Studies* 45:208-218.

Castro Cornejo, Rodrigo. 2023. "The AMLO voter: Affective polarization and the rise of the left in Mexico." *Journal of Politics in Latin America* 15(1):96-112.

Cella, Lautaro. 2023. "Generalized government underperformance and the emergence of anti-establishment attitudes and protest behavior." Unpublished typescript, University of Chicago.

Cella, Lautaro, Ipek Çınar, Susan Stokes, and Andres Uribe. 2025. "Building tolerance for backsliding by trash-talking democracy: Theory and evidence from Mexico." *Comparative Political Studies* 0(0). https://doi.org/10.1177/00104140251328024.

Cepaluni, Gabriel, Michael Dorsch, and Semir Dzebo. 2021. "Populism, Political Regimes, and COVID-19 Deaths." SSRN paper available at https://papers.

ssrn.com/sol3/papers.cfm?abstract_id=3816398.

Cheibub, Jose Antonio, Ji Yeon Jean Hong, and Adam Przeworski. 2020. "Rights and deaths: Government reactions to the pandemic." SSRN paper available at https://papers.ssrn.com/sol3/papers.cfm?abstract_id=3645410.

Chiopris, Caterina, Monika Nalepa, and Georg Vanberg. n.d. "A wolf in sheep's clothing: Citizen uncertainty and democratic backsliding." *Journal of Politics*. Forthcoming. Working Paper.

Çınar, Ipek. 2024. "Rhetorical chess: Understanding the playbook of democratic backsliders." Unpublished doctoral dissertation, University of Chicago.

Çınar, Ipek, Susan Stokes, and Andres Uribe. 2020. "Presidential rhetoric and populism." *Presidential Studies Quarterly* 50(2):240-263.

Clayton, Katherine, Nicholas T. Davis, Brendan Nyhan, Ethan Porter, Timothy J. Ryan, and Thomas J. Wood. 2021. "Elite rhetoric can undermine democratic norms." *Proceedings of the National Academy of Sciences* 118(23): e2024125118.

Cleary, Matthew R. and Aykut Öztürk. 2022. "When does backsliding lead to break-down? Uncertainty and opposition strategies in democracies at risk." *Perspectives on Politics* 20(1):205-221.

CNN. 2023. "CNN Poll on Biden, economy and elections—DocumentCloud."

CNN Politics. 2023. "Trump and GOP attempt to reverse course on mail-in voting ahead of 2024." By Fredreka Schouten and Kristen Holmes, March 15, 2023.

Co-Equal. 2024. "Trump administration oversight precedents."

Committee to Protect Journalists. 2022*a*. "Dom Phillips killed June 5, 2022."

Committee to Protect Journalists. 2022*b*. "Radio journalist Percival Mabasa shot and killed in the Philippines."

Coppedge, Michael. 1994. *Strong Parties and Lame Ducks: Presidential Partyarchy and Factionalism in Venezuela*. Stanford University Press.

Corasaniti, Nick. 2021. "Voting rights and the battle over elections: What to know." *The New York Times*. December 29, 2021.

Corrales, Javier. 2018. *Fixing Democracy: Why Constitutional Change Often*

Fails to Enhance Democracy in Latin America. Oxford University Press.

Cremaschi, Simone, Paula Rettl, Marco Cappelluti, and Catherine Eunice De Vries. 2023. "Geographies of discontent: Public service deprivation and the rise of the far right in Italy." Harvard Business School Working Paper 24-024.

Dada, Carlos. 2023. La dictadura millenial de Nayib Bukele. In *Populismos: Una Hola Autoritaria Amenaza Hispanoamerica*. Barcelona: Ariel. Diego Salazar, editor.

Dafoe, Allan, John R. Oneal, and Bruce Russett. 2013. "The democratic peace: Weighing the evidence and cautious inference." *International Studies Quarterly* 57(1):201-214.

Dahl, Robert A. 1998. *On Democracy*. Yale University Press. 〔로버트 달, 김왕식 외 옮김, 《민주주의》(2009, 동명사).〕

Dalton, Russell J. and Carl C. Berning. 2022. Ideological polarization and far-right parties in Europe. In *Rechtspopulismus in Deutschland*, ed. Heinz Ulrich Brinkmann and Karl-Heinz Reuband. Wiesbaden: Springer Fachmedien Wiesbaden pp. 13-35.

Davenport, Christian. 2007. "State repression and political order." *Annual Review of Political Science* 10:1-23.

Davis, Lewis and Sumit S Deole. 2017. "Immigration and the rise of far-right parties in Europe." *ifo DICE Report* 15(4):10-15. ifo Institute University of Munich.

De Vries, Catherine E. and Sara B. Hobolt. 2020. *Political Entrepreneurs: The Rise of Challenger Parties in Europe*. Princeton University Press.

Demker, Marie and Pontus Odmalm. 2022. "From governmental success to governmental breakdown: How a new dimension of conflict tore apart the politics of migration of the Swedish centre-right." *Journal of Ethnic and Migration Studies* 48(2):425-440.

Democratic Erosion: A cross-university collaboration. 2023. "Democratic Erosion Event Dataset Codebook v6."

Ditto, Peter H., Brittany S. Liu, Cory J. Clark, Sean P. Wojcik, Eric E. Chen,

Rebecca H. Grady, Jared B. Celniker, and Joanne F. Zinger. 2019. "At least bias is bipartisan: A meta-analytic comparison of partisan bias in liberals and conservatives." *Perspectives on Psychological Science* 14(2):273-291.

Druckman, James N. 2024. "How to study democratic backsliding." *Political Psychology* 45(S1):3-42.

Druckman, James N., Erik Peterson, and Rune Slothuus. 2013. "How elite partisan polarization affects public opinion formation." *American Political Science Review* 107(1):57-79.

Druckman, James N. and Jeremy Levy. 2022. Affective polarization in the American public. In *Handbook on Politics and Public Opinion*. Edward Elgar Publishing, pp. 257-270.

Druckman, James N., Samara Klar, Yanna Krupnikov, Matthew Levendusky, and John Barry Ryan. 2024. *Partisan Hostility and American Democracy*. University of Chicago Press.

Duchiade, André. 2023. "'We left El Salvador so we could continue in El Salvador': How El Faro decided to move its management to Costa Rica." *LatAm Journalism Review*, The Knight Center, May 8, 2023.

Ecker, Ullrich K. H., Stephan Lewandowsky, John Cook, Philipp Schmid, Lisa K. Fazio, Nadia Brashier, Panayiota Kendeou, Emily K. Vraga, and Michelle A. Amazeen. 2022. "The psychological drivers of misinformation belief and its resistance to correction." *Nature Reviews Psychology* 1(1):13-29.

Eger, Maureen A. 2010. "Even in Sweden: The effect of immigration on support for welfare state spending." *European Sociological Review* 26(2):203-217.

Eligon, John and Lynsey Chutel. 2021. "South African court orders arrest of ex-president Jacob Zuma for contempt." *The New York Times*. June 29, 2021.

Evans, Geoffrey and James Tilley. 2017. *The New Politics of Class: The Political Exclusion of the British Working Class*. Oxford University Press.

Evens, Marie, An Verburgh, and Jan Elen. 2013. "Critical thinking in college freshmen: The impact of secondary and higher education." *International Journal of Higher Education* 2(3):139-151.

Fishkin, Joseph and David E. Pozen. 2018. "Asymmetric constitutional hardball." *Columbia Law Review* 118(3):915-982.

Foa, Roberto Stefan and Yascha Mounk. 2016. "The danger of deconsolidation: The democratic disconnect." *Journal of Democracy* 27(3):5-17.

Foer, Franklin. 2019. "Viktor Orbán's war on intellect." *The Atlantic*. June 2019.

Ford, Robert and Matthew Goodwin. 2017. "Britain after Brexit: A nation divided." *Journal of Democracy* 28(1):17-30.

Freedom House. 2017. "Freedom in the world 2017: Botswana."

Freedom House. 2020. "Serbia: Freedom in the world 2020 country report." Washington, D.C.

Freedom House. 2023. "Nicaragua: Freedom in the world 2023 country report." Washington, D.C.

Gallup. 2018. "In the news: Approval of South Africa's Zuma at all-time low." February 9, 2018, Washington, D.C.

Gamboa, Laura. 2022. *Resisting Backsliding: Opposition Strategies against the Erosion of Democracy*. Cambridge: Cambridge University Press.

Gamboa, Suzanne. 2015. "Donald Trump announces presidential bid by trashing Mexico, Mexicans." *NBC News*. June 16, 2015.

García Holgado, Benjamín and Scott Mainwaring. 2023. "Why democracy survives presidential encroachments: Argentina since 1983." *Comparative Politics* 55(4):525-548.

Garcia, Raphael Tsavkko. 2020. "Bolsonaro's social media war with the press keeps bleeding into the real world." *Slate*. July 6, 2020.

Garramone, Gina M. 1984. "Voter responses to negative political ads." *Journalism Quarterly* 61(2):250-259. SAGE Publications.

Gayle, Damien. 2024. "Five Just Stop Oil activists receive record sentences for planning to block M25." *The Guardian*. July 18, 2024.

Gidron, Noam, James Adams, and Will Horne. 2020. *American Affective Polarization in Comparative Perspective*. Cambridge Elements. Elements in American Politics. New York: Cambridge University Press.

Gidron, Noam, Yotam Margalit, Lior Sheffer, and Itamar Yakir. 2024. "Who supports democratic backsliding? Evidence from Israel." *American Journal of Political Science*. Forthcoming.

Gingrich, Jane and Silja Häusermann. 2015. "The decline of the working-class vote, the reconfiguration of the welfare support coalition and consequences for the welfare state." *Journal of European Social Policy* 25(1): 50-75.

Ginsburg, Tom and Aziz Z. Huq. 2020. *How to Save a Constitutional Democracy*. Chicago, IL: University of Chicago Press.

Gjuzelov, Borjan and Milka Ivanovska Hadjievska. 2020. "Institutional and symbolic aspects of illiberal politics: The case of North Macedonia (2006-2017)." *Southeast European and Black Sea Studies*. Routledge.

Graham, Matthew H. and Milan W. Svolik. 2020. "Democracy in America? Partisanship, polarization, and the robustness of support for democracy in the United States." *American Political Science Review* 114(2):392-409.

Graham, Matthew H. and Omer Yair. 2023. "Expressive responding and belief in 2020 election fraud." *Political Behavior* 46:1349-1374.

Green, Donald P., Bradley Palmquist, and Eric Schickler. 2002. *Partisan Hearts and Minds: Political Parties and the Social Identities of Voters*. Yale University Press.

Grzymala-Busse, Anna. 2019. "Religious nationalism and religious influence." *Oxford Research Encyclopedia of Politics*. Retrieved 15 Dec. 2024.

Gu, Yanfeng and Zhongyuan Wang. 2022. "Income inequality and global political polarization: The economic origin of political polarization in the world." *Journal of Chinese Political Science* 27(2):375-398.

Guerra Castillo, Marcela. 2024. "INICIATIVA, Extinción de OCAs (reforma administrativa)." March 6, 2024.

Hacker, Jacob S. and Paul Pierson. 2010. *Winner-Take-All Politics: How Washington Made the Rich Richer—and Turned Its Back on the Middle Class*. Simon and Schuster. 〔제이콥 해커·폴 피어슨, 조자현 옮김, 《부자들은 왜 우리를 힘들게 하는가—승자독식의 정치학》(2012, 21세기북스).〕

Haggard, Stephan and Robert Kaufman. 2021. *Backsliding: Democratic Regress in the Contemporary World*. Cambridge University Press.

Hale, Charles R. 1994. *Resistance and Contradiction: Miskitu Indians and the Nicaraguan State, 1894-1987*. Stanford University Press.

Hale, Thomas, Noam Angrist, Rafael Goldszmidt, Beatriz Kira, Anna Petherick, Toby Phillips, Samuel Webster, Emily Cameron-Blake, Laura Hallas, Saptarshi Majumdar, and Helen Tatlow. 2021. "A global panel database of pandemic policies (Oxford COVID-19 Government Response Tracker)." Dataset archived in Nature Human Behavior.

Hall, Matthew E. K. and James N. Druckman. 2023. "Norm-violating rhetoric undermines support for participatory inclusiveness and political equality among Trump supporters." *Proceedings of the National Academy of Sciences* 120(40):e2311005120.

Haselmayer, Martin. 2019. "Negative campaigning and its consequences: A review and a look ahead." *French Politics* 17(3):355-372.

Hawkins, Kirk A., Ryan E. Carlin, Levente Littvay, and Cristóbal Rovira Kaltwasser. 2019. *The Ideational Approach to Populism: Concept, Theory, and Analysis*. New York: Routledge.

Helmke, Gretchen, Mary Kroeger, and Jack Paine. 2022. "Democracy by deterrence: Norms, constitutions, and electoral tilting." *American Journal of Political Science* 66(2):434-450.

Higgins, Andrew. 2023. "Poland's ruling party casts doubt on election that cost it power." *The New York Times*. October 21, 2023.

Hochschild, Arlie Russell. 2016. *Strangers in Their Own Land: Anger and Mourning on the American Right*. The New Press.

Hopkins, Daniel J. 2010. "Politicized places: Explaining where and when immigrants provoke local opposition." *American Political Science Review* 104(1): 40-60.

Huber, Gregory A. and Neil Malhotra. 2017. "Political homophily in social relationships: Evidence from online dating behavior." *The Journal of Politics*

79(1):269-283.

Huddy, Leonie, Lilliana Mason and Lene Aarøe. 2015. "Expressive partisanship: Campaign involvement, political emotion, and partisan identity." *American Political Science Review* 109(01):1-17.

Human Rights Watch. 2022*a*. "Brazil: Indigenous rights under serious threat." August 9, 2022.

Human Rights Watch. 2022*b*. "Mexico: Address persistent violence against journalists." May 3, 2022.

Huntington, Samuel P. 1991. "Democracy's third wave." *Journal of Democracy* 2(2):12-34.

Inglehart, Ronald. 1977. *The Silent Revolution*. Princeton University Press. 〔로널드 잉글하트, 박형신 옮김, 《조용한 혁명》(2023, 한울).〕

Institute for Policy Integrity. 2022. "Roundup: Trump-era agency policy in the courts."

Iyengar, Shanto, Gaurav Sood, and Yphtach Lelkes. 2012. "Affect, not ideology: A social identity perspective on polarization." *Public Opinion Quarterly* 76 (3):405-431.

Jacobson, Gary C. 2021. "Donald Trump's big lie and the future of the Republican Party." *Presidential Studies Quarterly* 51(2):273-289.

Jaffrelot, Christophe. 2019. "Class and caste in the 2019 Indian election—Why have so many poor started voting for Modi?" *Studies in Indian Politics* 7(2): 149-160.

Jolly, Seth, Ryan Bakker, Liesbet Hooghe, Gary Marks, Jonathan Polk, Jan Rovny, Marco Steenbergen, and Milada Anna Vachudova. 2022. "Chapel Hill Expert Survey trend file, 1999-2019." *Electoral Studies* 75:102420.

Joubert, Pearlie and Adriaan Basson. 2015. "The spy who saved Zuma." *Mail and Guardian*. April 9, 2009.

Kahan, Dan M. 2015. "Climate-science communication and the measurement problem." *Political Psychology* 36(S1):1-43. February, 2015.

Kessler, Glenn. 2019. "About the fact checker." *Washington Post*.

King, Desmond and Patrick Le Galès. 2017. "The three constituencies of the state: Why the state has lost unifying energy." *The British Journal of Sociology* 68(S1):S11-S33.

Kirshner, Alexander S. 2014. *A Theory of Militant Democracy: The Ethics of Combatting Political Extremism*. Yale University Press.

Kitschelt, Herbert. 1993. "Social movements, political parties, and democratic theory." *The ANNALS of the American Academy of Political and Social Science* 528(1):13-29. SAGE Publications Inc.

Kitschelt, Herbert. 1994. *The Transformation of European Social Democracy*. Cambridge University Press.

Klein, Ezra. 2020. *Why We're Polarized*. Avid Reader Press. 〔에즈라 클라인, 황성연 옮김, 《우리는 왜 서로를 미워하는가》(2022, 윌북).〕

Kotwas, Marta and Jan Kubik. 2022. "Beyond 'Making Poland Great Again.' Nostalgia in polish populist and non-populist discourses." *Sociological Forum* 37(S1):1360-1386.

Kovács, Kriszta and Kim Lane Scheppele. 2018. "The fragility of an independent judiciary: Lessons from Hungary and Poland—and the European Union." *Communist and Post-Communist Studies* 51(3):189-200.

Kriesi, Hanspeter. 1998. "The transformation of cleavage politics: The 1997 Stein Rokkan Lecture." *European Journal of Political Research* 33(2):165-185.

Kubin, Emily and Christian von Sikorski. 2021. "The role of (social) media in political polarization: A systematic review." *Annals of the International Communication Association* 45(3):188-206.

Laebens, Melis G. 2022. "Beyond democratic backsliding: Incumbent takeover attempts, 1989-2019." Working Paper, Central European University.

Laebens, Melis and Marcin Ślarzyński. 2024. *Opposing Backsliding in Poland: Finding New Political Identities After Realignment*. Unpublished typescript, Central European University.

Lazarus, Richard S. 1991. *Emotion and Adaptation*. Oxford University Press.

LBC: Leading Britain's Conversation. 2019. "Jo Swinson responds to 'very fake news' story which said she fired stones at squirrels."

Levitsky, Steven and Daniel Ziblatt. 2018. *How Democracies Die*. Crown Books. 〔스티븐 레비츠기·대니얼 지블랫, 박세연 옮김, 《민주주의는 어떻게 무너지는가》(2018, 어크로스).〕

Levitsky, Steven and Daniel Ziblatt. 2023. *Tyranny of the Minority: Why American Democracy Reached the Tipping Point*. Crown Books. 〔스티븐 레비츠기·대니얼 지블랫, 박세연 옮김, 《어떻게 극단적 소수가 다수를 지배하는가》(2024, 어크로스).〕

Levitsky, Steven and Kenneth M. Roberts. 2011. *The Resurgence of the Latin American Left*. JHU Press.

Lewis-Beck, Collin and Nicholas F. Martini. 2020. "Economic perceptions and voting behavior in US presidential elections." *Research & Politics*, 7(4). https://doi.org/10.1177/2053168020972811.

Lieberman, Robert C. and Suzanne Mettler. 2020. *Four Threats: The Recurring Crises of American Democracy*. St. Martin's Press.

Limongi, Fernando, Andréa Freitas, Danilo Medeiros, and Joyce Luz. 2022. "Government and Congress." *Ibero-Online* 14.

Lipset, Seymour Martin. 1959. "Some social requisites of democracy: Economic development and political legitimacy." *American Political Science Review* 53(1):69-105.

Little, Andrew T. and Anne Meng. 2024. "Subjective and objective measures of democratic backsliding." *PS: Political Science & Politics* 57(2):149-161.

Liu, Ou Lydia, Lois Frankel and Katrina Crotts Roohr. 2014. "Assessing critical thinking in higher education: Current state and directions for next-generation assessment." *ETS Research Report Series* 2014(1):1-23.

Loewenstein, Karl. 1937. "Militant democracy and fundamental rights, I." *American Political Science Review* 31(3):417-432.

Londregan, John B. and Keith T. Poole. 1996. "Does high income promote democracy?" *World Politics* 49(1):1-30.

Lopez, Oscar. 2021. "After El Salvador election, Bukele is on verge of near-total control." *The New York Times*. March 1, 2021.

Luker, Kristin. 1984. *Abortion and the Politics of Motherhood*. University of California.

Luo, Zhaotian and Adam Przeworski. 2023. "Democracy and its vulnerabilities: dynamics of democratic backsliding." *Quarterly Journal of Political Science* 18(1):105-130.

Lupu, Noam. 2016. *Party Brands in Crisis: Partisanship, Brand Dilution, and the Break-down of Political Parties in Latin America*. New York: Cambridge University Press.

Lupu, Noam, Eli Rau and Elizabeth Zechmeister. 2024. "Public tolerance for anti-democratic behavior." Paper prepared for presentation at the Annual Meetings of the American Political Science Association, September 5-8 2024, Philadelphia, Pennsylvania.

Lupu, Noam, Mariana Rodriguez, Carole Wilson, and Elizabeth Zechmeister. 2023. Pulse of Democracy. Technical report, LAPOP Nashville.

Machiavelli, Niccolò. 1979. *The Portable Machiavelli*, trans. Peter Bondanella and Mark Musa. New York: Penguin Books.

Mainwaring, Scott and Aníbal Pérez-Liñán. 2007. Why Regions of the World Are Important: Regional Specificities and Region-wide Diffusion of Democracy. In *Regimes and Democracy in Latin America: Theories and Methods*, ed. Gerardo Munck. Oxford University Press, pp. 199-229.

Mares, Isabela. 2003. *The Politics of Social Risk: Business and Welfare State Development*. Cambridge University Press.

Markey, Daniel. 2022. "The strategic implications of India's illiberalism and democratic erosion." *Asia Policy* 17(1):77-105.

Martínez-Gallardo, Cecilia, Nicolás De La Cerda, Jonathan Hartlyn, Liesbet Hooghe, Gary Marks, and Ryan Bakker. 2023. "Revisiting party system structuration in Latin America and Europe: Economic and socio-cultural dimensions." *Party Politics* 29(4):780-792.

Mason, Lilliana. 2018. *Uncivil agreement: How politics became our identity*. Chicago, IL: University of Chicago Press.

Mathisen, Ruben, Wouter Schakel, Svenja Hense, Lea Elässer, Mikael Persson, and Jonas Pontusson. 2023. Unequal Responsiveness and Government Partisanship in Northwest Europe. In *Unequal Democracies: Public Policy, Responsiveness, and Redistribution in an Era of Rising Economic Inequality*, ed. Noam Lupu and Jonas Pontusson. Cambridge University Press pp. 29-53.

Mazur, Stanislaw. 2021. Public Administration in Poland in the Times of Populist Drift. In *Democratic Backsliding and Public Administration*. Cambridge University Press.

McAdam, Doug and Karina Kloos. 2016. *Deeply Divided: Racial Politics and Social Movements in Postwar America*. Oxford, New York: Oxford University Press.

McCoy, Jennifer, Tahmina Rahman, and Murat Somer. 2018. "Polarization and the global crisis of democracy: Common patterns, dynamics, and pernicious consequences for democratic polities." *American Behavioral Scientist* 62(1): 16-42.

Miller, Leira. 2021. "A top university in Mexico becomes a battleground over academic freedom." *Los Angeles Times*. December 15, 2021.

Moore, Jr., Barrington. 1966. *Social Origins of Dictatorship and Democracy*. Boston: Beacon Press. 〔배링턴 무어, 진덕규 옮김, 《독재와 민주주의의 사회적 기원》(1985, 까치).〕

Morris, Errol. 2014. *Believing Is Seeing: Observations on the Mysteries of Photography*. New York: Penguin.

Moynihan, Donald P. 2022. "Public Management for Populists: Trump's Schedule F Executive Order and the Future of the Civil Service." *Public Administration Review* 82(1):174-178.

Mudde, Cas and Cristobal Rovira Kaltwasser. 2017. *Populism: A Very Short Introduction*. Oxford University Press.

Müller, Jan-Werner. 2016. *What Is Populism?* University of Pennsylvania Press.

〔얀 베르너 뮐러, 노시내 옮김, 《누가 포퓰리스트인가: 그가 말하는 국민 안에 내가 들어갈까》(2017, 마티).〕

Munger, Kevin, Patrick J. Egan, Jonathan Nagler, Jonathan Ronen, and Joshua Tucker. 2022. "Political knowledge and misinformation in the era of social media: Evidence from the 2015 UK election." *British Journal of Political Science* 52(1):107-127.

Muno, Wolfgang and Héctor Briceño. 2021. Venezuela: Sidelining Public Administration Under a Revolutionary-Populist Regime. In *Democratic Backsliding and Public Administration*, Cambridge University Press, pp. 200-220. Bauer et. al, eds.

Nichols, Tom. 2023. "A military loyal to Trump." *The Atlantic*. January/February 2024.

Norris, Pippa and Ronald Inglehart. 2019. *Cultural Backlash and the Rise of Populism: Trump, Brexit, and Authoritarian Populism*. Cambridge University Press.

Notermans, Tom. 2000. *Money, Markets, and the State: Social Democratic Economic Policies since 1918*. Cambridge Studies in Comparative Politics. Cambridge: Cambridge University Press.

Nyhan, Brendan. 2020. "Facts and myths about misperceptions." *Journal of Economic Perspectives* 34(3):220-236.

Nyhan, Brendan and Jason Reifler. 2010. "When corrections fail: The persistence of political misperceptions." *Political Behavior* 32(2):303-330.

Odmalm, Pontus. 2011. "Political parties and 'the immigration issue': Issue ownership in Swedish parliamentary elections 1991-2010." *West European Politics* 34(5):1070-1091.

O'Donnell, Guillermo A. 1973. *Modernization and bureaucratic-authoritarianism*. Berkeley, California: Institute of International Studies, University of California.

O'Donnell, Guillermo A. 1998. "Horizontal accountability in new democracies." *Journal of Democracy* 9(3):112-126.

Oesch, Daniel. 2008. "The changing shape of class voting: An individual-level analysis of party support in Britain, Germany and Switzerland." *European Societies* 10(3):329-355.

Oliver, J. Eric and Thomas J. Wood. 2014. "Conspiracy theories and the paranoid style(s) of mass opinion." *American Journal of Political Science* 58(4):952-966.

Onishi, Norimitsu. 2015. "Jacob Zuma appoints third finance minister of south Africa in a week." *The New York Times*. December 14, 2015.

Orr, Lilla V., Anthony Fowler and Gregory A. Huber. 2023. "Is affective polarization driven by identity, loyalty, or substance?" *American Journal of Political Science* 67(4):948-962.

Oskarson, Maria and Marie Demker. 2015. "Room for realignment: The working-class sympathy for Sweden Democrats." *Government and Opposition* 50(4): 629-651.

Oyèkolá, Ọláyínká. 2023. "Life may be unfair, but do democracies make it any less burdensome?" *The Journal of Economic Inequality*. 10.1007/s10888-023-09607-4.

Peci, Alketa. 2021. "Populism and bureaucratic frictions: Lessons from Bolsonarism." *Journal of Policy Studies* 36(4):27-35.

Peters, B. Guy and Jon Pierre. 2022. "Politicisation of the public service during democratic backsliding: Alternative perspectives." *Australian Journal of Public Administration* 81(4):629-639.

Peterson, Erik and Shanto Iyengar. 2021. "Partisan gaps in political information and information-seeking behavior: Motivated reasoning or cheerleading?" *American Journal of Political Science* 65(1):133-147.

Pierson, Paul. 1994. *Dismantling the welfare state?: Reagan, Thatcher and the politics of retrenchment*. Cambridge University Press. 〔폴 피어슨, 박시종 옮김, 《복지국가는 해체되는가》(2006, 성균관대학교출판부).〕

Pierson, Paul and Eric Schickler. 2020. "Madison's constitution under stress: A developmental analysis of political polarization." *Annual Review of Political Science* 23(1):37-58.

Piketty, Thomas. 2017. *Capital in the Twenty-First Century*. Harvard University Press. 〔토마 피케티, 장경덕 외 옮김, 《21세기 자본》(2014, 글항아리).〕

Pomerantsev, Peter. 2015. "Beyond Propaganda." *Foreign Policy*. June 23, 2015.

Przeworski, Adam. 1991. *Democracy and the Market: Political and Economic Reforms in Eastern Europe and Latin America*. Cambridge University Press. 〔아담 쉐보르스키, 임현백·윤성학 옮김, 《민주주의와 시장》(2008, 한울).〕

Przeworski, Adam. 2019. *Crises of Democracy*. Cambridge University Press.

Przeworski, Adam, Michael E. Alvarez, Jose Antonio Cheibub and Fernando Limongi. 2000. *Democracy and Development: Political Institutions and Well-Being in the World, 1950-1990*. Cambridge University Press.

Rau, Eli and Susan Stokes. 2025. "Income inequality and the erosion of democracy in the twenty-first century." *Proceedings of the National Academy of Sciences* 122(1):e2422543121.

Reuters. 2017. "Turkey sacks 4,400 more civil servants, including teachers and police." February 8, 2017.

Ríos Figueroa, Julio. 2022. "El poder judicial ante el populismo y la erosión democrática. El caso de México, 2018-2021." *Revista de Estudios Políticos* (198):187-217.

Ríos Figueroa, Julio. 2023. "Democratic backsliding and the Supreme Court in Mexico." *Verfassungsblog*. February 22, 2023.

Ríos Figueroa, Julio. 2024. "Mexico 2024: The battle for the Constitution." *ConstitutionNet*. February 29, 2024.

Roberts, Kenneth M. 1995. "Neoliberalism and the transformation of populism in Latin America: The Peruvian case." *World Politics* 48(1):82-116.

Roberts, Kenneth M. 2021. "Populism and polarization in comparative perspective: Constitutive, spatial and institutional dimensions." *Government and Opposition* 57(4):680-702.

Rodrik, Dani. 2017. "Populism and the economics of globalization." National Bureau of Economic Research.

Rodrik, Dani. 2021. "Why does globalization fuel populism? Economics, culture, and the rise of right-wing populism." *Annual Review of Economics* 13.

Rodrik, Dani and Romain Wacziarg. 2005. "Do democratic transitions produce bad economic outcomes?" *The American Economic Review* 95(2):50-55.

Roemer, John E. 1998. "Why the poor do not expropriate the rich: An old argument in new garb." *Journal of Public Economics* 70(3):399-424.

Romo, Rafael. 2017. "Venezuela's high court dissolves National Assembly." *CNN*. March 30, 2017.

Rothstein, Bo. 2023. "The shadow of the Swedish right." *Journal of Democracy* 34(1):36-49.

Rydgren, Jens. 2006. *From Tax Populism to Ethnic Nationalism: Radical Right-Wing Populism in Sweden*. Berghahn Books.

Saez, Emmanuel and Gabriel Zucman. 2020. "The rise of income and wealth inequality in America: Evidence from distributional macroeconomic accounts." *Journal of Economic Perspectives* 34(4):3-26.

Samuels, David J. 2023. "The international context of democratic backsliding: Rethinking the role of third wave 'Prodemocracy' global actors." *Perspectives on Politics* 21(3):1001-1012.

Samuels, David J. and Cesar Zucco. 2018. *Partisans, Antipartisans, and Non-partisans: Voting Behavior in Brazil*. Cambridge University Press.

Sanchez-Sibony, Omar. 2017. "Classifying Ecuador's regime under Correa: A procedural approach." *Journal of Politics in Latin America* 9(3):121-140.

Sanchez-Talanquer, Mariano and Kenneth F. Greene. 2021. "Is Mexico falling into the authoritarian trap?" *Journal of Democracy* 32(4):56-71.

Sanders, Bernie. 2015. "Remarks at the Liberty University convocation in Lynchburg, Virginia." The American Presidency Project.

Scheppele, Kim Lane. 2014. "Constitutional coups and judicial review: How transnational institutions can strengthen peak courts at times of crisis (with special reference to Hungary)." *Transnat'l L. & Contemp. Probs.* 23:51.

Sides, John, Michael Tesler, and Lynn Vavreck. 2019. *Identity Crisis: The 2016 Presidential Campaign and the Battle for the Meaning of America*. Princeton

University Press.

Simões, Mariana. 2018. "Brazil's polarizing new president, Jair Bolsonaro, in his own words." *The New York Times*. October 28, 2018.

Smulovitz, Catalina and Enrique Peruzzotti. 2000. "Societal accountability in Latin America." *Journal of Democracy* 11(4):147-158.

Snyder, Timothy. 2017. *On Tyranny: Twenty Lessons from the Twentieth Century*. New York: Tim Duggan Books. 〔티머시 스나이더, 조행복 옮김, 《폭정; 20세기의 스무 가지 교훈》(2017, 열린책들).〕

Solt, Frederick. 2020. "Measuring income inequality across countries and over time: The standardized world income inequality database." *Social Science Quarterly* 101(3):1183-1199.

Somer, Murat, Jennifer L. McCoy, and Russell E. Luke. 2021. "Pernicious polarization, autocratization and opposition strategies." *Democratization* 28(5):929-948.

Soroka, Stuart N. 2014. *Negativity in Democratic Politics: Causes and Consequences*. Cambridge University Press.

Statista. 2023. "Number of internet users worldwide 2023." Available at https://www.statista.com/statistics/273018/number-of-internet-users-worldwide/.

Stokes, Susan C. 2001. *Mandates and Democracy: Neoliberalism by Surprise in Latin America*. Cambridge University Press.

Svolik, Milan W. 2019. "Polarization versus democracy." *Journal of Democracy* 30(3):20-32.

Swilling, Mark. 2017. Betrayal of the Promise: How South Africa Is Being Stolen. Technical report State Capacity Research Project. State Capacity Research Project, Stellenbosch South Africa.

Taber, Charles S. and Milton Lodge. 2006. "Motivated skepticism in the evaluation of political beliefs." *American Journal of Political Science* 50(3):755-769.

Tappin, Ben M., Gordon Pennycook, and David G. Rand. 2020. "Bayesian or biased? Analytic thinking and political belief updating." *Cognition* 204:104375.

Taylor, Josh. 2019. *The Queen: The Forgotten Life Behind an American Myth*.

Brown Little.

Thachil, Tariq. 2014. *Elite Parties, Poor Voters: How Social Services Win Votes in India*. Cambridge University Press.

The American Presidency Project. 2017. "The American Presidency Project."

Todo Chávez. 2015. "Todochávez en la Web."

Treisman, Daniel. 2023. "How great is the current danger to democracy? Assessing the risk with historical data." *Comparative Political Studies* 56(12).

Trip, Gabriel. 2023. "Trump escalates anti-immigrant rhetoric with 'poisoning the blood' comment." *The New York Times*. October 5, 2023.

Trump, Donald. 2018. "Remarks at a 'Make America Great Again' rally in Missoula, Montana." The American Presidency Project.

Trump, Donald. 2020. "Donald Trump rally speech, Bullhead City, AZ October 28."

Tucker, Joshua A., Andrew Guess, Pablo Barbera, Cristian Vaccari, Alexandra Siegel, Sergey Sanovich, Denis Stukal, and Brendan Nyhan. 2018. "Social media, political polarization, and political disinformation: A review of the scientific literature." March 2018, The Hewlett Foundation.

Tudor, Maya. 2023. "Why India's democracy is dying." *Journal of Democracy* 34(3):121-132.

Tushnet, Mark. 2023. The Politics of Constitution Making. In *Research Handbook on the Politics of Constitutional Law*. Northhampton: Edward Elgar Publishing.

UK Electoral Commission. 2023. "Young people least likely to be aware of voter ID requirement." April 18, 2023.

Uscinski, Joseph E., Adam M. Enders, Michelle I. Seelig, Casey A. Klofstad, John R. Funchion, Caleb Everett, Stefan Wuchty, Kamal Premaratne, and Manohar N. Murthi. 2021. "American politics in two dimensions: Partisan and ideological identities versus anti-establishment orientations." *American Journal of Political Science* 65(4):877-895.

Valentino, Nicholas A., Ted Brader, Eric W. Groenendyk, Krysha Gregorowicz, and Vincent L. Hutchings. 2011. "Election night's alright for fighting: The role of emotions in political participation." *The Journal of Politics* 73(1):156-170.

Varol, Ozan O. 2015. "Stealth authoritarianism." *Iowa Law Review* 100(4):1673-1742.

Voelkel, Jan G. et al. 2024 "Megastudy identifying effective interventions to strengthen Americans' democratic attitudes." *Science* 386(6719), Oct. 2024.

Voeten, Erik. 2017. "Are people really turning away from democracy?" *SSRN Electronic Journal.* Journal of Democracy Web Exchange.

Voorheis, John, Nolan McCarty, and Boris Shor. 2015. "Unequal incomes, ideology and gridlock: How rising inequality increases political polarization." SSRN, August 23, 2015.

Waldner, David and Ellen Lust. 2018. "Unwelcome change: Coming to terms with democratic backsliding." *Annual Review of Political Science* 21:93-113.

Watson, David, Lee Anna Clark, and Auke Tellegen. 1988. "Development and validation of brief measures of positive and negative affect: The PANAS scales." *Journal of Personality and Social Psychology* 54(6):1063-1070. American Psychological Association.

Wedeen, Lisa. 2019. *Authoritarian Apprehensions: Ideology, Judgment, and Mourning in Syria.* University of Chicago Press.

Weise, Zia. 2018. "How did things get so bad for Turkey's journalists?" The Atlantic August 23, 2018. Available at https://www.theatlantic.com/international/archive/2018/08/destroying-free-press-erdoganturkey/568402/.

Weyland, Kurt. 1996. "Neopopulism and neoliberalism in Latin America: Unexpected affinities." *Studies In Comparative International Development* 31(3):3-31.

Weyland, Kurt. 2024. *Democracy's Resilience to Populism's Threat.* Cambridge University Press.

Whiteley, Paul, Harold D. Clarke, David Sanders, and Marianne C. Stewart. 2013. *Affluence, Austerity and Electoral Change in Britain.* Cambridge University Press.

Wilder, Will. 2021. "Voter Suppression in 2020." Brennan Center for Justice.

Wood, Amy Louise. 2018. "The spectacle of lynching: Rituals of White supremacy in the Jim Crow South." *The American Journal of Economics and Sociology* 77(3-4):757-788.

Yashar, Deborah J. 2005. *Contesting Citizenship in Latin America: The Rise of Indigenous Movements and the Postliberal Challenge*. Cambridge University Press.

Zaller, John. 1992. *The Nature and Origins of Mass Opinion*. Cambridge University Press.

Zelizer, Julian E. 2020. *Burning Down the House: Newt Gingrich, the Fall of a Speaker, and the Rise of the New Republican Party*. Penguin.

옮긴이의 글

오늘날 우리는 민주주의를 최고의 정치 체제로 인정한다. 이런 점은 우리가 보기에 전혀 민주적이지 않은 나라도 민주주의 국가라고 내세우고, 또 정치인들이 실제로는 민주주의를 망가뜨리면서도 입으로는 민주주의를 위해서라고 말하는 데서 확인할 수 있다. 그런데 이렇게 존중받는 민주주의가 다른 곳도 아닌 모범적인 민주주의 국가(로 보)였던 나라들에서 망가지는 사태는 적잖이 당혹스럽다. 더 당혹스러운 일은 그렇게 민주주의를 침식하는 정치인을 그 나라 국민이 지지한다는 사실이다. 그 정치인이 민주주의를 훼손하는 행태가 은밀하지도 않고 노골적인데 말이다. 그런 다른 나라 국민을 이해하기 어렵지만, 그저 다른 나라 이야기일 뿐이라고 강 건너 불구경하듯 재미있는 구경거리로 여기면 좋은데, 사정은 그렇게 한가하지 않다. 또 당혹스럽게 우리나라에서도 바다 건너 먼 나라 지도자를 추종하면서 그의 민주주의 훼손술(이 책 저자의 용어로는 '전술서')을 모방하는 이들이 있기 때문이다. 민주주의를 훼손하는 타국 지도자의 속마음은 모르겠고, 또 알 바도 아니지만, 그를 추종하는 그 나라 시민이나 우리나라 사람들은 정말로 진지하고 애국심이 넘치는 것 같다. 국가와 자유민주주의를 지키려는 사명감에 불타고 있는 듯하다. 이렇게 보면, 그들이 생각하는 민주주의와 우리가 생각하는 민주주의가 다른 것이 분명하다.

이 책의 저자 수전 스토크스는 바로 이런 당혹스러운 점을 규명하려 한다. 저자는 민주주의 자체를 규명하지는 않는다. 대신에 민주주의 퇴행이 무엇인지 규명한 다음, 민주주의였던 나라들이 왜 민주주의 침식을 경험하게 되었는지, 즉 민주주의를 갉아먹는 정치인들이 왜 권력을 잡게 되었는지, 다시 말하자면 유권자들이 왜 그런 정치인들을 지지하게 되었는지 파헤친다.

일단 저자는 민주주의를 파괴하(려)는 정치인은 그 동기야 각양각색이겠지만 늘 있어왔다고 전제한다. 문제는 왜 20세기 말부터 시민들이 이런 정치인들을 지지해 그들에게 권력을 쥐어주었느냐는 점이다. 게다가 개발도상국이나 최근에 민주주의가 정착한 나라들뿐만 아니라 전통과 역사를 자랑하는 선진 민주주의 국가에서 민주주의가 망가지고 있다는 점에서 과거와는 양상이 다르다. 저자는 다차원적으로, 즉 종합적으로 그 원인을 추적한다. 이를 좀 학술적으로 이야기하자면, 저자는 정치·경제의 구조적 차원과 정치인·유권자라는 행위자 차원, 이 두 차원을 모두 분석 대상으로 삼아 자신의 주장을 특히 통계학적으로 증명한다. 정치적 차원으로는 사회경제적 변화에 따른 정당과 정당 체계의 변화를, 경제적 차원으로는 20세기 말부터 신자유주의로 인해 심화된 경제적(특히 소득) 불평등을, 정치인 측면에서는 그들이 구사하는 전략과 동기를, 유권자 측면에서는 민주주의를 퇴행시키는 지도자를 추종하게 되는 동기, 특히 심리적 동기까지 파헤친다. 저자는 민주주의 퇴행의 원인을 밝히는 데만 그치지 않고(여기까지가 일반적인 학술서에서 다루는 내용), 이런 민주주의 퇴행을 막을 전략, 그리고 퇴행을 겪었다면 민주주의를 회복할 전략도 제시한다. 일종의 지침서 역할도 한다. 그리고 보면 이 책은 민주주의 퇴행이라는 주제의 종합 선물 세트라고 할 만하다.

이 종합 선물 세트 안에서도 저자가 꼽는 핵심은 불평등, 그중에서도 소득 불평등이다. 소득 불평등은 20세기 후반부터 사회경제적 변화, 특히 신자유주의에 따른 세계화로 인해 심화되기 시작했다. 그 결과 불평등이 심해진 사회에서 '뒤처진' 시민들은 20세기 중반이었다면 그들을 보듬어주었을 좌파 정당들의 태도 변화, 즉 정당 체계의 변화로 고립무원의 상태가 되었고, 그 틈을 비집고 들어온 것이 민주주의를 퇴행시키는 정치인들이었다. 이런 정치인들이 뒤에 내버려진 시민들의 지지를 얻기 위해 구사하는 전략은 '양극화'와 '민주주의 헐뜯기'다. 양극화는 시민들이 뒤처진 원인을, 선진국에서는 이민자에게로 돌리는 종족민족주의로, 개발도상국에서는 부자에게로 돌리는 좌파 포퓰리즘으로 국민을 갈라치기하는 전략이다. 민주주의 헐뜯기는 사법부나 의회, 그리고 언론을 부패와 무능의 온상으로 보고 이런 제도들이 마치 민주주의의 적인 양 몰아세움으로써, 시민들을 민주주의에 냉소적이게끔 만드는 전략이다. 이런 저자의 논리를 간략하게 도식화하면, 탈규제 및 시장 개방과 함께 세계화로 인한 소득 불평등은 민주주의를 침식할 정치인들이 활약할 공간을 열어주었고, 이들은 불평등의 피해자들을 자기편으로 결집하기 위해 양극화와 민주주의 헐뜯기 전략을 구사하면서 민주주의를 망가뜨린다.

정치, 특히 민주주의와 경제의 관계는 저자도 언급하는 세이무어 마틴 립셋 이래로 꾸준히 논의되어왔다. 그런데 립셋 같은 근대화론자들의 관심사는 정치 발전으로서 민주주의, 즉 어떻게 하면 민주주의가 정착하거나 유지되는가의 문제였지만, 저자가 분석하는 오늘날의 상황은 민주주의의 발전이 아니라 퇴행이다. 즉 정착한 민주주의가 왜 훼손되는가라는 문제에 집중한다. 사실 경제적 불평등이 민주주의의 걸림돌이라는 사실은 오래전부터 경험하거나 우려하던 현상이다. 그런데 과거의 이런 우려는 부가 집중된 소수에게 국가 권력도 집중되어서 민주주의가 제대로 작동하지 못하는 상황에 대한 우려였다. 그런데 우리가 20세기 말부터 목도하는 현실은 불평등의 수혜자가 아니라 피해자들이 민주주의를 위협하는 정치인들을 지지하고 그런 정치인들에 의해 민주주의가 퇴행하는 현상이다.

민주주의를 퇴행시키는 정치인들에 대한 지지는 단순한 호감이나 선호를 넘어 거의 신념에 가까운 듯하다. 미국이 이란을 공격하고 있는 2026년 3월 현재 이 전쟁을 지지하는 미국인의 비율은 30~40퍼센트인 반면, 공화당 지지층에서는 70퍼센트가 넘고, 심지어 트럼프 핵심 지지층인 MAGA 진영에서는 90퍼센트에 이른다는 보도를 접하자면, 트럼프 지지자들에게 트럼프는 잘못을 저지를 수 없는 존재라는 저자의 지적에 소름이 돋는다.

민주주의를 퇴행시키는 정치인들이 사회와 정치를 양극화하고 민주주의를 헐뜯기 위해 구사하는 방식은 거짓 정보를 동원하는 선전선동이다. 심지어 어떤 경우에는 거짓 정보라고도 할 수 없을 정도의 생떼다. 민주주의를 퇴행시키는 정치인들을 막기 위해서는 이런 정치인들이 자신의 엉터리 주장을 반복해서 사실이라고 말하는 것처럼, 친민주주의 세력도 그런 주장의 허구성을 반복해서 지적해야 한다고 저자는 강조한다. 퇴행적 정치인들은 그냥 거짓 정보를 퍼트리며 사실이라고 주장하지만, 이런 주장이 거짓임을 밝히는 데는 훨씬 더 많은 노력과 시간이 든다. 미국뿐만 아니라 우리나라에까지 '전염'된 부정선거 주장을 보면, 부정선거 음모론은 그냥 던져놓으면 그만이지만, 그 허구성을 밝히기 위해서는 법원을 비롯한 국가기관뿐만 아니라 언론과 학계, 시민단체까지 나서 세세히 증거를 대며 입증해야 한다. 지금까지 사회적 상식이나 기준으로 자리잡아 굳이 증명이나 정당화 논리가 필요 없는 자명한 일에도 이런 일이 벌어진다. 사회적 비용이 엄청날 뿐만 아니라 친민주주의 세력에게는 지난한 일이다.

불평등이 민주주의를 위협하는 핵심 요인이라면, 민주주의는 늘 위협받을 수밖에 없다. 토마 피케티(Thomas Piketty)가 《21세기 자본》에서 규명했듯이, 자본주의의 역사는 불평등의 역사이기 때문이다. 양차 세계대전 시기에 잠시 완화되던 불평등은 이후 완만하게 증가하다가 1980년부터 급격히 심화해 현재에 이르고 있다. 양차 세계대전부터 1980년까지는 300년의 자본주의 역사에서 여러 이유로 불평등의 고삐가 그나마 조여진 예외적인 시기였다. 그렇다면 민주주의는 지금처럼 불평등의 피해자인 시민들이 소환하는 퇴행적 정치인들에 의해서든, 19세기 후반 미국 도금시대(남북전쟁 후 약 30년간 급격한 경제성장을 이루면서 동시에 불평등이 심화한 시기로, 겉만 금을 바른 것처럼 번지르르하다는 의미의 비유적 표현)의 강도 남작(부도덕한 방법으로 부를 축적한 자본가)

처럼 불평등의 수혜자들에 의해서든 위협받는 것이 오히려 정상적인 상황일 수 있다. 저자는 민주주의 퇴행을 조장하는 정치인들로부터 민주주의를 지키는 여러 가지 실용적인 원칙과 전략을 소개하면서, 그런 정치인들을 지지하는 시민들의 행태를 이해하려는 따뜻한 시선을 거두지 않는다. 하지만 민주주의를 위협하는 근본적인 원인이 불평등인 한 불평등을 완화하지 않고는 민주주의를 온전히 지켜낼 수 없다. 불평등을 점점 더 키우는 현재의 자본주의를 이대로 두고서 민주주의를 근본적으로 지킬 수는 없을 것이다.

이 책에서 저자는 우리나라를 언급하지 않는다. 하지만 이 책에서 논의되는 민주주의 침식 시도인 부정선거 주장이나 이민자를 비롯한 소수자 혐오 등은 우리나라에서도 판박이로 반복되고 있다. 마치 같은 '전술서'를 공유하는 듯하다. 저자의 전제처럼 민주주의를 퇴행시키는 정치인들은 언제나 있을 것이다. 대책은 그들이 활약할 공간을 차단하는 것, 즉 그런 정치인들이 지지받지 못하는 상황을 만드는 것이다. 그러려면 구조적 차원에서 경제적 불평등을 완화하고 행위자 차원에서 여러 노력을 기울여야 할 텐데, 두 차원 모두 쉽지 않다. 그러나 저자가 경고한 이런 '흥미로운' 세상에 우리와 우리 자식들이 살지 않기를 바란다면, 우리는 민주주의를 지키기 위한 노력을 한시도 멈춰서는 안 된다.

이 책을 번역할 기회를 준 에코리브르의 박재환 대표께 감사드린다.

2026년 4월

이대희